江苏大学
五棵松文化丛书

JIANGSU
UNIVERSITY

基于活动理论的
对外汉语教学设计研究

高若瑜———— 著

Activity Theory-based
Instruction Design
for
Teaching Chinese
as a Foreign Language

江苏大学出版社
JIANGSU UNIVERSITY PRESS
镇 江

图书在版编目(CIP)数据

基于活动理论的对外汉语教学设计研究/高若瑜著
. -- 镇江：江苏大学出版社，2022. 12
ISBN 978-7-5684-1882-9

Ⅰ. ①基… Ⅱ. ①高… Ⅲ. ①对外汉语教学－教学设
计－研究 Ⅳ. ①H195. 3

中国版本图书馆 CIP 数据核字（2022）第 247351 号

基于活动理论的对外汉语教学设计研究
Jiyu Huodong Lilun de Duiwai Hanyu Jiaoxue Sheji Yanjiu

著　　者/高若瑜
责任编辑/米小鸽
出版发行/江苏大学出版社
地　　址/江苏省镇江市京口区学府路 301 号（邮编：212013）
电　　话/0511-84446464（传真）
网　　址/http：//press. ujs. edu. cn
排　　版/镇江文苑制版印刷有限责任公司
印　　刷/江苏凤凰数码印务有限公司
开　　本/710 mm×1 000 mm　1/16
印　　张/14. 25
字　　数/260 千字
版　　次/2022 年 12 月第 1 版
印　　次/2022 年 12 月第 1 次印刷
书　　号/ISBN 978-7-5684-1882-9
定　　价/58. 00 元

如有印装质量问题请与本社营销部联系（电话：0511-84440882）

序言：走向科学的教学设计研究

　　教学设计是组织和开展教学活动的一个重要环节。通过事先制定教学活动方案，教学设计为教学活动的开展提供了指引，同时也确保了教学活动的有效性。然而，在相当长的一段时期内，教学设计的相关研究因其科学性不足而备受诟病，影响和制约了教学设计品质的提升。在加快建设高质量教育体系的背景下，尤其需要提升教学设计研究的科学性，以高质量的研究促成高质量的教学设计。高若瑜所著的《基于活动理论的对外汉语教学设计研究》尝试以活动理论为指导开展对外汉语教学设计研究，在推动教学设计研究的科学化方面做出了积极的贡献。

　　走向科学的教学设计研究，要求将教学设计建基于教育理论知识体系之上。《基于活动理论的对外汉语教学设计研究》一书选择以"文化—历史活动理论"为指导理论，致力于实现活动理论在教学实践中的应用。诚如作者所言，活动理论重视学习者主体性的理论禀赋、对文化情境的关注及对活动系统的结构分析，非常契合对外汉语教学对象、教学内容和文化情境的特性，为重构对外汉语教学设计提供了新的方法论视角和思想资源。本书借鉴活动系统的主体架构，形成了对外汉语教学设计的基本结构，即汉语学习活动的客体设计、汉语学习活动的主体设计和汉语学习活动的中介工具设计；同时，将共同体、规则和分工等活动系统在运行时涉及的核心要素贯穿其中，融合到学习活动的过程设计之中，从而实现了活动理论与对外汉语教学设计的内在融合。

　　走向科学的教学设计研究，要求将教学设计与相关学科紧密结合。《基于活动理论的对外汉语教学设计研究》一书摒弃了"通用设计"的范式，着力将教学设计与对外汉语教学这一特定的学科教学领域结合在一起，充分体现了对外汉语教学的学科特性。事实上，相较于语文教学、数学教学、英语教学等基础教育领域的教学，对外汉语教学尤其有着特殊性的一面。而且，长期以来，对外汉语教学并未受到课程与教学论研究领域的充分关注。本书较好地将教学设计与对外汉语的学科教学特性结合在一起，准确把握了外国留学生作为学习主体、汉语作为学习内容、文化情境作为重要影响因素的特点，有针对性地分析了对外汉语的教学设计体系。

走向科学的教学设计研究，要求教学设计充分尊重和把握教学实践的动态生成性。《基于活动理论的对外汉语教学设计研究》采用了"拓展性学习"的概念，将教学的任务定位为促进学生学习活动的形成和演化。学习活动的发生和发展，就是作为活动主体的学习者对作为"潜在客体"的问题情境和学习任务不断形成新的认识和理解的过程。随着活动客体的转化和改变，随着从一个学习活动进入下一个学习活动，学习者在互动中实现了拓展性学习，从而实现了知识和能力的发展。一方面，学习者所要学习的内容是未知的或具有创新性的内容，这些内容需要学习者主动探索习得；另一方面，学习者要根据自身的生活经历和文化背景进行主动选择和探究。教学设计的前提就是要尊重这种生成性。

总体而言，在教学设计研究领域，本书做出了重要的探索和尝试，恰如其分地实现了学术理论、学科特性、教学实践的结合，为丰富和拓展教学设计研究提供了有价值的范例。

最后，衷心祝贺著作的出版，并期待作者在教学设计这一研究领域继续深耕细作，进而取得更大的成绩！

2022 年 12 月 10 日

（序言作者吴刚平，华东师范大学课程与教学研究所教授、博士生导师）

目　录

第一章　绪　论 001

　　第一节　问题的提出 001

　　　　一、课堂活动：对外汉语教学设计的重点与难点 001

　　　　二、偏离预设：对外汉语教学设计的实践困境 004

　　　　三、活动理论：对外汉语教学设计的重构视角 006

　　第二节　核心概念 012

　　　　一、活动理论 013

　　　　二、学习活动 018

　　　　三、对外汉语教学设计 023

　　第三节　国内外研究现状 025

　　　　一、活动理论在教育领域中的应用研究 025

　　　　二、活动理论在教学设计中的应用研究 028

　　　　三、对外汉语教学设计的相关研究 035

　　第四节　研究思路与方法 039

　　　　一、根据活动结构设计研究思路 040

　　　　二、通过案例分析解读教学设计原理 041

　　　　三、使用比较研究凸显理论应用价值 042

第二章　基于活动理论的对外汉语教学设计理念 046

　　第一节　拓展性学习：教学设计的核心指向 046

　　　　一、为汉语概念的形成和发展而设计 047

　　　　二、为跨文化交际能力的创造性转化而设计 049

　　　　三、为汉语学习活动的形成和演化而设计 054

　　第二节　活动系统：教学设计的基本单位 056

　　　　一、从布置交际任务到建构活动客体 057

　　　　二、从个体语言学习到共同体语言学习 060

　　　　三、从采取教学措施到提供中介工具 064

　　第三节　文化情境：教学设计的改进依据 066

　　　　一、语言学习的文化情境 067

　　　　二、汉语学习情境的文化异质性 069

　　　　三、教学设计改进的文化情境理据 072

第三章　汉语学习活动的客体设计 075

　　第一节　促进语言能力可持续发展的活动客体 075

　　　　一、基于"行为表现区"的客体设计理念 076

　　　　二、从模糊到具体的客体形成过程 078

　　　　三、在改造中不断演进的客体转化过程 081

　　第二节　与外国人学习动机相整合的活动客体 085

　　　　一、从课程标准到语言需求 085

　　　　二、从教材话题到交际话题 089

　　　　三、从课堂空间到现实语境 091

　　第三节　在言语交际中横向拓展的活动客体 099

　　　　一、横向拓展的知识学习机制 100

　　　　二、汉语知识横向拓展的路径 103

　　　　三、汉语知识横向拓展的边界 107

第四章　汉语学习活动的主体设计 109

　　第一节　在历史演进的过程中认识学习共同体 109

　　　　一、生产方式变革与学习主体的演化 110

　　　　二、多元化的外国学生与汉语教师 112

三、"菌根式"的汉语学习共同体 115

第二节 在"共同构造"的过程中建构学习共同体 119

一、在跨文化交际中建构"共享客体" 119

二、以多重合作模式跨越文化障碍 122

三、以"拓展性互动设计"彰显学生的主体性 125

第三节 在"跨越边界"的过程中发展学习共同体 128

一、根据文化情境调整合作模式 128

二、借助话语分析重构合作框架 131

三、利用社会交往吸纳外部成员 133

第五章 汉语学习活动的中介工具设计 138

第一节 汉语学习活动中介工具的设计理念 138

一、"双重刺激法"的学习机制 139

二、"形成性干预"的使用原则 142

三、从中介语向中介工具的转化 144

第二节 汉语学习活动中介工具的主要来源 148

一、承载汉语知识的语言文本 148

二、源于言语交际的个体经验 150

三、历史演进中的各类模型 155

第三节 汉语学习活动中介工具的使用方式 157

一、用"镜像材料"认识语言问题 157

二、用多维模型分析语言问题 159

三、用系列工具解决语言问题 161

第六章 汉语学习活动的推进过程 164

第一节 汉语学习活动的循环机制 164

一、拓展性学习的外显行动 165

二、拓展性学习的理想循环 166

三、汉语学习活动的循环过程 168

第二节　以矛盾关系推动汉语学习活动的转化 171

　　一、认识矛盾：从学习障碍到学习动力 171

　　二、分析矛盾：汉语学习活动系统中的关系层级 173

　　三、利用矛盾：推动汉语学习活动的转化 178

第三节　以活动网络促进语言能力的融合 181

　　一、从个体间到系统间的"共享客体" 181

　　二、从单项语言能力到综合语言能力 182

　　三、汉语学习活动网络的设计 184

结　语 186

参考文献 190

附录一：基于活动理论的对外汉语教学设计参照表 204

附录二：基于活动理论的对外汉语教学设计案例 210

后　记 217

第一章　绪　论

近年来，对外汉语教学事业得到了迅速发展。随着来华留学生人数和来源国数量的增加，对外汉语教学的需求日益扩大，对外汉语教学事业呈现出蓬勃发展的态势。而与此同时，对外汉语教学设计的理念和方法则滞后于时代的发展，无法满足对外汉语教学的发展需要。从性质上看，对外汉语教学是中国教师面向外国学生开展的汉语教学；从保证教学的有效性看，对外汉语教学设计必须尊重外国学生异质性的文化背景，把握汉语作为一门语言的学习特性，着力在语言实践中培养学生的跨文化交际能力。培养交际能力、强调互动运用、重视认知规律、体认多元文化、突出学生主体是对外汉语教学的基本要求。①

第一节　问题的提出

当前，在开展教学设计时，对外汉语教学面临两个突出问题：一是如何有效地组织课堂活动，避免其流于形式；二是如何有效地指导教学实践，解决其偏离教学预设的问题。这两个问题严重制约了对外汉语教学设计的有效性。为此，必须实行根本性的方法论的变革。

一、课堂活动：对外汉语教学设计的重点与难点

组织活动是对外汉语课堂教学的重要形式。通过给学生布置一些语言

---

① 刘珣．"结构—功能—文化相结合"的汉语教学理念再思考［J］．国际汉语教学研究，2014（2）：19-27.

任务，或者让学生参与课堂语言游戏，教师在课堂中创设了一种交际场景，让学生在活动中提升汉语能力。在课堂上组织活动的方式体现了"做中学"的语言教学思想，使学生能够在与同伴的互动中共同实现语言能力的发展。自 20 世纪 70 年代以来，借助于组织课堂活动的形式，外语教学发展形成了交际型教学法、任务型教学法、项目式教学法等一系列语言教学方法。越来越多的研究者相信，"用语言做事情"能够调动学习者的语言学习积极性，促使语言学习者调动各类语言和非语言资源共同构建意义，在交际互动的过程中达到语言学习的效果。①

但是，在对外汉语的课堂活动中，普遍存在"流于形式"的问题。许多课堂活动看起来非常热闹，学生参与的积极性很高，生生互动和师生互动非常频繁，但事实上，学生的收获很有限。正如格兰特·威金斯（Grant Wiggins）和杰伊·麦克泰格（Jay McTighe）所言，"活动导向的教学设计"经常会出现"只动手不动脑"的现象，即活动很有趣，教学过程看起来很热闹，但学生智力上的成长和真正的收获很少。"就算学生真的有所领悟和收获，也是伴随着有趣的体验偶然发生的。"② 学生们会认为自己的任务仅仅是参与而已，只要在形式上完成了参与的任务，学习活动就结束了。

对外汉语课堂活动"流于形式"的问题，首先表现为汉语学习者主体性的缺失。在设计对外汉语课堂活动时，教师们为了便于学生理解，经常会布置非常具体的任务。此类任务将学生所要做的事情细化到每一个环节、每一个步骤，甚至具体到了学生需要做的每一个动作、每一种回应，需要说的每一句话。这种教学设计所追求的是表面上的热闹和活跃。学生的互动看起来很积极，本质上却是被动的。学生的行为互动是在教师的控制下表现出来的。例如，有的对外汉语教师让学生采用角色扮演的方式来完成"向陌生人借铅笔"的交际任务。在角色扮演中，学生要通过抽签选择自己的角色身份：A 扮演借铅笔的人，B 扮演没有铅笔的陌生人，C 扮

---

① 武和平，武海霞. 外语教学方法与流派 [M]. 北京：外语教学与研究出版社，2014：103.

② ［美］格兰特·威金斯，［美］杰伊·麦克泰格. 追求理解的教学设计 [M]. 2 版. 闫寒冰，宋雪莲，赖平，译. 上海：华东师范大学出版社，2017：16.

演有铅笔的陌生人。A 需要分别向 B 和 C 发问，说出："你好！请问，你可以借给我铅笔吗？" B 的回答是："抱歉，我没有铅笔。" 然后 A 要向 C 借铅笔，C 的回答是："好的，给你！" A 表示感谢，说出："谢谢你！"

这些过于具体的设计，否定了学生作为学习主体的主动性，扼制了学生的创造性。如此设计活动，仅仅是表面上热闹和活跃，其本质上仍然是学生在教师的控制下开展活动。实际上，在确定人物角色时，无论是 A、B，还是 C，所有学生都明确知道谁有铅笔，谁没有铅笔。因而，在进行交际的时候，相互间不存在信息的差异性。于是，这种交际就只能沦为"伪交际"。在语言形式上，教师提供的对话方式十分固定，没有给学生提供可发挥的空间。需要借用铅笔的学生 A 只能提出请求这样一种表达，却无法更有礼貌地解释借铅笔的缘由，使自己的请求行为显得更加合理、更有说服力。而被请求的学生 B 只能固守教师所给出的语言表达形式，无法表达出"虽然我不能帮到你，但希望可以给予你一些有用的建议，例如旁边的同学有铅笔等"。与此同时，被请求的学生 C 也遇到同样的问题。太过具体的语言形式，限制了 C 的回应。即便 C 想要询问 A 借铅笔的用途、是否还需要其他帮助等，也不能说出口。

其次，在活动的过程中，学生所能获得的帮助非常有限。许多对外汉语教师未能准确地分析和把握汉语学习者的能力与特点，没有根据外国学生对汉语的认识、理解和需求来组织课堂活动。对外汉语教学的对象是外国人，汉语对于他们而言相对陌生，是一套有距离感的符号系统。法国国民教育部汉语总督学白乐桑（Joël Bellassen）曾指出，"中国象征着一个他国世界"，其语言和文化具有相当程度的独特性。① 对母语为拼音文字的汉语学习者来说，这种距离感显得尤为明显。加上他们日常生活中的实践机会相对较少，外国人学习汉语的难度要远远大于中国人学习汉语的难度。

但在对外汉语的课堂活动中，学生们并没有被当作"外国人"来看待。多数情况下，学生只能靠自己的母语来进行理解和交流，而不能够在同伴的帮助和支持下借助于一些工具或"抓手"来完成语言交际。对外汉

---

① 白乐桑. 汉语，是外国人永远学不完的语言［N］. 中国艺术报，2017-02-08（6）.

语教师在设计和开展课堂汉字教学活动时，经常会采用与语文课堂相似的活动形式。例如，在汉字教学时，"通过增添或减少笔画变出新字"是一类常见的活动。具体的实施过程，一般是先向学生展示一些汉字，如"王""大""白"等，然后让学生思考，如何通过增添或减少笔画，使其成为另外一个汉字。此类活动的目的是帮助学生巩固对汉字结构和笔画的理解，加强对形近汉字的区分和辨析。对于中国的小学生而言，这是一种较为便捷和有效的汉字学习活动。因为他们在日常生活中对汉字已经有了相当程度的认知，具备了一定的敏感度和识别能力。通过这类活动，他们的汉字识别能力将会迅速提升。

但是对于外国学生而言，他们所面临的挑战则要大得多。如果不能够得到有力的帮助和支持，他们甚至很难完成任务。因为在这些外国学生的语言背景中，缺乏汉字这种方块字的相关知识和形象基础。在他们的头脑中，正确的汉字形象与错误的汉字形象是混杂在一起的。由此导致的结果，就是汉语学习者只是按照教师的指令行事，在课堂中表现出教师期待的行为，而没有真正理解汉字的内涵。

最后，从学生的学习收获上来看，汉语学习者通过课堂活动取得的进步相对有限。表面上看起来，课堂气氛很活跃，学生在积极地参与课堂活动，真正的收获却可能很少。组织课堂活动的本意在于提升汉语学习者的语言应用能力，为他们在真实社会生活中使用汉语做好准备。但从结果上看，这方面的效果并不理想。许多学习者在课堂活动中能够积极参与，并表现出符合教师预期的交际行为，但是，当他们进入真实的语言交际场景时，仍然会遇到大量的语言障碍。

二、偏离预设：对外汉语教学设计的实践困境

在开展对外汉语教学设计时，面临的一个非常困难的问题是教学实践与教学设计之间的偏离现象。无论教师如何精心设计，当方案应用于教学实践时，总会出现明显的偏离。在其他学科的课堂教学中，教学实践中也会出现与教学设计相偏离的现象。关于这一问题，学界已有相当多的讨论。解决问题的主要思路，是搞好"预设"与"生成"之间的平衡关系，在开展教学设计的时候留出相应的空间，从而实现教学设计与教学机智之间的相互依存和相互促进。①

　　对于其他学科而言，教学实践与教学设计相偏离的问题或许可以通过采取措施予以解决，但是在对外汉语教学领域，这一问题似乎无法通过简单调和的方式予以解决，而必须借助于一种根本性的方法论的变革来应对。这是因为，对外汉语教学所涉及的要素具有极强的多元化的特征。无论是教师、学生、管理人员，还是课程、教材、教学环境，均具有异质性的特点，相互之间差异甚大。这种特性给对外汉语教学的课堂带来了诸多不确定因素。各类矛盾、障碍和冲突在此集中显现，加剧了教学设计与教学实践之间的割裂（表1.1）。

表 1.1　对外汉语教学与语文教学、英语教学的特性对比表

教学类别	教育者	学习者	教学内容	教学形式	文化功能
语文教学	中国教师	中国学生	汉语	班级授课为主	文化传承
英语教学	中国教师	中国学生	英语	班级授课为主	跨文化交际
对外汉语教学	中国教师	外国学生	汉语	教学形式多样化	跨文化交际

　　在学习内容上，汉语学习者经常会将关注点放到教学设计未曾考虑到的方面。譬如，"孔融让梨"是中国家喻户晓的故事。它出自《三字经》中"融四岁，能让梨"，讲的是中国东汉末年文学家孔融幼年时将大的梨子让给哥哥，自己只留下小的这样一个故事。在语文课堂上，教师经常会用这样一个故事来培养孩子谦让的美德。然而，当这个案例进入对外汉语课堂时，却可能引发激烈的文化冲突。听过"孔融让梨"的故事后，许多留学生表现出了不理解甚至是质疑的态度。"孔融不诚实。如果他喜欢吃大的梨，为什么不诚实地说出来？如果他不喜欢吃大的，喜欢吃小的，那他也没有诚实地告诉大人，他不喜欢大的梨子……""为什么孔融对待哥哥和弟弟是双重标准，难道他没有固定的做事原则吗？""孔融只懂得自己抓住机会表现谦让的美德，为什么他不给别的兄弟谦让的机会呢？"这类在我国语文课堂上很少出现的现象，在对外汉语的课堂中却屡见不鲜。

---

　　① 刘徽. 教学机智与教学预设矛盾吗？——兼论剧本式教学计划和愿景式教学设计 [J]. 教育发展研究，2007（22）：47-50.

在师生交流的过程中，矛盾和冲突经常会导致教学偏离主题。在对外汉语教学中，教师的母语为汉语，学生的母语不是汉语；教师的成长环境大多在中国，学生的成长环境大多在外国。这些特点决定了教师与学生之间存在较大的文化障碍。譬如，同样是比较句式的讲解，英语课堂和对外汉语课堂的要求就不同。在英语课堂上，中国教师可以举例"China is larger than Thailand"，表示中国的国土面积比泰国大，中国学生会很容易理解和接受这种句式；但是在对外汉语课堂上，如果教师举例"中国比泰国大""中国比泰国大得多"，那么班里的泰国学生定然会心中不快，有时甚至会向教学主管领导反映问题，投诉该教师有歧视倾向。又譬如，同样是课堂语言的使用，在英语课堂上，中国教师会习惯性地使用一些指令性语言，如"Open your book.""Stand up.""Turn to page eleven."等，中国学生并不会感到不满；但是在对外汉语课堂上，较多的指令性课堂用语会让拥有异域文化背景的汉语学习者感到不舒服，觉得这是不礼貌和不尊重学生的表述。究其根源，是不同的文化在课堂环境中发挥着巨大作用。

相较而言，无论是语文教学，还是英语教学，师生之间的文化障碍都没有如此明显。在语文教学中，是中国教师面向中国学生开展汉语教学。教师与学生之间的沟通相对顺畅，无论是在语言的使用上，还是在文化交流的方式上均不存在较大的障碍。在英语教学中，是母语为汉语的中国教师面向母语为汉语的中国学生开展英语教学。在这种情况下，教师与学生的文化背景具有较强的一致性，教师对学生的文化特性比较了解，对他们在学习中遇到的障碍有着切身体会。但是在对外汉语教学中，当中国教师遇到外国学生时，此时师生之间遇到的不仅有语言的障碍，还包括文化上的障碍等。中国教师不仅要考虑采用何种语言作为中介进行交流，还要考虑如何化解文化障碍给教学实践带来的影响。

三、活动理论：对外汉语教学设计的重构视角

活动理论为解决对外汉语教学设计所面临的上述问题提供了新的可能。这种源于苏联学者维果茨基（Lev Vygotsky）的理论思想，目前已经发展到了第三代。作为当代诸多学习理论流派中的重要一支，活动理论以其对社会文化情境的关注而备受瞩目。戴维·乔纳森（David H. Jonassen）和

苏珊·兰德（Susan M. Land）指出，自 20 世纪 90 年代以来，教育领域和心理学见证了学习理论历史上发生的最本质、最具革命性的变化。"当代学习的情境观、社会文化观和建构主义观的本体论和认识论基础与传播理论、行为主义和认知主义不同。我们已经进入一个学习理论的新时代。"①越来越多的学习理论研究者认识到，学习不是一个知识传输的过程，而是一个意义建构的过程，是一个由学习者积极、自觉地建构的实践活动。众多理论流派以此为基础开始构建和完善自己的理论体系。其中，活动理论是一个在理论和实践领域均产生了重要影响的流派，开创了一种新的认识和理解范式。

之所以要借助于活动理论的视角来重构对外汉语教学设计，首先，是因为活动理论提出了拓展性学习（Expansive Learning）的学习机制。这种学习机制将学习者尚未掌握的新的知识和能力作为学习对象，使学习者能够在过程中获得实质性的收获。拓展性学习将学习视为一个创新的过程，以动态的眼光审视学习活动。在活动理论看来，拓展性是学习的典型特征，它意味着学习的内容和方向具有高度的不确定性，会在矛盾的推动下不断发展演变。"在拓展性学习中，学习者所学的东西都不是现成的。换言之，学习者为他们的共同行动构建新的客体和概念，并在实践中作用于这种新的客体和概念。"②

活动理论所倡导的拓展性学习充分肯定了学习者在学习活动中的主体地位，并着力将其落实到教学实践之中。里尔·恩格斯托姆（Yrjö Engeström）指出，传统的教学设计的核心理念可以被简单概括为"专家设计、教师实施、学生学习"。③ 但是，这种教学设计往往以专家所构想的理念和目标为基准，致力于构建完善的设计模式，从而忽略了实践者、学生、教师等相关主体。在这类教学设计中，学习者所要学习的具体知识内容是事先已经明确的。教学设计的任务是通过设计、组织和实施特定的学

---

① ［美］戴维·H. 乔纳森，［美］苏珊·M. 兰德. 学习环境的理论基础［M］. 2 版. 徐世猛，李洁，周小勇，译. 上海：华东师范大学出版社，2015：前言 6.

② Engeström Y. Studies in Expansive Learning：Learning What is Not Yet There［M］. New York：Cambridge University Press，2016：37.

③ Engeström Y. Studies in Expansive Learning：Learning What is Not Yet There［M］. New York：Cambridge University Press，2016：212.

习项目，促使学习者更好地掌握这些知识内容。

事实上，学习者才是活动系统的主体，学习者所面对的是具有不确定性的知识和充满未知数的世界。学习客体的形成、学习结果的实现均依赖于学习者自身。因而，学习活动的设计过程与知识和技能的获得过程应该是相互交织、共同进行的。从教学设计伊始，就应当吸纳学习者参与，而不仅仅由教师决定。正如戴维·乔纳森和露西娅·罗勒-墨菲（Lucia Rohrer-Murphy）所言，对于教学设计来说，活动理论提供了一个崭新的分析视角。"它关注的重心不再是知识的陈述，而是人们所参与的活动、他们在这些活动中使用的工具、活动过程中合作者相互间的社会和情境关系、这些活动的目的和意图，以及这些活动的对象或结果。"① 而且，在开展教学设计的过程中，活动理论要求重点关注学习活动主体的行为及其对心智发展的影响，并将丰富的社会文化背景纳入考虑范围。

其次，活动理论为教学设计提供了系统而具体的框架。这个框架不仅能够帮助我们更好地设计活动，而且能够使我们更好地分析和把握学习活动的发展历程与演进方向。活动理论将活动理论的模型应用于学习活动，通过活动主体借助中介工具作用于活动客体的基本模型，分析学习活动中各核心要素相互间的关系，包括学习主体、学习客体、学习的中介工具等。此外，借助"潜在的共享客体"，学习活动相互间可以建立起联系，构成学习活动系统网络。

活动理论明确将活动系统作为教学设计的基本分析单位。传统的教学设计建立在行为主义学习理论和传播理论基础上。这种教学设计的基本理念是，知识传授是教学的主要任务，教学设计的主要任务就是设定知识传递的路径和方式，并在最大程度上确保知识传递的有效性。时至今日，这种基于知识传授的教学设计理念仍然流行于教育实践之中。能够对这种教学设计构成替代的，是"学习环境设计"的理念。这一理念的核心在于强调学习者的中心地位，主张根据学习者的实际情况创设一种最有利于促进学习者发展的学习环境。

---

① Jonassen D H, Rohrer-Murphy L. Activity Theory as a Framework for Designing Constructivist Learning Environments [J]. Educational Technology Research & Development, 1999, 47 (1): 61-79.

在这种理念的指导下，创设具有挑战性的、复杂的和真实的学习环境成了教学设计者们的主要工作。教师的任务不是直接向学生呈现特定的教学内容，而是精心创设出一个学习环境，让学习者在其中进行自主的探索和建构，形成自己的知识结构和体系。信息技术的发展则促使教学设计更加关注如何利用信息技术来创设适应学习者需要的学习环境。不过，即便是学习环境理论的支持者们也承认，关于学习环境创设的理论过于繁杂且缺乏系统性。"的确，与传统教学不同，似乎没有统一的理论来指导以学生为中心的学习环境的设计，这样在研究性、可扩展性和普适性等方面都形成了挑战。"①

但在活动理论看来，创设学习环境的理念太过宽泛，不利于系统地设计和分析教学活动。在恩格斯托姆看来，创设学习环境的理论经常会提及系统、动力、要素等概念，但这些讨论经常是泛泛而谈；如果没有一个具体的模型和明确的分析单位，就无法将理论与实践结合起来。② 在此背景下，活动理论尝试构建的是一套兼具系统性和操作性的教学设计体系。

通过引入活动系统的框架，活动理论正面解释和分析了现实中不符合教学预设的现象，对教学实践与教学设计不一致的问题做出了正面回应。活动理论指出，传统的教学设计理念遵循的是一种线性模式，竭力让教学实践按照教学设计的方向前进。当教学实践出现偏离时，就将责任归为教学设计不够完善，或通过优化和改进教学实施过程来确保其与教学设计保持一致。根据活动理论的观点，优化实施过程的理念从一开始就误导了教学设计的方向。为了确保教学设计与教学实施过程相一致，教学设计者难免会将某种理想的实施模式作为终极目标，而不对潜在的因果关系进行深入分析。

恩格斯托姆强调，已有的大量研究并没有尝试挑战或质疑这种设计理念，而更多的是在尝试丰富和完善这种理念。活动理论指导下的教学设计

---

① Land S M, Hannafin M J, Oliver K. 以学生为中心的学习环境：基础、假设和设计［M］//［美］戴维·H. 乔纳森，［美］苏珊·M. 兰德. 学习环境的理论基础. 徐世猛，李洁，周小勇，译. 上海：华东师范大学出版社，2015：4.

② Engeström Y. Studies in Expansive Learning：Learning What is Not Yet There［M］. New York：Cambridge University Press，2016：211.

则致力于解决这些问题，即采用活动系统作为分析单位，按照拓展性学习的演化过程进行分析。"也许更有成效的做法，是采用共同体活动系统的分析框架，将学校和其他教育场所的学习放到拓展性学习的发展流程中来分析问题。"① 活动理论将学习视为一个在矛盾驱动下的变革与创新的过程，同时认为学习受到文化历史环境中多重因素的影响。在这种意义上，矛盾、偏离、抵制等均是普遍存在的正常现象，学习活动的方向本身就具有不确定性。教学设计者的任务则是借助于模型和工具对学习活动的演化过程进行分析，并采取形成性的干预措施推动学习在不同的时空范围内进行转化。

随着活动系统框架的引入，学习活动的发展过程也得以显现出来。根据活动系统的分析，学习活动处于历史演进之中，要用历史发展的眼光来分析学习活动的进程。活动理论致力于从时间维度上打破"过去—现在—未来"之间的边界，推动学习者不断与历史和经验对话，找到问题中历史积累性的矛盾，进而对问题解决方案进行评估，并预测未来的发展趋势。② 活动理论指出，课堂和课程都是相对狭小的单位，如果我们将关注点聚焦到课堂和课程之上，就会限制学习的时间维度。只有将学习放到长期的发展进程之中，才能更好地认识学习，并将其与不同社会群体的生活联系在一起。

通过将活动系统作为教学设计的基本分析单位，活动理论提供了一个成熟的分析框架，帮助我们更好地发现、描述、认识和预测问题。正如本杰明·德韦恩（Benjamin DeVane）和库尔特·斯夸尔（Kurt D. Squire）所言，活动理论的价值在于它能够为教学活动提供一个分析框架，帮助我们更好地认识和理解现实中复杂的教学情境。"或许活动理论最重要的好处不在于它把学习技术放在活动生态系统当中，而是它为教师、设计者以及研究者提供了一种系统的方法用以理解学习技术在真实世界的复杂性和杂

---

① Engeström Y. Studies in Expansive Learning: Learning What is Not Yet There [M]. New York: Cambridge University Press, 2016: 101.

② 魏戈. 人如何学习：解读恩格斯托姆的《拓展性学习研究》 [J]. 北京大学教育评论，2017 (3): 169-181.

乱无章的状态中起到什么作用。"①

最后，活动理论将文化情境作为教学设计的改进依据。活动理论非常关注社会文化因素在学习中扮演的重要角色。活动理论强调，社会文化在学习中居于重要地位，甚至在某种程度上居于中心地位。这是因为，学习总是在特定情境下发生的，它与特定的学习者、学习对象、文化环境有着密切的互动关系。学习不仅仅是学习者的个体行为，更是一个共同体的行为，而且是处于特定历史文化背景中的共同体的行为。传统的学习理论往往采取一种"普遍主义"的逻辑，认为学习在各类情境中都是一样的，但事实并非如此。"学习理论必须放弃普遍主义的逻辑，详细说明我们所要描述、解释和促成的学习究竟是哪一类学习，其历史和文化背景究竟是什么。"② 如此认识，表明学习总是与社会文化因素密不可分的。而且，在学习与社会文化因素之间的关系上，活动理论提出，学习不仅仅是一个传递和保存文化的过程，更是一个转化和创造文化的过程。

在上述认识的基础上，活动理论充分考虑了对外汉语的文化历史属性。对外汉语教学具有较强的文化历史属性，其教学过程和内容与文化历史因素密不可分。借助于活动理论所提供的学习理论范式和教学设计框架，可以更好地分析对外汉语教学的过程，厘清对外汉语教学中的矛盾关系，促进教学活动的优化和改进。在对外汉语教学中，促进学生文化理解能力的发展是一个重要的目标。胡范铸等人指出，从本质上看，汉语国际教育是一种"国际理解教育"，其目标体系的核心在于促进情感的沟通和理解，使外国人通过汉语语言能力的学习和训练不断增强文化理解能力。汉语国际教育"应该也可能做的就是构建一种'情感共同体'，一方面让世界注意到中国的文明和美好，另一方面让世人理解中国现阶段力有未逮的诸多困难"，促进全球大多数民众理解中国，理解中国的民众及与中国

---

① Vane B D, Squire K D. 学习技术中的活动理论 [M] ∥ [美] 戴维·H. 乔纳森，[美] 苏珊·M. 兰德. 学习环境的理论基础. 徐世猛，李洁，周小勇，译. 上海：华东师范大学出版社，2015：277.

② Engeström Y. Studies in Expansive Learning: Learning What is Not Yet There [M]. New York: Cambridge University Press，2016：14.

相关的事物。①

在教学实践中，文化能力是对外汉语教学所要培养的一项重要能力。孔子学院总部（国家汉办）编写的《国际汉语教学通用课程大纲》将汉语作为第二语言的课程目标及学习者所应具备的能力分为四大模块，分别是语言技能、语言知识、策略和文化能力等。其中，文化能力指的是学习者所应具备的国际视野和多元文化能力，表现为能够得体地运用语言的必备要素。汉语学习者应当逐步扩充文化知识的内容和范围，使学习者理解中国文化在世界多元文化中的地位及其对世界文化的贡献。文化能力的具体内容分为文化知识、文化理解、跨文化能力和国际视野四个部分。②

面对课堂活动流于形式和教学实践偏离预设的问题，活动理论为我们开辟出一条崭新的路径。根据活动理论来开展对外汉语教学设计，其实质是设计一个个具体的"汉语学习活动"，使汉语学习者在参与和完成活动的过程中实现发展，从而使对外汉语教学设计更加符合对外汉语教学的特性，包括外国学生的特点、汉语的特点及文化的特性等。

第二节　核心概念

本研究的核心概念主要有两个，一是活动理论，二是对外汉语教学设计。由于活动理论对于"学习活动"有着独特的理解和认知，因此本研究将"学习活动"作为一个概念专门进行阐述。在论述"学习活动"的时候，会先行分析"活动"这一概念，然后分析"学习活动"的特性。关于对外汉语教学设计，将分别从"对外汉语教学"和"教学设计"两个层面进行限定。

---

① 胡范铸，刘毓民，胡玉华. 汉语国际教育的根本目标与核心理念：基于"情感地缘政治"和"国际理解教育"的重新分析 [J]. 华东师范大学学报（哲学社会科学版），2014（2）：145-150，156.

② 孔子学院总部/国家汉办. 国际汉语教学通用课程大纲 [M]. 北京：北京语言大学出版社，2014：v.

一、活动理论

活动理论的全称为"文化—历史活动理论"（Cultural-historical Activity Theory，CHAT），是一种旨在理解和分析人类心智与活动之间关系的理论体系。它将活动系统视为基本单位，从而对人类的实践活动进行分析。根据恩格斯托姆的说法，"文化—历史活动理论"是一个旨在分析和重新设计工作的框架，旨在弥合宏观与微观、心灵与物质、观察与干预之间的裂缝。①

活动理论是一个处于发展过程中的理论体系。从发展历程上看，活动理论大体经历了三个主要的发展阶段。② 第一代活动理论以苏联学者维果茨基为代表，重点论述了活动与交往对于儿童心理发展的重要作用。维果茨基在解释人的高级心理机能的形成过程时指出，人们的社会关系和社会交往是人的高级心理机能形成的基础，个体高级心理机能的发展需要在参与社会活动的过程中实现。"在儿童的发展中，所有的高级心理机能都两次登台：第一次是作为集体活动、社会活动，即作为心理间的技能，第二次是作为个体活动，作为儿童的内部思维方式，作为内部心理机能。"③ 除了将"活动"引入心理学领域，维果茨基还提出了目的、工具、动机等与活动相关的概念。

第二代活动理论以苏联学者列昂捷夫（Alexei N. Leontyev）为代表，明确阐述了"活动"的概念，系统分析了外部实践活动与内部心理活动之间的关系，并具体阐述了客体、意识、个性等概念及其与活动系统的关

---

① Engeström Y. Activity Theory as a Framework for Analyzing and Redesigning Work [J]. Ergonomics，2000，43（7）：960-974.

② 关于活动理论的阶段划分，大体有两类观点。第一类观点认为维果茨基和列昂捷夫属于第一代活动理论的代表人物，恩格斯托姆属于第二代和第三代活动理论的代表人物。其中，第二代活动理论和第三代活动理论的区分在于第三代活动理论提出了"活动系统网络"的概念。第二类观点认为维果茨基属于第一代活动理论的代表人物，列昂捷夫属于第二代活动理论的代表人物，恩格斯托姆属于第三代活动理论的代表人物。本书采用的是第二类观点。主要依据在于恩格斯托姆本人曾明确按照第二类观点对活动理论的阶段进行了划分。（Engeström Y. The Future of Activity Theory：A Rough Draft [M] // Sannino A，Daniels H，Gutiérrez K D. Learning and Expanding with Activity Theory. New York：Cambridge University Press，2009：307.）

③ ［苏］维果茨基. 维果茨基教育论著选 [M]. 余震球，译. 北京：人民教育出版社，2005：388.

系。其中尤为重要的是，列昂捷夫对活动系统中的客体进行了详细论述。在他看来，客体反映学习者的动机，通过精心设计客体可以促进学习的发生。列昂捷夫指出，学生的学习自觉性对学习具有重要的意义，直接决定着学生学习的积极性和主动性。但在过去的心理学研究中，研究者关注的往往是情绪、需要等因素，而这些因素很难转化到教学实践之中，不能从正面解决问题。为了调动学生的学习自觉性，激发学生学习的兴趣，改变活动的结构是一种重要路径。"单单意识到某种物体的客观意义，还不足以由其产生切身的利害关系，相反，兴趣很容易通过改变活动结构的方法，特别是改变其动机的方法来建立。"① 由于列昂捷夫和鲁利亚曾担任过维果茨基的研究助手，因而第一代和第二代的活动理论也被称为"维列鲁学派"。②

第三代活动理论以芬兰学者恩格斯托姆为代表，构建了活动的基本结构，提出了"拓展性学习"的学习机制，从动态演化的角度分析了活动系统的发展过程，以及活动系统相互间的联系。自 20 世纪 90 年代以来，恩格斯托姆逐渐成为当代活动理论的旗帜性人物，为活动理论赢得了广泛的学术声誉。恩格斯托姆最具有代表性的一本著作是《拓展性学习》（*Learning by Expanding*）。该书于 1987 年正式出版，在 1991 年至 1995 年的被引频次仅为 95 次，但在 2011 年至 2015 年的被引频次高达 2839 次。活动理论受到了学界的普遍关注，其价值得到了越来越多的认可。③ 迈克尔·扬（Michael Young）指出，恩格斯托姆的研究激发了学习理论的活力，使其能够突破行为主义与认知主义的局限，使学习理论不再局限于对学习者个体的关注，而是转向个体与学习环境的互动。④

事实上，在"维列鲁学派"之后，活动理论不断发展完善，分化出多

---

① ［苏］阿·尼·列昂捷夫. 活动 意识 个性［M］. 李沂，等译. 上海：上海译文出版社，1980：224-225.

② 北京师联教育科学研究所. 发展思想与教育论著选读［M］. 北京：中国环境科学出版社，2005：1.

③ Engeström Y, Sannino A. Expansive Learning on the Move: Insights from Ongoing Research ［J］. Journal for the Study of Education and Development, 2016, 39（3）：401-435.

④ Young M. Contextualising a New Approach to Learning: Some Comments on Yrjö Engeström's Theory of Expansive Learning ［J］. Journal of Education and Work, 2001, 14（1）：157-161.

个支流。诸多学者从不同的研究领域对活动理论进行拓展和深化，具体包括苏联学者瓦西里·达维多夫（Vassily Davydov）、伊瓦尔德·伊伦科夫（Evald Il'enkov）和维塔利·鲁布佐夫（Vitaly Rubtsov），德国学者约阿西姆·郎普舍尔（Joachim Lompscher），英国学者安妮·爱德华兹（Anne Edwards）等。其中，以恩格斯托姆为代表的芬兰赫尔辛基大学的多位学者是影响力最大、最具有代表性的一个流派，也被称为"活动理论的赫尔辛基学派"（Helsinki School of Activity Theory）。为了避免活动理论内部理论流派差异可能导致的误解和偏差，本研究将重点关注以恩格斯托姆为代表的研究团队所倡导的理论体系和分析框架。

在恩格斯托姆等人的推动下，赫尔辛基大学于 1994 年成立了"活动、发展与学习研究中心"（Center for Research on Activity，Development and Learning，CRADLE），目前已成为活动理论的研究重镇。该中心由恩格斯托姆担任主任，成员包括雷约·米耶蒂宁（Reijo Miettinen）、安娜丽莎·圣尼诺（Annalisa Sannino）、亚科·维拉库宁（Jaakko Virkkunen）、亚努·卡贾马（Anu Kajamaa）等，还有他们指导的一些博士生和博士后。根据"活动、发展与学习研究中心"的官方表述，该中心的研究有六个核心特质，分别包括：在历史的基础上开展长期性的研究；将客体导向的、以人工制品为工具的活动系统作为主要的分析单位；注重分析活动系统内部和活动系统相互间的矛盾并将其视为变革与发展的动力；致力于在活动系统中构建指向未来的最近发展区；关注和分析拓展性学习的循环或"尚未发生的学习"；使用和开发"变革实验室"（Change Laboratory）等形成性干预措施作为主要的方法论资源。①

在发展的过程中，活动理论的思想体系日益完善。同时，它的实践指导性也越来越充分地显现了出来。与第一代和第二代活动理论相比，第三代活动理论的学术贡献主要表现在四个方面。

一是进一步明确学习机制，提出了"拓展性学习"的概念。关于对学习的认识，学界曾有两类主流观点，分别是"获得"的隐喻和"参与"的

---

① CRADLE. Activity Theory at CRADLE［EB/OL］.（2017-09-19）［2020-04-20］. https：//www.helsinki.fi/en/researchgroups/center-for-research-on-activity-development-and-learning/activity-theory-at-cradle.

隐喻。① 前者以个体为学习的基本分析单位，将学习视为个体心智的内部发展过程，重点关注对外在知识的获得和吸收，表现为认知主义学习理论和个体建构主义理论。后者以群体为基本分析单位，将学习视为个体参与外部世界活动的过程，重点关注学习者与外界环境及文化的互动，表现为社会建构主义理论。但是，在恩格斯托姆看来，这两种认识都具有相当强的局限性。事实上，学习从来就是一个多维的复杂过程，任何一种单一向度的理解都可能限制我们的思维。

拓展性学习所倡导的是一种"创造"的隐喻，它将学习理解为一个在多个向度上进行拓展的创造性过程。根据这种理论，学习既不是一个内在获得的过程，也不是一个与外界互动的过程，而是一个创造性的转化过程。拓展性学习是个体和共同体在充分发挥主观能动性的情况下，借助于中介工具对客体进行加工和改造，从而实现创造转化的过程。在此过程中，活动方向始终存在着不确定性。恩格斯托姆从以下三个方面阐述了拓展性学习的基本立场：在对待文化的态度上，拓展性学习将学习视为一个改变和创造文化的过程，而不仅仅是一个传递和保存文化的过程。在学习的方向上，拓展性学习将学习视为一个横向拓展的过程，而不仅仅是一个基于特定标准的纵向提升的过程。在学习的内容上，拓展性学习将学习视为一个理论概念形成的过程，而不仅仅是一个获取经验性知识的过程。②

拓展性学习所倡导的创造性学习致力于推动外部实践活动与内部心理活动之间的相互转化。维果茨基曾将外部实践活动视为内部心理活动的来源。列昂捷夫在维果茨基的基础上论述了外部实践活动与内部心理活动相互作用的关系。拓展性学习则尝试构建两者创造性转化的关系。在拓展性学习中，学习过程的外在行为表现是解决问题或完成任务，而这些问题是仅凭学习者自身已有能力无法解决的。在解决问题或完成任务的过程中，个体的心智同时实现了发展。"知识创造的隐喻不再纠结于学习的内在或外在，而是将关注的焦点从人（个体和共同体）转向物（中介和结果），

---

① 曾文婕，柳熙. 获得·参与·知识创造：论人类学习的三大隐喻 [J]. 教育研究, 2013 (7)：88~97.

② Engeström Y, Sannino A. Studies of Expansive Learning: Foundations, Findings and Future Challenges [J]. Educational Research Review, 2010, 5 (1)：1-24.

最后通过物的创造又回归到人的主体性，即通过共同合作开发共享的目标、客体和人工制品，这便构成了一个学习的创造性转化过程。"[1]

二是设计形成了活动系统的基本结构，从社会关系层面分析了活动系统的六个基本要素及其相互间的关系。在第二代活动理论中，列昂捷夫将"活动"理解为个体有意识地作用于客体的过程，讨论了主体、客体和中介工具三个要素。到了第三代活动理论，恩格斯托姆提出，人的活动不仅仅是个体的行为，同时也是一种社会行为，个体在采取行动的过程中必然会与他人发生关系，这就涉及规则、分工、共同体等要素。在此基础上，恩格斯托姆设计出了活动系统的基本结构（图1.1）。

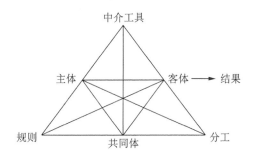

图1.1　活动系统的基本结构[2]

对于主体、客体和中介工具这三个基本要素，第三代活动理论也做出了比第一代和第二代活动理论更为系统的论述。关于活动主体，第三代活动理论强调，活动主体应当实现由个体向共同体的转变，发挥共同体在促进个体能力发展和解决问题方面的作用。关于活动客体，列昂捷夫论述的重点在于活动客体存在的价值与意义。他将活动客体视为活动的基本特征，讨论了客体与动机之间的紧密关系。恩格斯托姆则详细阐述了客体从模糊到具体的形成过程，分析了客体的转化机制。关于中介工具，第三代活动理论的贡献在于明确了中介工具的设计理念和使用原则。

三是分析活动系统的动态演化过程，具体分析了活动系统的发展动力

① 魏戈. 拓展性学习：探索学习科学的新维度［J］. 现代教育技术，2019，29（5）：19-25.

② 图片来源：Engeström Y. Learning by Expanding：An Activity-Theoretical Approach to Developmental Research［M］. New York：Cambridge University Press，2015：63.

及活动系统相互间的联系。第三代活动理论从动态发展的视角来审视活动系统，将其视为一个处于发展过程之中的系统。恩格斯托姆等人不仅分析了作为活动外在表现的行动，而且分析了这些行动的发展循环过程；不仅指出了矛盾是活动系统发展的动力机制，而且分析了矛盾的层级关系及其对活动系统发展的作用机理；不仅提出了活动系统相互间发生联系的可能，而且分析了活动系统相互间的联系纽带和方式。

四是积极推进活动理论在实践中的应用。相比较而言，第一代活动理论和第二代活动理论主要侧重于理论贡献，其性质是描述性的，即用于解释和分析实践，但较少用于指导和改进实践。以恩格斯托姆为代表人物的第三代活动理论则将关注的重心转到了实践领域，建立起了一个具有操作性的实践理论，并用其来指导各类生产、商业和学习活动，进而提出了拓展性学习的概念和操作体系。正如乔治·吕克里姆（Georg Rückriem）所言，在第三代活动理论的研究者中，恩格斯托姆是最为卓越的一位，也是最为高产的一位。他敏锐地关注到了社会的发展变革，非常严谨和细致地对社会环境中的各类问题进行分析，使活动理论成功地发展为一种干预策略。他制定了大量的活动方案，不仅丰富了活动理论的基本概念，而且推动了活动理论方法论的革新。[①]

总之，在一代代发展的过程中，文化—历史活动理论不断丰富和完善。到了第三代的时候，活动理论已然显现出了在实践应用领域中的价值，具备了在对外汉语教学设计中得到应用的可能性。

二、学习活动

本研究中的"学习活动"特指"文化—历史活动理论"视域下的学习活动，而非普遍意义上的学习活动。在活动理论的框架下，"活动"一词有着特殊的含义。恩格斯托姆指出，活动理论需要探讨的一个基本问题就是阐述清楚"活动"的含义。在日常生活中，活动指的是人和动物的一种生活形式；但在活动理论的理论框架中，活动是一种客体导向的社会实践

---

① Rückriem G. Digital Technology and Mediation：A Challenge to Activity Theory［M］// Sannino A，Daniels H，Gutiérrez K D. Learning and Expanding with Activity Theory. New York：Cambridge University Press，2009：3.

活动，它拥有特定的结构，并受到了文化历史因素的影响。①

与日常生活中的活动相比，首先，活动理论所指的"活动"是活动主体有意识地作用于活动客体的活动，而非无意识的活动。活动主体之所以作用于客体，是因为活动主体有特定的需求。为了满足这种需求，活动主体会对活动客体进行解读并赋予其意义，然后借助于中介工具对客体进行改造。活动主体的意向性是活动的起点，同时也推动着活动主体持续性地对活动客体进行改造。活动主体的意向性赋予了行为具体的意义，是行动者构建主体性的基础。

对于活动主体的认识，活动理论主张将关注的重心由个体转向共同体。活动理论所指的"活动"是共同体参与和完成的活动，而非个体参与和完成的活动。只有靠共同体的力量，使分散的个体形成整合的共同体，活动才能够形成。"面对这种学习挑战，仅凭对个体实践者和家长进行培训，让他们掌握某些新技能和知识是不够的。问题的症结处于组织层面。将分散的个体简单汇总到一起无法实现问题的解决。"②

其次，活动理论所指的"活动"是客体导向的活动。客体是活动主体作用的对象，通常表现为一些特定的"问题情境"或学习任务。只有当活动主体意识到这些"问题情境"的存在并开始对其产生作用时，"问题情境"才会转化为客体。在活动理论中，活动是指主体在应对和解决"问题情境"时所发生的活动。在这里，作为"潜在的客体"，"问题情境"要能够对活动主体中的个体构成挑战，超越个体的能力范围。如果个体能够依据自己已有的知识和经验解决问题，那么这类行为就不能被视为"活动"。

最后，活动具有系统性，我们需要从活动系统的整体层面对活动进行认识和分析。为了更好地认识活动系统，列昂捷夫将人的行为分为三类，分别是活动（activity）、行动（action）和操作（operation）。其中，活动具有系统性，它存在明确的客体，与动机密切相关。在列昂捷夫的思想基础

---

① Engeström Y. Activity Theory and Individual and Social Transformation [M] // Engeström Y, Miettinen R, Punamäki R. Perspectives on Activity Theory. New York: Cambridge University Press, 1999: 21.

② Engeström Y. Expansive Learning at Work: Toward an Activity Theoretical Reconceptualization [J]. Journal of Education and Work, 2001, 14 (1): 133-156.

上，恩格斯托姆对活动系统做了进一步阐述。他讨论了主体、客体、中介工具、规则、分工等诸多要素及其相互关系，并分析了活动系统相互间的联系。但行动和操作则缺乏这种系统性。行动以目标为导向，它是为了实现特定的目标而显现出来的具体的行为单位。相对来说，行动有着更清晰的起点和终点。目标完成之后，行动也就完成了。操作是自动化了的行为，是一个行为被包含在另一个行为中并开始"技艺化"而对该行为进行改造的结果。操作遵循的是条件导向的原理。只要出现特定的条件，个体便会进行操作。"操作，它直接取决于达到具体目的的条件。"①

在一个活动系统中，可能会包含许多行动和操作。如果孤立地看待这些行动和操作，它们的意义非常有限，而且在很多情况下难以理解。只有从活动系统的层面来认识行动和操作，才能够真正理解和分析其意义。换言之，行动和操作只有被放到促使其产生的活动系统之中，从活动系统的角度来考虑，才能被认识清楚。"目标导向的个体和群体行动，以及自动化的操作，是相对独立的单位，但属于活动系统分析的子单位。只有把它们放到整个活动系统的背景之下，才能够真正理解。活动系统通过生产行动和操作得以自我实现和再生产。"②

作为人类活动的一种类型，学习活动也是一种活动，同样适用于活动的基本模型，包括主体、客体、中介工具、共同体、规则、分工等要素。不过，与其他类型的活动相比，学习活动更具有特殊性。

首先，学习活动是一种生产活动的活动，它的价值不在于按照预定程序完成特定的工作和任务，而在于有意识地激发新的可能性，促进新的活动的产生。"学习活动的本质是生产客体化的、社会化的新的活动结构，包括新的客体、工具等。"③ 学习活动始于其他类型活动中的学习动作和学习操作，然后逐步形成自己的目标和系统结构。因而，学习活动要与多种类别的活动进行协调，吸收和借鉴其他活动类型中的元素。

---

① [苏] 阿·尼·列昂捷夫. 活动 意识 个性 [M]. 李沂，等译. 上海：上海译文出版社，1980：74.

② Engeström Y. Expansive Learning at Work：Toward an Activity Theoretical Reconceptualization [J]. Journal of Education and Work，2001，14（1）：133−156.

③ Engeström Y. Learning by Expanding：An Activity-Theoretical Approach to Developmental Research [M]. New York：Cambridge University Press，2015：98.

　　恩格斯托姆指出，学习活动源于三类实践活动，分别是学校活动、工作活动和科学与艺术活动。在这三类实践活动中，或多或少存在特定的学习，但它们均以行动或操作的形式存在，不能被称为真正意义上的学习活动。科学与艺术活动可以为学习活动生产工具，不过这些工具不能够直接为学习活动的主体使用，而是要经过改造和加工。工作活动及其他社会实践生活能够转化为学习活动的客体，不过需要学习活动的主体加以明确化（图 1.2）。

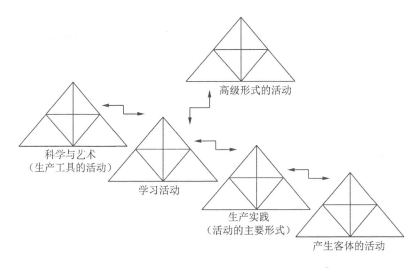

图 1.2　学习活动在人类活动关系网中的位置①

　　在学校活动中，活动的主体是学生，活动的客体是知识文本。学校通过大规模地组织学习活动来生产活动主体。但是，学习活动不能等同于学校里的学习，也不能被简化为学校里的学习。这是因为，学校里的学习具有相当大的局限性。由于知识文本在学校中扮演着客体的角色，因此，知识文本往往会沦为一个固定的、终极性的目标，导致学习走进死胡同。事实上，对于学习者而言，文本的使用价值更为重要。只有当学生充分意识到了文本对于他们未来社会生活的意义时，他们才会真正有动力去学习。从这种意义上看，学校中的很多学习甚至不能被称为"活动"，因为活动系统中的客体就是主体参与活动的动机。无法与动机实现密切整合的客体

---

　　① 图片来源：Engeström Y. Learning by Expanding：An Activity-Theoretical Approach to Developmental Research ［M］. New York：Cambridge University Press，2015：100.

不具备作为活动客体的条件，也无法保证活动的可持续性和发展性。"从整体上看，学校远远没有构成学习活动。学生们仍然只是一个个孤立的学习行动的主体，而不是一个整体性的学习活动的主体。"①

其次，学习活动的客体源于充满了复杂性的社会生产实践和社会生活。学习活动的客体并不是现成的，而更多地表现为分散的任务、问题或行动。对于学习活动而言，寻找和确定客体至关重要。列昂捷夫指出，客体的确定要以客观的实际情况为依据。"目的不是想出来的，不是由主体随意提出来的。它们是由客观情况所提供的。"② 所以，在设计学习活动的客体时，要注重从现实生活中进行选择，而不能局限在课堂环境之中。

最后，学习活动的主体是共同体，而且是具备元认知能力的共同体。这种元认知能力表现在两个方面。一是学习共同体要认识到学习活动的背景。共同体不仅要关注到眼前的具体学习情境，还要能够看到这些学习情境在学习活动中处于哪个位置。具体的学习情境往往是间断的、不连续的，但学习活动系统则具有较强的连续性。二是学习共同体要认识到学习任务的内在矛盾。在很多情况下，学习共同体忙于应对学习情境中的各类任务，但对学习任务中存在的矛盾关系却认识不清。

相较于学校环境中发生的学习活动，第三代活动理论更关注工作场所中的学习活动。在活动理论看来，学校环境中的学习活动应该借鉴工作场所中的学习机制，以应对当前的挑战。随着社会的发展，学校教育的内容不断更新。教师所要教授的，不仅是自己已经掌握的知识和技能，还包括大量不断涌现出来的新知识和新技能。教师不但要自己学会和理解这些新知识、新技能，还要在学习的同时将其教给学生。面对这种挑战，必须充分发挥学生的主观能动性，促使他们在参与学习活动的过程中主动学习。而工作场所中的学习很好地调动起了学习者的积极性。"在工作组织和环境中，学习过程经常甚至在绝大多数情况下要由两个以上的学习者共同参

---

① Engeström Y. Learning by Expanding: An Activity-Theoretical Approach to Developmental Research [M]. New York: Cambridge University Press, 2015: 82.

② [苏] 阿·尼·列昂捷夫. 活动 意识 个性 [M]. 李沂，等译. 上海: 上海译文出版社，1980: 71.

与完成。他们相互间存在能力差异，但他们的作用和视角能够实现互补。"①

三、对外汉语教学设计

本研究中的"对外汉语教学"主要指中国教师在国内对外国学生开展的汉语教学。事实上，关于对外汉语教学这一概念，长期以来存在较大的争议。最初这一概念较为宽泛，包括所有对外国人开展的汉语作为第二语言的教学，涵盖国内和国外的各类情况。此后，随着"汉语国际教育"这一概念的提出，"对外汉语教学"与"汉语国际教育"分别得到了一些学者的认可，究竟用哪个概念可以更好地指代这门学科成了一个备受争议的问题。今天，在本科阶段，"汉语国际教育"被教育部正式列入《普通高等学校本科专业目录》。在硕士阶段，"汉语国际教育"是专业型硕士学位的一种类别，而学术型硕士的"语言学及应用语言学"专业下面则开设有"对外汉语教学"这一研究方向。在博士阶段，同时存在着"汉语国际教育""对外汉语教学""汉语国际推广""国际汉语教学""对外汉语"等多个专业名称。

本研究讨论的对外汉语教学主要指在国内对母语为非汉语的外国人进行的汉语教学。鉴于在国内面向外国人开展汉语教学与在海外进行汉语教学存在较大的差异，崔希亮指出，应当以"对外汉语教学"指称"在国内对在华留学生进行的汉语教学"，用"汉语国际教育"指称"在海外把汉语作为外语的教学"。② 这种划分明确了两个概念的指称对象，在很大程度上解决了两者纠缠不清的问题。不过，在国内面向外国人开展的汉语教学包含的范围不仅仅是留学生，留学生家属、外国企业员工、驻华办事人员及其家属均应当被纳入对外汉语教学的范畴。

将对外汉语教学作为研究对象，具有相当程度的示范意义。对外汉语教学发挥着引领汉语国际教育事业的重要作用。在汉语国际教育体系中，

---

① Nummijoki J, Engeström Y, Sannino A. Defensive and Expansive Cycles of Learning: A Study of Home Care Encounters [J]. Journal of the Learning Sciences, 2018, 27 (2): 224-264.

② 崔希亮. 对外汉语教学与汉语国际教育的发展与展望 [J]. 语言文字应用, 2010 (2): 2-11.

国内对外汉语教学发展的历史相对较长，其规范体系较为完善，理论研究基础也较为扎实。李泉曾撰文指出："国内的汉语教学是服务于国际汉语教学和研究的'后方基地'"，"只有把国内的'这一学科'研究好、建设好，才可能为海外汉语教学和传播提供有参考和有应用价值的理论、理念、标准、模式和方法"。① 今天，随着中国经济社会的迅速发展及其国际影响力的迅速提升，汉语学习已经在世界范围内形成热潮。根据《中国语言文字事业发展报告（2018）》的统计，已经有 60 多个国家以法令政令等方式将汉语纳入国民教育体系，170 多个国家开设汉语课程或汉语专业，美国、英国、泰国等许多国家均在全方位地推动汉语学习。② 近年来，来华留学生的规模和数量也在迅速增长。2013 年，我国高校在校留学生数为 17.48 万人，2019 年已经达到了 33.3 万人。③ 可以预见，这一数字在今后仍将呈现出迅速增长的态势。如果考虑到来华工作的各类外国人学习汉语的情况，对外汉语教学的学生数量则远远大于这一数字。

教学设计是教学工作的计划和实施方案。本研究对教学设计的理解主要体现在三个方面。首先，教学设计是为了促进学习的发生，教学设计的发展极大地依赖于学习理论的进步。罗伯特·加涅（Robert M. Gagné）强调，教学设计要致力于促进学习过程的发展，而非教学过程的发展。教学设计的基本假设是，掌握了教学设计原理的教师能够更有效地帮助学生学习。这也是教学设计的意义和价值所在。"总之，如果对教学进行计划以使学生参与到那些促进学习的事件和活动中，那么教学更可能有效。运用教学设计的原理，教师或培训者可以选择、设计和开发活动以更好地帮助学生学习。"④

其次，本研究中的教学设计主要聚焦课堂教学，重点关注课堂活动的

---

① 李泉. 对外汉语教学：学科建设四十年——成就与趋势，问题与顶层设计［J］. 国际汉语教育（中英文），2018，3（4）：3-17.

② 国家语言文字工作委员会. 中国语言文字事业发展报告（2018）［M］. 北京：商务印书馆，2018：97.

③ 中华人民共和国教育部. 高等教育学校（机构）学生数(2019)［EB/OL］.（2020-06-10）［2022-02-10］http://www.moe.gov.cn/jyb_sjzl/moe_560/jytjsj_2019/qg/202006/t20200611_464788.html.

④ ［美］R.M. 加涅，等. 教学设计原理：第五版修订本［M］. 王小明，庞维国，陈保华，等译. 上海：华东师范大学出版社，2018：3.

组织和规划。教学设计的对象可以分为多个领域。其中，既有教育领域，也有工业和商业领域。即便在教育领域中，也包括多个层次，如课程系统设计、单元模块设计、课堂教学设计等。本研究的关注点是课堂教学层面的教学设计，讨论如何根据活动理论设计对外汉语的课堂教学。

最后，教学设计的结果是形成教学方案，供教师在开展教学工作时参考。通常，教学设计涉及教学目标的确定、教学材料的选择、教学策略的选择、教学过程的监控、教学结果的评价等具体环节。肯特·古斯塔夫森（Kent L. Gustafson）和罗伯特·布兰奇（Robert M. Branch）指出，教学设计是以一种一贯而可靠的方式来开发教育和培训方案的系统过程。教学设计应当是一个创造性的、主动的、不断反复的过程。他们提出，高质量的教学设计要体现出六个特点，包括：教学设计是以学习者为中心的；教学设计是以目的为导向的；教学设计关注有意义的行为表现；教学设计假定学习结果是可以用可靠而有效的方式来测量的；教学设计是经验性的、不断反复的、自我纠正的；教学设计是典型的团队任务。①

综合所述，在本研究中，对外汉语教学设计是为了组织和开展对外汉语课堂教学而开展的设计工作。对外汉语教学设计旨在帮助对外汉语教师形成系统的课堂教学方案，使他们能够在面向外国人开展汉语教学时高效地组织课堂教学。

第三节 国内外研究现状

与本研究直接相关的研究成果，主要集中在三个方面，分别是活动理论在教育领域中的应用研究、活动理论在教学设计中的应用研究和对外汉语教学设计的相关研究。

一、活动理论在教育领域中的应用研究

关于活动理论在教育领域中的应用，相关研究主要有三个特点。一是

---

① Gustafson K L, Branch R M. 什么是教学设计？[M] // [美] R. A. 瑞泽，[美] J. V. 邓普西. 教学设计和技术的趋势与问题. 王为杰，等译. 上海：华东师范大学出版社，2008：18.

关注活动理论在教育领域中的应用的多，关注活动理论在教学设计中的应用的少。文献检索发现，国内外已经有许多研究将活动理论应用于教师专业发展、教育技术应用、工作场所中的学习等。丽莎·山行-林奇（Lisa C. Yamagata-Lynch）和迈克尔·豪登斯奇德（Michael T. Haudenschild）通过对已有的相关研究进行分析发现，西方国家的研究者主要将活动理论应用于五个领域：（1）组织变革；（2）建构主义学习环境的设计；（3）分析教育活动中的矛盾和紧张关系；（4）呈现组织学习的历史发展过程；（5）评价和改进中小学与大学之间的合作关系。① 卡伦·古德诺（Karen Goodnough）从活动理论的视角对三位小学教师的专业成长进行了分析。② 魏戈从活动理论的视角对一个大学与中小学合作项目中教师专业学习的案例进行了分析，重点讨论了大学研究者与小学教师在互动中的矛盾冲突。③ 吴刚和马颂歌将活动理论所倡导的"拓展性学习"的概念应用于工作场所，旨在推动"工作实践"与"学习实践"的结合。④

相对而言，教学设计只是活动理论应用的一个较小的领域。许多研究没有系统地应用活动理论。多丽丝·努斯鲍姆（Doris Nussbaumer）曾对 2000 年至 2009 年国外学术期刊上有关活动理论的文献进行了梳理。结果发现，有关活动理论在教育领域中的应用的论文有 1577 篇，其中与基础教育相关的有 129 篇。多丽丝·努斯鲍姆将是否使用活动理论的核心原则作为标准对这些论文进行了筛选，包括明确提高活动的分析单位、中介工具、内化和外化过程等。最终发现，真正使用了活动理论核心原则的论文仅有 21 篇。更多的研究只是采用了活动理论的个别观点、概念或思想。⑤

---

① Yamagata-Lynch L C, Haudenschild M T. Using Activity Systems Analysis to Identify Inner Contradictions in Teacher Professional Development ［J］. Teaching and Teacher Education, 2009（25）: 507-517.

② Goodnough K. Understanding Primary Teachers' Professional Learning and Practice: An Activity Theory Lens ［J］. Journal of Curriculum Studies, 2018, 51（3）: 362-383.

③ 魏戈. 矛盾驱动的教师专业学习：基于大学与中小学合作研究的案例 ［J］. 教育发展研究, 2019（4）: 24-34.

④ 吴刚, 马颂歌. 工作场所中拓展性学习的研究 ［M］. 北京: 清华大学出版社, 2016: 2.

⑤ Nussbaumer D. An Overview of Cultural Historical Activity Theory（CHAT）Use in Classroom Research 2000 to 2009 ［J］. Educational Review, 2012, 64（1）: 37-55.

二是关注第二语言教学的多，关注对外汉语教学的少。目前已经有一些研究围绕如何将活动理论应用于第二语言教学之中，特别是英语作为第二语言的教学之中，但应用于对外汉语教学的研究成果相对较少。詹姆士·兰道尔夫（James P. Lantolf）和史蒂芬·索恩（Steven L. Thorne）对有关活动理论在第二语言教学中应用的研究进行了梳理，结果发现，从数量上看，该主题的研究成果不算多也不算少，但研究价值却相当大，在第二语言习得和应用语言学研究的诸多方面均产生了影响。[①] 但在对外汉语教学领域，尚未发现有关活动理论在教学中应用的研究成果。

三是在语言教学领域，在诸多源于维果茨基的理论流派中，关注社会文化理论（Sociocultural Theory）的多，关注"文化—历史活动理论"的少。在维果茨基之后，其思想分化为许多理论流派。其中最具代表性的有两个分支：一个是社会文化理论，强调学习的社会性层面及社会生活中语言的重要性；另一个是活动理论，强调对人类活动系统的结构化描述和分析。[②]

社会文化理论以美国宾夕法尼亚州立大学的詹姆士·兰道尔夫为代表，重点关注中介理论、最近发展区理论、内化理论及其在语言教学中的应用。[③] 语言教学领域的研究更多地以社会文化理论为研究对象。如雷米·范·康普诺利（Rémi A. van Compernolle）根据社会文化理论对第二语言教学语用学进行了系统阐述。[④] 秦丽莉采用社会文化理论的框架对大学英语教学进行了分析。[⑤] 部分学者在讨论社会文化理论时会提及列昂捷夫、恩格斯托姆等人，但该领域主要关注的仍然是维果茨基的思想。

事实上，"文化—历史活动理论"经常会强调其与社会文化理论之间的差异。安娜丽莎·圣尼诺等人曾指出，社会文化理论的分析对象是特定

① Lantolf J P, Thorne S L. 社会文化理论与二语发展的起源 [M]. 上海：上海外语教育出版社，2013：233.
② 丛立新，马飞龙. 第三条道路：课程改革与教学实践的理论化 [J]. 课程·教材·教法，2014（6）：97-103.
③ Lantolf J，秦丽莉. 社会文化理论：哲学根源、学科属性、研究范式与方法 [J]. 外语与外语教学，2018（1）：1-18，146.
④ ［美］Rémi A. van Compernolle. 社会文化理论与二语教学语用学 [M]. 北京：外语教学与研究出版社，2018：10-14.
⑤ 秦丽莉. 二语习得社会文化理论概述 [M]. 北京：北京大学出版社，2017：35.

情境中的具体行动，但对历史的连续性和人类生活的持续性关注不够；而"文化—历史活动理论"则将具体的行动置于历史演进的共同体活动之中进行分析。"活动理论采用了一种更为宏大的视角，从系统性和动机背景的角度对行动进行分析，从而超越了既定的情境。"①

二、活动理论在教学设计中的应用研究

关于活动理论在教学设计中的应用，国内外相关研究主要集中在三个方面：一是活动理论应用于教学设计的价值与局限性；二是活动理论应用于教学设计的领域和内容；三是活动理论应用于教学设计的方式。

（一）活动理论应用于教学设计的价值与局限性

关于活动理论应用于教学设计的价值，已有大多数研究均持肯定态度，强调活动理论对于教学设计具有较强的适用性。不过，也有个别学者质疑。支持者主要是从两个方面关注活动理论应用于教学设计的价值的，一是活动理论本身的理论适用性，二是当前教学设计的改革趋向与要求。反对者们关注的重点则是活动理论的适用对象和范围问题。

在活动理论本身的理论适用性方面，恩格斯托姆和雷约·米耶蒂宁指出，活动理论不仅仅是一个文化心理学理论，它也不应当局限于这一范围之内。事实上，许多横跨多个学科范畴的理论和方法论问题都需要采用活动理论来解决，因为它能够提供新的分析视角、概念框架和方法工具。②

在教学设计的改革趋向与要求方面，近年来对学习者中心地位的强调使得活动理论的引入越来越具有必要性。钟启泉认为，教学本质上是由师生一系列的活动构成的，这些活动是一种特殊的"社会实践"。活动理论将学生学习活动的组织置于教学设计的中心地位，将教学活动中的学生发

① Sannino A, Daniels H, Gutiérrez K D. Activity Theory Between Historical Engagement and Future-Making Practice [M] // Sannino A, Daniels H, Gutiérrez K D. Learning and Expanding with Activity Theory. New York：Cambridge University Press，2009：3.

② Engeström Y, Miettinen R. Introduction：Activity Theory：A Well-kept Secret [M] // Engeström Y, Miettinen R, Punamäki R. Perspectives on Activity Theory. New York：Cambridge University Press，1999：33.

展放到社会环境之中，有助于我国新型课程与教学体系的确立。"从'教学'这一社会环境出发，把握个体学习活动的面貌，或是把握彼此之间的相互依存关系，对于教学设计来说十分重要。"① 项国雄和赖晓云指出，传统的教学设计对复杂性问题、关联性问题、真实性问题和具体的问题情境关注较少，而活动理论则提供了一个旨在分析复杂情境的视角，帮助我们更好地认识活动结构、社会文化背景、现实情境等。②

陈佑清在分析了马克思主义哲学、维列鲁学派和杜威有关论述的基础上提出，应当从人的活动出发来理解人的本质、人的发展和人的素养，从组织和设计学习活动的角度来促进学生素养的发展。"教师对学生的作用主要不在对学生身心结构的直接作用或改造，而是通过对学生能动活动的作用而间接地改造学生的身心结构（学生的身心结构是通过自身能动活动而改造的）。"③

反对者的质疑主要表现在活动理论究竟在哪些领域及多大程度上适用。就当前活动理论的应用情况而言，一些学者明确提出了应用范围过于宏大的问题。有学者指出，活动理论夸大了"活动"的意义，在某种程度上将"活动"看作一个无所不包的概念。"活动理论的研究者在某些研究方向上把活动原则变成了一种先验论的模式，把活动范畴变成一切心理东西的独特缔造者和包罗万象的可以替代解释其他一切范畴的超级范畴。"④ 戴维·贝克赫斯特（David Bakhurst）指出，活动理论的应用效果只能局限在某些特定的领域，而并不具有普遍的适用性。他对活动理论本身的应用价值和活动理论基本结构的适用性问题提出了疑问。"事实是，活动理论的模型似乎只能够在活动理论的研究者们经常关注的领域产生效果：医疗、工作场所、某些教育环境；也就是说，这些领域有一些共同的特点：客体非常明确、预期效果可以感知到、主体的类型清晰、工具的辨识度

---

① 钟启泉. 教学活动理论的考察 [J]. 教育研究, 2005 (5): 36-42, 49.
② 项国雄, 赖晓云. 活动理论及其对学习环境设计的影响 [J]. 电化教育研究, 2005 (6): 9-14.
③ 陈佑清. 在与活动的关联中理解素养问题：一种把握学生素养问题的方法论 [J]. 教育研究, 2019, 40 (6): 60-69.
④ 张世英. 关于 A. H. 列昂节夫活动理论的历史形成、基本思想和对它的评价 [J]. 心理学报, 1985 (1): 23-30.

高，等等。"①

关于活动理论本身是否具有实践指导性，学界也存在一定的争议。部分学者提出，活动理论更多的是描述性和分析性的，不具有指导实践的效力。如吕巾娇等人认为，活动理论的价值在于其对人类活动的描述、分析和解读，它并不能直接转化为一套具有操作性的办法。"活动理论提出了分析和理解人类活动的一般性概念框架，可以为更具体的理论提供基础，但没有提出分析活动的序列和具体方法。"② 但也有学者强调，随着活动理论自身的发展，实践指向性是其追求和发展的方向。丽莎·山行-林奇指出，长期以来，关于活动理论的应用，学者们主要关注的是其所具有的分析和解释功能，即把活动理论视为一个分析性的工具，用于帮助理解人类的学习环境。他们通常不会将活动理论用于指导实践，对生产生活进行干预。但这种做法是基于第二代活动理论而形成的。随着第三代活动理论的出现和发展，包括恩格斯托姆本人在内的许多学者开始支持将活动理论应用到实践之中，使其更多地发挥指导性和干预性的作用，而且部分研究成果已经取得了明显的成效。③

（二）活动理论应用于教学设计的领域和内容

在教学设计应用的具体领域和内容上，相关研究主要关注的是活动理论在学习活动设计、学习共同体设计、中介工具设计、学习任务设计、教学评价等领域的应用。

在学习活动设计上，相关学者指出，活动理论将活动而非知识看作关注的对象。活动理论所关注的是特定社会文化情境中的学习活动，以及相关主体的互动。活动理论使我们对教学设计的关注点发生了变化。罗厚辉指出，活动理论所关注的是个体在特定情境中的学习。如果说皮亚杰

---

① Bakhurst D. Reflections on Activity Theory [J]. Educational Review, 2009, 61（2）: 197-210.

② 吕巾娇，刘美凤，史力范. 活动理论的发展脉络与应用探析 [J]. 现代教育技术, 2007（1）: 8-14.

③ Yamagata-Lynch L C. Activity Systems Analysis Methods: Understanding Complex Learning Environments [M]. New York: Springer, 2010: 23.

（Jean Piaget）将学习理解为一种垂直上升模式的话，那么活动理论则将学习看作学习者通过情景体验而获得经验的进步。"活动理论倡导情境学习的一种补充模式，它强调学习经验在水平层面上的拓展。"①

一些学者根据活动理论对教学设计的模式进行了重构。杨开城提出，学习活动是教学设计的基本单位。从逻辑上讲，应该先设计学习活动，然后将一个个学习活动组合成课。不过，由于这种做法操作难度较大，因此，可以采取一种较为容易接受的教学设计模式。根据这种教学设计模式，以学习活动为中心的教学设计过程可以划分为四个阶段，分别是尝试设计阶段、对方案的结构化分析阶段、教学方案的优化设计阶段和方案的缺陷分析与改进阶段。② 周子房从活动理论的视角提出了建构写作学习环境的路径。她重点关注了活动理论对学习任务的设定、对中介功能的发挥及学习共同体的构建三个方面，并具体阐述了如何设计写作学习任务、如何设计与运用中介工具、如何构建写作学习共同体等问题。她在博士论文《写作学习环境的建构：活动理论的视角》中提出，"不仅要使活动成为重要的写作学习方式，还要使一切写作学习活动具有活动系统所具有的关键特征"。③

在教学评价的设计上，柳叶青以活动理论为基础，尝试构建起了一套教材评价标准。在她看来，活动理论能够使教材评价被视为一种人类实践活动，从活动的角度来分析教材评价，注重教材评价的主体性、对象特性及社会历史性。具体而言，她拟定了一套评价话语编码框架，构建了一套基于"整体评价活动"和"分项评价活动"的教材评价标准。④ 谢幼如提出，基于活动理论的教学评价方式、评价标准应该具有多元化的特点，更加注重学习活动的过程评价，促使学习者通过评价找到学习过程中出现的问题并及时做出调整。⑤

---

① 罗厚辉. 从活动理论看领导风格对教师课程领导发展的影响 [J]. 全球教育展望，2009，38（11）：44-49.

② 杨开城. 以学习活动为中心的教学设计实训指南 [M]. 北京：电子工业出版社，2016：15.

③ 周子房. 写作学习环境的建构：活动理论的视角 [D]. 上海：华东师范大学，2012：8.

④ 柳叶青. 活动理论视角下教材评价标准构建研究 [D]. 上海：华东师范大学，2017：v-vi.

⑤ 谢幼如. 教学设计原理与方法 [M]. 北京：高等教育出版社，2016：141.

此外，就当前新兴的移动学习、慕课学习等形式，有学者也尝试采用活动理论提供指导。詹青龙将活动理论应用于移动学习的活动设计之中，提出了基于活动理论的移动学习活动设计的原则，包括凸显移动技术在移动学习活动中的中介性、关注移动学习者对学习目标的感知、强调移动学习活动的转化性、促进移动学习者对知识的个体建构与社会交往的双重建构、构建学习活动的完整性、关注移动学习环境的情境等。①刘清堂等人根据活动理论设计了慕课的学习活动。他们将慕课的课程学习看作一个完整的学习生态系统，其中包含教学活动的组织者、学习群体，以及网络环境和虚拟学习工具。在学习活动的准备阶段，需要组建学习共同体并进行学习分工。在学习活动的实施阶段，需要利用教学媒体等工具促进学习者相互间进行交流，对学习进度进行监控并生成新的学习任务。在学习活动的评价阶段，需要综合采用形成性评价和诊断性评价评判学习的成效。②

（三）活动理论应用于教学设计的方式

关于活动理论应用于教学设计的方式，相关研究主要关注的是活动理论的思维方式和基本框架在教学设计中的应用。活动理论蕴含着多种思维方式，许多研究尝试将其中的一种或多种思维方式应用于教学设计之中。毛齐明分析指出，活动理论的思维方式具有整体思维、关系思维、过程思维等特点，这些思维方式对于解决当前教师学习常见的实体思维、静态思维、点状思维、决定论思维方式等问题具有重要的意义和价值。③卢强认为，当前的学习活动存在着诸多问题，包括学习者主体性丧失、学习活动不关注学习者的个体差异、学习活动缺乏系统性和连贯性、忽视知识与技能习得的社会性和情境性、未能建构起学习共同体等。而活动理论则恰恰有助于解决这些问题。活动理论非常强调学习者的主体地位，主张利用中

① 詹青龙. 活动理论视域的移动学习活动设计 [J]. 电化教育研究, 2010 (2)：58-62.

② 刘清堂, 叶阳梅, 朱珂. 活动理论视角下 MOOC 学习活动设计研究 [J]. 远程教育杂志, 2014 (4)：99-105.

③ 毛齐明. 教师有效学习的机制研究：基于"社会文化—活动"理论的视角 [D]. 上海：华东师范大学, 2010：106.

介工具帮助学习者感知和理解课程知识，让学习者在完成任务的过程中构建和获取知识，同时实现学习者个体与共同体的融合。[①]

在教学设计中，应用较多的思维方式包括学习共同体、矛盾分析、中介工具等。郑太年指出，活动理论对于学习活动的价值不仅在于直接采用活动作为一种教学方式，而且在于让学校所有的学习活动具备活动系统所具有的关键特征，即促使学习回到活动系统之中，回到学习所发生的实践之中，这就为改进学校的学习提供了诸多启示。具体而言，可以将作为学习目标的知识转化为具体的学习任务，关注学习者个体和学习共同体的学习状态，强化教学过程的动态性和生成性。[②]

在分析框架上，活动理论被一些学者用于分析教学设计所涉及的诸多复杂情境。杨开城认为，从活动理论的角度来分析教学，教学就成了一个学习活动的序列，是一个师生之间有组织的共同活动的序列。这种转变能够使教学系统被纳入特定的规范框架中来考察。活动系统对工具、规则、分工等成分的划分，能够促使我们更好地分析教学活动，摆脱单纯认识论的逻辑。[③]

利纳·库雷（Leena Kuure）等人借助活动理论的分析框架分析了如何在职前阶段培养语言教师。他们提出，对于职前阶段的语言教师而言，他们不仅要掌握语言能力，而且要具备设计语言教学活动的能力，但两者之间存在较大的距离。通过活动理论的分析框架，他们提出了强化主体参与、促进客体与动机相一致、将一个学习活动的结果转化为新的学习活动的工具等具体的对策建议。[④] 金泰映（Tae-Young Kim）将活动理论的分析框架用于分析英语作为第二语言的学习者的学习动机。研究发现，活动理论有助于呈现第二语言学习者学习动机所面临的矛盾和结构性紧张关系，明确第二语言学习环境与学习经验对学习动机的影响，较好地弥补动机理

① 卢强. 课程学习活动设计重审：活动理论视域 [J]. 电化教育研究，2012（7）：95-101.
② 郑太年. 从活动理论看学校学习 [J]. 开放教育研究，2005（1）：64-68.
③ 杨开城. 以学习活动为中心的教学设计理论：教学设计理论的新探索 [M]. 北京：电子工业出版社，2005：38.
④ Kuure L, Molin-Juustila T, Keisanen T, Riekki M, Iivari N, Kinnula M. Switching Perspectives：From a Language Teacher to a Designer of Language Learning with New Technologies [J]. Computer Assisted Language Learning, 2016, 29（5）：925-941.

论的不足之处。①

　　一些学者根据活动理论的分析框架重新设计了教学环节。项国雄和赖晓云认为，以活动理论为依据，可以将教学设计分解为六个步骤或环节，分别是：明确活动系统的意图和目标，分析活动系统中的各个成分，分析活动的子系统，分析活动系统内的活动结构，分析活动系统内的矛盾，分析情境脉络。不过，他们特别强调指出，对于教学设计而言，活动理论提供的是一般的原则而非严格的程序。② 曹东云和杨南昌采用活动理论中的六个要素对远程学习过程进行了分析。他们将远程学习的主体分为学习者和学习团队，客体是在线课程，中介工具是远程学习中涉及的硬件、软件、资源库等手段和介质，共同体是教师、学校、班级等远程学习的利益相关者，规则是教学策略、课程要求、任务要求等相关规范，分工是学习者与教师在活动中的任务和分工。③ 郑晓蕙和张诗田将活动理论应用于高等师范院校"中学生物学教学设计"这门课程中，将活动分为课堂活动和课下活动两大类，把活动过程分为活动情景的创设、活动任务的具体化、活动共同体的构建、活动评价机制的完善及活动流程的优化等五个环节。④

　　此外，有学者对活动理论在教学设计中的应用情况提出了批评。在孙海民和刘鹏飞看来，活动理论的应用存在着简单化的倾向，在没有充分理解活动理论和教育领域的复杂性的情况下，直接将活动理论应用于教学设计，限制了活动理论的有效性。"有研究者对活动理论囫囵吞枣，不清楚基本概念，……大量关于学习活动的研究仅仅局限于从某一侧面对信息技术环境在教学和学习上的应用进行探讨。"⑤

　　① Kim T. An Activity Theory Analysis of Second Language Motivational Self-System：Two Korean Immigrants' ESL Learning [J]. The Asia-Pacific Educational Researcher，2013，22（4）：459-471.

　　② 项国雄，赖晓云. 活动理论及其对学习环境设计的影响 [J]. 电化教育研究，2005（6）：9-14.

　　③ 曹东云，杨南昌. 活动理论视域下远程学习目标结构之建构 [J]. 现代远程教育研究，2013（2）：25-30.

　　④ 郑晓蕙，张诗田. 活动理论视域下课程学习活动设计与实践：以"中学生物学教学设计"课程为例 [J]. 课程·教材·教法，2016，36（4）：44-49.

　　⑤ 孙海民，刘鹏飞. 以活动理论审视学习活动 [J]. 中国电化教育，2015（8）：29-35.

三、对外汉语教学设计的相关研究

关于对外汉语教学设计，国内外相关研究主要集中在三个方面：一是对外汉语教学设计的理论基础；二是对外汉语教学设计的内容；三是对外汉语教学设计的方法。

（一）对外汉语教学设计的理论基础

当前，对外汉语教学设计的理论基础主要包括两人类：一类是源丁教育学和心理学的学习理论，如建构主义理论、行为主义理论等；一类是源于语言学和应用语言学的语言习得理论，如语言交际理论、语言结构理论、语言中介理论等。

关于教育学和心理学的学习理论，认知主义和建构主义受到的关注相对较多。白乐桑和林季苗研究指出，对外汉语教学应当分析和了解学习者的个体认知特点，并采取有针对性的教学设计。他们分析发现，相较于拼音文字，汉字具有独特的非表音特质。这种特质使得学生在记忆字形的时候特别需要技巧，而某些特定的视觉和听觉倾向会对学习产生很大影响。因而，对于具有不同认知倾向的学生，应采取不同的教学手段和措施。[①]刘晓海和徐娟认为，相较于初级和中级阶段，对外汉语教学的高级阶段更适合采用建构主义学习理论作为指导理论。在对外汉语教学的高级阶段，学习者要重点关注自主性、创造性、批判性、自我实现等能力的提升，因而要充分发挥学习者的学习主动性。在此基础上，他们尝试以建构主义学习理论为指导设计了对外汉语的教学活动。[②]

关于语言学习理论，语言交际理论、语言中介理论等受到的关注较多。亓文香将语块理论应用于对外汉语教学。她将汉语中的语块分为固定搭配、词语构造成分和句子构造成分三种类型，让教师在开展对外汉

[①] 白乐桑，林季苗. 个人认知倾向与汉语教学［C］//世界汉语教学学会，国家汉办. 第十届国际汉语教学研讨会论文选. 沈阳：北方联合出版传媒（集团）股份有限公司、万卷出版公司，2012：6-15.

[②] 刘晓海，徐娟. 建构主义在对外汉语高级阶段教学设计中的体现［J］. 云南师范大学学报（对外汉语教学与研究版），2004（2）：37-41.

语教学的过程中提高对固定词语、固定组合和固定用法等语块的关注度。通过让学生掌握这些语块的语法、语篇和语境意义，提升学生的语言综合运用能力。① 王静分析发现，短期汉语速成教学的学生有着特定的学习目的和需求，而且他们的学习目的和需求具有较强的一致性。通常，他们希望学习基本的汉语知识，掌握起码的言语交际能力，了解特定范围内的中国文化习俗。为了更好地把握学习者的特殊学习目的和需求，应当以问卷的形式进行调查，具体内容可以包括语言知识、文化习俗、工作需求等方面。②

整体而言，已有研究较多地强调了理论基础对于对外汉语教学设计的重要性，同时也提出了对外汉语教学设计理论基础相对薄弱的问题。何克抗和王冰洁指出，虽然对外汉语学界不断强调"师资、教材和教法"等实践问题，但事实上，对外汉语教学领域当前所面临的主要问题并不是这些实践问题，而是理论基础问题。是否能够正确认识和把握"对外汉语教学"的理论基础才是促进对外汉语教学健康发展的关键。只有明确了理论基础，才能在此基础上形成对外汉语的教学论体系，包括教学设计、教材、教法、教帅培训体系等。③

（二）对外汉语教学设计的内容

关于对外汉语教学设计的内容，已有研究主要是围绕对外汉语教学的内容来分析的，包括语言知识、语言技能、文化意识等。其中语言知识包括词汇、语音、语法等，语言技能包括听、说、读、写等，文化意识包括文化理解、文化认同、文化交流等。汉字教学被普遍认为是对外汉语教学设计的难点，文化意识教学的受关注度不断提升。

在对外汉字教学上，万业馨提出了将汉字书写与汉字认知分为两个教学任务进行教学设计的观点。她指出，长期以来，对外汉字教学采取汉语

---

① 亓文香. 语块理论在对外汉语教学中的应用 [J]. 语言教学与研究, 2008 (4)：54-61.

② 王静. 基于"需要分析"的特殊目标汉语教学设计 [J]. 语言教学与研究, 2005 (5)：55-59.

③ 何克抗, 王冰洁. 显著提升对外汉语教学质量的途径与方法探索：关于对外汉语教学的深层理论思考 [J]. 电化教育研究, 2013 (2)：83-92.

作为母语教学的经验，或是"先语后文"，或是"语文并进"，但均未取得良好的效果。究其原因，在于没有遵循对外汉语教学的特殊规律，没有意识到把汉语作为外语的学习者不具备把汉语作为母语的学习者所拥有的学习环境和条件。为了解决这一问题，应当根据汉字书写和汉字认知的特点有针对性地设计教学活动，同时使汉字教学的总体设计与汉语教学的安排相互配合。①

崔永华在对比中国儿童与外国人识字过程的基础上提出，对外汉字教学应当遵循汉字学习的基本规律，循序渐进地开展。首先，要实现语文分开，先语后文。在入门阶段借助于拼音促进外国人口语能力的发展，同时不对汉字的识记和书写提出要求。让学习者在发展口语的过程中逐步形成对汉字的认知。其次，先认读，后书写。让学生先形成对汉字的整体认知，到了特定的阶段之后才开始书写教学。再其次，分层次教学。根据先易后难的原则，先认读和书写简单的、出现频次较高的汉字。最后，遵循认多写少的原则，即强化对汉字认知的要求，适当降低对汉字书写的要求。②

关于语法教学，孙德金分析了对外汉语教学中语法内容的选择问题。在他看来，在对外汉语教学领域，在选择所要教授的语法内容方面，存在着语法范围扩大化的问题。大量语法内容被分解为一个个具体的语素，似乎语素就是语法的最小单位，模糊了语法的边界。为了解决这一问题，他提出了五条选择语法的原则和标准。一是优先选择系统影响大的语法内容；二是优先选择生成性强的语法内容；三是优先选择可描写性强的语法内容；四是优先选择使用频率高的语法内容；五是优先选择分布率高的语法内容。③

关于文化教学，对外汉语教学领域越来越明显地意识到文化在教学中的重要性。胡范铸等人指出，对外汉语教学应该重新认识文化教学的功能定位。对外汉语教学中的文化教学不是"文化传播"，而是"文化交流"，

---

① 万业馨. 略论汉字教学的总体设计［J］. 语言教学与研究，2009（5）：59-65.

② 崔永华. 从母语儿童识字看对外汉字教学［J］. 语言教学与研究，2008（2）：17-23.

③ 孙德金. 教育学视野下的对外汉语教学语法［M］//北京语言大学对外汉语研究中心. 汉语应用语言学研究：第5辑，北京：商务印书馆，2016：29-38.

以及建立在"文化交流"基础之上的"中外社会互动"。站在国家和社会立场上"传播中国文化"或"重建汉字文化圈"的口号与目标很容易引发国际社会对中国的疑虑，甚至成为"中国威胁论"鼓吹者和散布者的口实。旨在促进中国作为目的语社会与学习者母语社会开展互动的文化交流则更符合对外汉语教学的目标定位。①

此外，有学者还关注到汉语中不同类型的方言。李泉和柳茜提出，鉴于来华留学生大多生活在特定的方言环境中，应当开发和利用地方普通话和当地方言作为汉语学习的资源，引导和促进学习者融入目的语社会。具体到对外汉语教学设计中，可以形成"一主二辅"的总体架构。普通话、地方普通话和当地方言的教学内容可以按照 70%、20% 和 10% 的权重划分比例。②

（三）对外汉语教学设计的方法

在教学设计的方法层面，相关研究主要是依据某种特定的教学法开展教学设计。在对外汉语教学设计中，常用的教学法包括任务型教学法、支架式教学法、情景教学法、交际式教学法、产出导向法、主题式教学法等。此外，也有学者认为，对外汉语教学已经进入了"后方法时代"，教师应当自下而上地主动建构教学设计，而不是遵循某种特定的语言教学理论和操作方法。③

关于任务型教学法，赵金铭指出，在对外汉语的任务型教学中，经常采用的任务类型有三种，分别是信息差任务、观点差任务和推理差任务。任务型教学的过程大体可以分为三个阶段：任务前，包括介绍话题和任务；任务轮，包括执行任务、计划和报告；任务后，即语言焦点，包括分析和操练。④李莉参照美国《21 世纪外语学习标准》（*Standards for Foreign Language*

① 胡范铸，刘毓民，胡玉华．汉语国际教育的根本目标与核心理念：基于"情感地缘政治"和"国际理解教育"的重新分析 [J]．华东师范大学学报（哲学社会科学版），2014（2）：145-150，156．
② 李泉，柳茜．留学生第二课堂：地方普通话和当地方言学习——基于常态汉语环境的对外汉语教学总体设计 [J]．语言教学与研究，2017（3）：40-50．
③ 崔永华．后方法时代的汉语教学理论建设 [J]．国际汉语教学研究，2016（2）：4-7．
④ 赵金铭．汉语作为第二语言教学：理念与模式 [J]．世界汉语教学，2008（1）：93-107，3．

Learning in the 21ˢᵗ Century) 所确定的 "5C" 标准设计了对外汉语初级综合课的教学活动。"5C" 标准包括 "沟通" （communication）、"文化" （cultures）、"贯连" （connections）、"比较" （comparisons） 和 "社区" （communities） 五个方面。她设计的教学活动主要包括生词学习、句型学习、课文对话学习、课堂练习、扩展内容、布置作业、班级报告、报告展览等环节，其中每个环节分别对应了所要实现的若干标准。①

近年来，一些新的教学法也在不断涌现。北京外国语大学中国外语与教育研究中心以文秋芳为负责人的研究团队提出了 "产出导向法" 的概念，重点关注学生如何将接受性的知识输入转化为产出性的语言技能。这种教学法有四个教学假设，分别是输出驱动、输入促成、选择学习和以评为学。在教学对象上，产出导向法主要适用于来华留学生学习超出 "日常交际话题" 的汉语口语和书面语，以及外语环境中初级以上水平的汉语学习者。在流程上，产出导向法设计了 "驱动—促成—评价" 的循环链。其中，驱动环节的主要任务是调动学生的学习积极性，促成环节的主要任务是根据学生的需要提供 "脚手架"，评价环节的主要任务是巩固和强化新知识。②

第四节 研究思路与方法

本研究旨在分析和阐述如何在活动理论的指导下开展对外汉语教学设计。对外汉语教学在设计课堂活动时所遇到的流于形式的问题和教学实践偏离教学预设的问题是本研究的起点。通过对问题的表现和症结的分析，本研究引入了活动理论，指出了活动理论应用于对外汉语教学设计的价值和适用性。本研究将首先根据活动理论的主要思想，结合对外汉语教学的实际情况提出对外汉语教学设计的核心理念。其次，分别围绕基于活动理论的对外汉语教学设计的核心理念展开论述，具体包括汉语学习活动的客

---

① 李莉. 基于 "5C" 标准的对外汉语初级综合课教学活动设计 ［J］. 电化教育研究, 2013 （3）：86-90.

② 文秋芳. "产出导向法" 与对外汉语教学 ［J］. 世界汉语教学, 2018 （3）：387-400.

体、主体和中介工具。最后，从汉语学习活动推进过程的角度，分析汉语学习活动的循环机制、矛盾关系和网络联结。

一、根据活动结构设计研究思路

根据活动系统的结构及其发展过程，本研究采取了"理念分析—客体设计—主体设计—中介工具设计—推进过程"的基本思路。首先，整体性地阐述基于活动理论的对外汉语教学设计的基本理念，包括拓展性学习的思想、活动系统作为教学设计基本单位的架构，以及文化情境作为对外汉语教学设计改进依据的理念。其次，分别讨论汉语学习活动的客体设计、汉语学习活动的主体设计和汉语学习活动的中介工具设计。最后，分析汉语学习活动的推进过程，包括学习活动的外在行为表现，作为学习活动发展动力的矛盾关系，以及活动系统间的网络联结关系（图 1.3）。

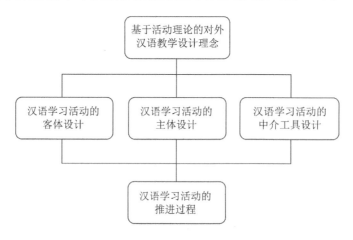

图 1.3　研究思路图

在教学设计研究的内容上，主要包括客体、主体和中介工具三个要素，以及学习活动的推进过程。这种安排的主要依据是活动系统的结构。活动是主体借助于中介工具作用于客体的过程，其基本结构建立在客体、主体和中介工具这三个要素的基础上。相较于这三个要素，共同体、规则和分工是学习活动在运行时出现的要素，会随着情境的变化而调整和改变，具有较强的不确定性。而且，后面三个要素本质上反映的是活动主体相互间的关系，可以放在活动主体的部分进行讨论。在学习活动主体设计的部分，重点在于促进学习共同体的形成，同时会涉及共同体、分工、规则等活动系统中的相关要素。当活动系统具备了基本要素之后，活动便开始形成，其外在表现就是学习者的行动。此时，需要通过学习活动的过程设计促进活动系统的发展。

活动客体是汉语学习活动设计的切入点。其原因在于，学习活动的客体是活动系统的标识，也是活动系统能够成立的前提。教师要通过精心构思问题情境和任务，使其能够转化为学习者作用的对象。与常规的教学设计相比，基于活动理论的教学设计将教学目标融合在客体的设计之中。这一方面是尊重学习方向不确定性的需要，另一方面也为学习者进入新的活动系统提供了可能。事实上，考虑到学习方向的不确定性，活动理论对于"目标"这一概念的使用非常谨慎。活动理论强调，目标是具有终结性的，而客体则具有可持续性。如果设定了明确的目标，那么完成目标便成了教学的首要考虑因素。但事实上，学习的方向是多维的，教学设计者应当尽量提供更大的空间和范围供学习者在各个方向上进行探索。这并不意味着教学没有目标，而是主张将教学目标转化为学习活动的客体，通过设计客体和提供中介工具来引导学习的方向。

学习者参与和完成学习活动的过程同时也是一个学习的过程。学习活动的结果可能是新的客体或工具的形成，这将为学习者从一个活动进入下一个活动提供契机。鉴于活动系统经常会通过"共享客体"来建立联系，本研究在学习活动的推进过程部分还将分析如何促进不同的学习活动建立起联系。一方面，汉语学习者要参与到不同类型的学习活动中，促进各类语言能力的发展；另一方面，汉语学习者要借助于活动系统之间的联系，促进语言能力的联系和整合。

二、通过案例分析解读教学设计原理

作为一项教学设计研究，本研究的重心在于阐述教学设计的原理，分析基于活动理论的对外汉语教学设计的价值、机制和路径。在谈到教学设计领域的博士学位论文时，戴维·梅瑞尔（M. David Merill）和布伦特·威尔逊（Brent Wilson）提出，学术贡献应当是学位论文质量首要的衡量标准。他们的设想是，一篇合适的博士学位论文要凸显理论创新的价值，促进我们理解、修正和发展教学设计理论。在实践层面，要结合自己的理论研究开展一些具有创新性的经验研究。除此之外，还要尝试开发出具体的教学设计工具，将理论体现在教学设计工具之中，并培训初学者如何使用这些工具。①

为了解读基于活动理论的对外汉语教学设计原理，本研究选择了对外汉语教学中的一些案例进行深入分析，结合一些具体的教学内容呈现如何根据活动理论的要求开展对外汉语教学设计。② 这些案例的呈现是为了解读和分析教学设计的原理、过程和方法。所以，在本书的正文中，这些案例主要以教学设计片段的形式出现。在附录二中，本书将呈现较为完整的教学设计案例，作为教学设计的参考。

在案例的选取和分析中，本研究主要坚持三个原则。一是典型性的原则。本研究选取的案例是汉语学习中比较常见的案例，代表着某种特定的学习类型。二是真实性的原则。本研究选取的案例均源于汉语学习的真实情景，其中许多是研究者在开展对外汉语教学的过程中使用的案例。三是系统性的原则。本研究选取的案例涉及不同的主题和领域，尽量扩大其覆盖面。其中，既有教育领域的主题，也有日常生活的主题；既有正式的社交场合，也有非正式的社交场合；既涉及日韩等东亚国家的学生，也涉及欧美国家的学生。

三、使用比较研究凸显理论应用价值

为了更好地凸显将活动理论应用于对外汉语教学设计的价值，本研究采用了比较研究的方法进行分析。比较研究方法的使用主要包括两条主线。

第一条主线是学科教学的主线，将对外汉语教学与语文教学、英语教学进行比较。通过将三者进行对比，凸显对外汉语教学的学科教学特性，

① Merill M D, Wilson B. 教学设计的未来（正面观点/反面观点）[M] // [美] R. A. 瑞泽，[美] J. V. 邓普西. 教学设计和技术的趋势与问题. 王为杰，等译. 上海：华东师范大学出版社，2008：481.

② 本书在附录一中呈现了一份基于活动理论的对外汉语教学设计的参照表，作为教学设计的参考。表中呈现了教学设计的主要维度、这些维度所涉及的问题及其评判标准。附录一可以作为梅瑞尔和威尔逊所说的"教学设计工具"来使用。

表现在学习者、教师、教学内容、教学方法等方面。作为一个新兴的教学领域，对外汉语教学中尤为凸显的一个问题，是自觉或不自觉地将语文教学或英语教学的方法套用到对外汉语教学中，导致对外汉语的教学活动没有遵循学习者的身心发展特点，最终阻碍了学生的发展。

通过学科教学相互间的比较，本研究旨在探索符合对外汉语教学特性的学习活动设计。学习活动的设计和组织应当根据学习者的特点和学习环境的实际情况来确定，但是在对外汉语教学领域，却经常会出现偏差。在学习内容的选择上，在对教学对象的认识上，在对师生关系的定位上，对外汉语教学的特性并未得到充分尊重。例如，在相当长的一段时期内，我们对文化的认识和定位不清，按照语文教学传承和弘扬中华文化的理念开展对外汉语的文化教学，结果遇到了许多问题。胡范铸等指出，强调对外汉语教学的文化传播价值，很容易招致目标传播国家的抵制，甚至会被曲解为"文化侵略"。特别是在中国国力迅速增强、世界经济政治结构不断调整的背景下，以文化传播为定位的对外汉语教学会引起他国的疑虑，甚至反感。①

今天，我们已经越来越强烈地意识到，对外汉语教学的任务在于促进文化交流和互动，让学生具备较强的文化理解能力和跨文化交际能力，而非按照国内语文教学的定位要求他们"继承和发扬中华优秀文化传统"。②与此同时，外国留学生在学习汉语、接触了解中国文化的同时，也实现了文化理解能力和跨文化交际能力的提高，较为圆满地实现了文化与文化之间的互补。但如何在教学设计中体现这种理念仍处于探索之中。本研究将通过学科教学相互间的对比体现出对外汉语教学的学科特性。

第二条主线是教学设计的主线。本研究将以活动理论所确定的对外汉语教学设计框架为基础，分析比较其他类型的教学设计。在汉语学习活动客体的设计部分，重点将活动客体的设计与任务型教学法对"任务"的理

① 胡范铸，刘毓民，胡玉华. 汉语国际教育的根本目标与核心理念：基于"情感地缘政治"和"国际理解教育"的重新分析［J］. 华东师范大学学报（哲学社会科学版），2014（2）：145-150，156.

② 中华人民共和国教育部. 义务教育语文课程标准：2011年版［M］. 北京：北京师范大学出版社，2012：3.

解进行比较，分析活动客体的特性。在汉语学习活动主体的设计部分，重点将活动理论所理解的共同体与"实践共同体"进行比较，分析汉语语言学习共同体的特性。在汉语学习活动中介工具的设计部分，重点将中介工具的设计与"中介语"进行比较，分析汉语学习活动中介工具的特性和中介工具对于汉语学习活动的价值。

从整体结构上来看，本书一共包括六章内容。第一章是绪论部分，主要介绍问题的提出、核心概念、国内外研究现状、研究思路与方法。为了促进学习者语言能力的发展，对外汉语教学需要借助于课堂活动的形式为学习者提供语言实践机会。但由于未能充分发挥学习者的主体性，未能关注学习者异质性的文化背景，这些课堂活动存在着流于形式等问题。活动理论在学习理论和实践领域的重要贡献为重构对外汉语的教学设计提供了新的方法论视角和动能。

第二章所呈现的是基于活动理论的对外汉语教学设计理念。文化—历史活动理论以拓展性学习为学习机制，将促进拓展性学习的发生作为教学的主要任务。文化—历史活动理论主张将活动系统视为教学设计的基本单位，让组织学习活动成为教学的主要任务。在这个框架中，主体是作为学习共同体的汉语学习者，客体是汉语学习者所作用的对象，中介工具是一系列可用于促进汉语学习活动的文本、材料等。对外汉语教师的任务就是促进汉语学习活动的演进和发展。此外，文化—历史活动理论非常关注文化情境因素，要求利用文化情境因素促进教学设计的改进。

第三章分析汉语学习活动的客体设计。客体是活动主体作用的对象，同时也是活动系统的标识。在汉语学习活动中，客体的设计要以"行为表现区"（Zone of Actual Performance）的理念为依据，注重促进学习者汉语能力的可持续发展。为了促进客体的形成，在设计时要注意到外国人的学习动机。同时，汉语学习活动的客体要在语言交际中进行横向拓展，实现语言交际能力的发展。

第四章分析汉语学习活动的主体设计。活动理论所倡导的是共同体的学习而非个体的学习，学习的实质就是学习共同体通过作用于客体实现对最近发展区的集体跨越。根据活动理论对生产变革的分析，"菌根式"的学习共同体正在成为共同体发展的新形态。"菌根式"学习共同体的概念促使我们调整思路，着力利用对外汉语教学中学生和教师多元化的特点。为了将学习目的和文化背景差异较大的汉语学习者整合到一起，需要在跨文化交际的过程中构建汉语学习共同体，在"跨越边界"的过程中发展汉语学习共同体。

第五章分析汉语学习活动的中介工具设计。活动理论要求以"双重刺激法"为理念，根据汉语学习的特性来设计工具，依据汉语学习的矛盾来改进工具。其中，重点在于"第二刺激"，即给汉语学习者提供成品或半成品的中介工具，供他们开发和利用。汉语中介工具的主要来源包括承载汉语知识的教材文本、源于社会交往的个体经验，以及历史演进中的各类模型。在汉语学习活动中，中介工具应当重点在认识语言问题、分析语言问题和解决语言问题上发挥作用。

第六章分析汉语学习活动的推进过程。汉语学习活动可以通过外在的行动得以显现。随着一个个行动的出现，新知识和新实践将不断产生，最终实现知识的创新。对外汉语教学设计要利用拓展性学习的循环促进学习活动的发展。活动系统的发展和转化源于活动系统内外的矛盾关系。对外汉语教学设计要根据对矛盾关系层级的分析，明确矛盾的性质和来源，利用矛盾推动学习活动的转化。最后，活动系统的联系不仅发生在活动系统内部的各个要素之间，而且发生在活动系统与活动系统之间。活动系统相互间以"共享客体"为纽带，形成了一个个活动网络。对外汉语教学设计要利用活动系统的网络联结促进语言能力的融合。

在结语部分，本书分析了活动理论在对外汉语教学设计中应用的价值和局限性，勾勒了对外汉语教学设计未来的发展方向。

第二章　基于活动理论的对外汉语教学设计理念

根据活动理论的视角，有必要对教学进行重新认识和定位，将其转化为一个组织学习活动的过程。在参与学习活动的过程中，学习者的知识和能力将得到发展。根据这种观点，教学的目的不是向学生传递知识，而是为学生提供一个支持性的活动系统，让学生自主进行探索。"与知识传递的策略不同，我们的替代策略可以被称为'活动结构策略'。它的指向是学习者的个性特征与发展状况。因此，它不会被局限为孤立的知识或技能的维度。"① 这样一来，教学设计就转变成了学习活动设计，活动系统成了基本的分析单位。教学分析的重点就在于考察借由客体和结果相联系的活动系统相互间的关系。教学设计者的角色不是掌控整个教学活动进程，而是根据学习活动的文化情境采取教学干预措施。

第一节　拓展性学习：教学设计的核心指向

在指向上，教学设计要促进拓展性学习的发生。拓展性学习将学习视为一个创新的过程，其关注点在于学习者未来的潜力和可能性。"拓展性学习是一种创新性的学习。在拓展性学习中，学习者要联合起来创造某种

---

① Lompscher J. Activity Formation as an Alternative Strategy of Instruction ［M］// Engeström Y, Miettinen R, Punamäki R. Perspectives on Activity Theory. New York：Cambridge University Press, 1999：266.

新的东西。其实质是学习一些尚未出现的东西。"① 具体到对外汉语教学中，教学设计的指向在于促进学习者形成和发展汉语概念，让学习者在参与学习活动的过程中实现跨文化交际能力的创造性转化。学习活动最终的结果，并不是达成特定的教学目标，而是促进新的学习活动的产生。

一、为汉语概念的形成和发展而设计

文化—历史活动理论用"概念"一词来帮助我们理解认知的发展过程。概念是思维的基本单位，它通常以字、词、词组等形式来表示。概念是人们对事物本质属性的认识和反映，是人们尝试通过命名的方式实现对观念、对象和实践的把握。在拓展性学习中，学习的过程同时也是概念的形成与发展的过程。维果茨基指出，概念是复杂的思维活动的结果。它既不是借助于记忆所掌握的信息，也不是通过反复练习实现的自动化技能，而是思维活动发展到更高阶段的结果。概念的形成意味着我们对事物的认识从具体上升到了抽象的层面，它需要经历活生生的思维发展和解决问题的过程。借助于对概念形成和发展过程的分析，我们可以更好地认识学习的发生过程。"我们有可能观察到，词的意义第一次是如何产生的，这个意义是何时给予的。我们可以研究如何将词语归属于某些一定的特征，我们可以观察感知的东西是如何被分离、综合后成为词语的意义和意思，成为概念，然后这些概念又是如何扩大、转义，用于其他具体情境以及它们又是怎样被理解的。"②

在拓展性学习中，概念不仅仅意味着一个字、词或短语，更意味着对字、词或短语的理解和认识，其中包括概念的发展脉络、形成路径、根源等。学习者对汉语概念认知的变化往往能够反映出汉语学习者的能力。在对外汉语教学中，外国人遇到的一大障碍就是汉字职用的多样性。以"老"这个汉字为例。通常，汉语学习者在刚开始上课时就会先学习到"老师"这一称呼，以便在今后的汉语课堂中使用。在只要求学生认读该

---

① Sannino A, Engeström Y, Lemos M. Formative Interventions for Expansive Learning and Transformative Agency [J]. Journal of the Learning Sciences, 2016, 25 (4): 599-633.
② [苏] 维果茨基. 维果茨基教育论著选 [M]. 余震球，译. 北京：人民教育出版社，2005：180.

词并准确发音的情况下，大多数外国学生很快就会掌握"老师"这个词汇的含义，并对"老"字形成初步的认知。

但在正式讲解"老"这个汉字时，其基本义项是"形容年龄或岁数较大"。对外汉语教师经常会例举"老人""老爷爷""老奶奶"等表述。此时，学生便会出现认知冲突。因为根据这种解释，"老"这一概念与学生过去形成的关于"老师"的理解并不一致。学生就会提出问题，"老师"中的"老"是什么意思？是不是同样指年龄很大的人？而且，学生可能会以此类推，将"老鼠""老虎""老外"等概念理解为"年龄很大的鼠""年龄很大的虎""年龄很大的外国人"等。此时，学生的汉语概念就需要经历形成和转化的过程。他们要先掌握"老"字所具备的"年龄或岁数较大"的含义，进而掌握其"表示尊敬"的含义，然后了解其作为词缀的功用。

学习过程同时也是一个概念形成和转化的过程。起初，学习者的概念就是他们对活动客体的认知；随着活动的演化和拓展，学习者会对活动客体形成新的认知，概念便随之发生变化，可能会形成新的概念。教学就要有意识地引导实践活动发展，促进概念的形成和转化。

概念的形成不仅仅是一种结果，概念还可以被用作推动学习活动发展和演化的工具。在一个学习活动中形成的概念，可以成为下一个学习活动的工具。"概念既是认知的结果，同时当概念一经形成并被认可以后，又会在新的认知活动中成为一种认知工具，即概念（客体转化的结果）与中介工具之间存在一定的转化关系。"① 在这种意义上，概念可以成为联系活动系统的一种纽带。

概念的形成和转化离不开特定的历史文化背景，因而要将概念放到特定的历史文化背景下进行分析。对于汉语中的很多词汇，从字面意义来看，留学生很难推断其词义。以"红娘"为例，即便留学生已经学了"红"和"娘"两个字，但将两者放在一起，学生仍然无法准确理解该词的词义。这是因为，"红娘"一词在汉语中有着特定的指代意义，喻指在

---

① 吴刚，洪建中，李茂荣. 拓展性学习中的概念形成：基于"文化—历史"活动理论的视角［J］. 现代远程教育研究，2014（5）：34-45.

婚姻嫁娶中起牵线搭桥作用的媒人。而这一表述的历史文化渊源，则是《西厢记》中的人物角色，她在促成崔莺莺和张生的婚姻上发挥了关键作用。了解这一历史文化背景是掌握"红娘"这一概念的关键。

概念的形成过程是一个社会协商与建构的过程。由于活动系统的参与主体是共同体，因此，其成员会对概念形成各自的理解和认识。这种理解和认识不仅存在差异，而且有时还会表现为明显的排斥和冲突。此时，相互间的沟通和协商过程就成为学习的一部分。活动理论强调，活动理论视域下的概念是共同体建构的概念，而不仅仅是个体建构的概念，共同体要在参与实践活动的过程中形成对事物的共同认识。恩格斯托姆指出，每个参与者所形成的概念都是局部性的认识。"概念的形成和演变必然会涉及矛盾和冲突，同时也伴随着协商和调和。概念是指向未来的。它们承载着情感、希望、忧虑、价值和共同的意图。"①

二、为跨文化交际能力的创造性转化而设计

活动理论将学习活动视为一个创造性转化的过程。恩格斯托姆提出了"拓展性学习"的概念，着力凸显学习活动在矛盾的推动下不断拓展转化的特点。在他看来，拓展性是学习活动的典型特征，创造性转化是能力发展的实现过程。根据活动理论来设计对外汉语教学，要重点促进跨文化交际能力的创造性转化。跨文化交际能力是人们在一定的语境中恰当地运用语言的能力，它与篇章、语境和文化有着密切的关系。当来自不同文化背景的人进行交流时，相互间要对文化差异有强烈的意识，以排除文化干扰因素的影响，避免不同文化间交际规则的碰撞和冲突。跨文化交际能力所反映的，不仅仅是语言表达的能力，也不仅仅是人际交往的能力，还有建立在两者基础之上并反映在跨文化交际场域中的能力。

跨文化交际能力是体现在跨文化交往实践中的能力。一方面，它表现为建立在语言知识基础上的语用能力。语言的意义和价值体现在现实生活之中，语言的真实图景存在于日常讲话之中。"语言中最深奥、最微妙的

① Engeström Y. Studies in Expansive Learning: Learning What is Not Yet There [M]. New York: Cambridge University Press, 2016: 226.

东西，是无法从那些孤立的要素上去认识的，而是只能在连贯的言语中为人感觉到或猜度到（这一点更能够说明，真正意义的语言存在于其现实发生的行为之中）。一切意欲深入至语言的生动本质的研究，都必须把连贯的言语理解为实在的和首要的对象，而把语言分解为词和规则，只不过是经科学剖析得到的僵化的劣作罢了。"① 因而，第二语言教学的任务，绝不仅仅是传授给学生一些具体的语音、词汇和语法，而是要提升学生的语言交际能力，让他们能够在现实中更好地使用语言进行跨文化交流。语言交际既包括在真实的社会环境中发生的面对面的口头交际，也包括阅读、写作等活动。

另一方面，跨文化交际能力表现为跨越文化间的差异和障碍的能力。对外汉语教学的任务是让学生能够在跨文化环境中顺利地进行语言交际。当来自不同文化背景的人开展交流活动时，他们不仅要具备必要的语言知识，掌握语言表达的技巧和能力，还要拥有强烈的跨文化意识，能够对文化差异进行分析和辨别，解决文化背景差异可能导致的矛盾和冲突。毕继万认为，跨文化交际能力是一种综合能力，它既不同于乔姆斯基所倡导的语言能力，也不同丁海默斯（Dell Hymes）所强调的交际能力，而是语言交际能力、非语言交际能力、语言规则和交际规则转化能力，以及文化适应能力等多种能力的综合体。只有具备这种综合性的能力，才能够应对跨文化交际环境中的各种挑战，从而完成跨文化交际的任务。②

跨文化交际能力是对外汉语教学所要培养的重要能力。毕继万认为，汉语作为第二语言的学习者无论出于何种动机来学习汉语，都要学习了解中国的文化知识，理解中国的文化因素，进而能够顺利地与中国人进行交流互动。因此，"第二语言教学就必须以培养学生跨文化交际能力为主要目标"。③ 国际汉语教学课程目标中就明确了"文化能力"包含"文化知

---

① ［德］威廉·冯·洪堡特. 论人类语言结构的差异及其对人类精神发展的影响［M］. 姚小平，译. 北京：商务印书馆，1999：57.

② 毕继万. 第二语言教学的主要任务是培养学生的跨文化交际能力［J］. 中国外语，2005（1）：66-70.

③ 毕继万. 跨文化交际研究与第二语言教学［J］. 语言教学与研究，1998（1）：10-24.

识""文化理解""跨文化能力""国际视野"。① 这里的"跨文化能力"可以宽泛地理解为本书中所提到的"跨文化交际能力"。

我们经常遇到的情况，是外国学生掌握了必要的语言知识和技能，但是无法顺利地实现跨文化交际。在超市或菜市场，商贩在推销水果时，经常会说"不好，不要钱"。对于中国学生而言，这一推销口号的意义非常明确，它表明这里的水果非常好，没有不好的水果。水果商贩借由这句广告语向过往行人做出了承诺：自己的水果质量优质上乘，顾客可以放心购买。但对于外国学生来说，他们所掌握的语言知识不足以帮助他们理解这句广告语的真正含义。因为从字面意义上理解，"不好，不要钱"会被认为是"不好的水果可以赠送给顾客"。一些外国学生以为水果商贩是邀请大家来帮助其挑选有瑕疵的水果，并且在找到之后赠送给顾客。

要想让外国学生真正理解"不好，不要钱"的含义，就要发展他们的跨文化交际能力。从跨文化能力发展的基础上看，首先，他们需要具备必要的语言知识，以便从字面意义上获得认识。其次，他们需要具备一定的交际能力，以便理解市场交易语境中商贩的表达意图。最后，他们需要具备一定的文化能力，以便理解中国人做出承诺的惯用方式。不过，这三个方面的基础未必能够直接转化为学生的跨文化交际能力，他们还需要在语言实践中发展这种能力。

在今天的对外汉语教学实践中，语言知识的教学占据主导地位，而跨文化交际能力的教学则居于相对边缘的位置。教师们非常重视学生对语音、词汇、语法等语言知识掌握的准确度和正确性，并采用多种形式进行强化训练。但对于学生如何使用汉语进行跨文化交际却关注较少。事实上，在对外汉语教学中，语言知识仅仅是基础性的内容。在掌握语言知识的基础上，学习者要通过语言运用和反复训练提升使用语言的能力，然后在交往中锻炼语言交际能力，最终获得跨文化交际的能力。吕必松指出，语言教学既包括语言知识教学，也包括语言技能教学，但在相当长的一段时期内，我国的对外汉语教学基本上采用的是以知识为中心的教学路子。

---

① 孔子学院/国家汉办. 国际汉语教学通用课程大纲［M］. 北京：北京语言大学出版社，2014：v.

在教材编写时，先要确定语言知识点和文化知识点，然后根据这些知识的难易程度和常用程度编排顺序；在制定汉语等级大纲时，大纲中虽然也有语言交际能力的内容，但主体仍然是词汇、语法等内容；在课堂教学时，语言知识、语用知识、文化知识的传授是主要的教学方式。①

从活动理论的视角来看，跨文化交际能力的发展是一个"创造性转化"的过程，即经由"内化"和"外化"而实现创造性的转化。活动理论将"活动"分为两类，一类是内部的思维活动，另一类是外部的实践活动。两者分属于不同的活动类型，但具有同样的结构，存在相互转化的关系。在活动理论的发展史上，维果茨基曾将活动仅仅理解为外部的实践活动，并将其视为人类"意识"和"高级心理机能"形成的根源。维果茨基认为，一切高级心理机能都要以社会为模本，在历史的发展中形成，而非在生物学的意义上形成。"一切高级心理机能乃是内化了的社会方面的关系，乃是个性的社会结构的基础。它们的成分、发生结构、行动方式，总之一句话，它们的全部实质是社会的，甚至在转化为心理过程时，其实质仍然是准社会的。"②

在以列昂捷夫为代表人物的第二代活动理论中，"活动"的概念得到进一步完善，将内在的思维活动包括在内。列昂捷夫高度肯定了维果茨基的贡献，并在维果茨基的研究基础上进一步探讨了外部活动与内部活动之间的关系。在他看来，维果茨基将外部活动视为内部心理活动的来源，与和他同时代的研究者相比具有原则性的区别。维果茨基指出了人的高级心理机能形成和发生的社会历史环境，将人与人之间的相互作用视为个体心理发展的必要条件，得出了人与人之间的协作与交往促成心理结构形成的基本结论。在探讨思维发生与外部世界的关系时，维果茨基极大地拓展了心理学的范畴。"对于外部活动和内部活动的结构上的共同性的发现，是现代心理科学最重要的发现之一。"③ 不过，列昂捷夫同时指出，维果茨基

---

① 吕必松. 汉语教学中技能训练的系统性问题 [J]. 语言文字应用，1997 (3)：43-48.

② [苏] 列·谢·维果茨基. 高级心理机能的社会起源理论 [M]. 龚浩然，王永，黄秀兰，译. 合肥：安徽教育出版社，2016：174.

③ [苏] 阿·尼·列昂捷夫. 活动 意识 个性 [M]. 李沂，等译. 上海：上海译文出版社，1980：67.

对活动的描述有许多地方不能令人满意，而且过于抽象。"内部形式的活动起源于外部实践活动，并不与外部实践活动相分离，也不是在它之上形成的，而是同它保持着根本的并且是双方面的联系。"①

恩格斯托姆则吸纳了列昂捷夫的观点，并深入探讨了两类活动的关系。在恩格斯托姆看来，能力的发展是内部的思维活动和外部的实践活动相互作用的结果，即内化和外化的过程。在传统的教学设计中，概念的形成被视为一个主体经过内部的思维活动接受外在的客观事物的过程。但拓展性学习的理解是，能力的发展先要经过外化的过程，然后再进行内化。恩格斯托姆强调，能力的发展首先是一个外化的过程，即主体经过外部的实践活动建构概念，然后经过内部的思维活动进行加工，最终实现对概念的灵活运用。"复杂概念的形成不仅仅是一个既定文化概念的内化过程。它首先是一个外化过程、一个产生新的文化概念的过程。"②

在设计对外汉语教学活动时，为了促进学习者跨文化交际能力的发展，应当通过内部思维活动和外部实践活动的作用促进学习者实现从语言知识向语用能力、从文化规则向交际规则、从语言交际能力向跨文化交际能力的转化。语言知识是第二语言教学的重要内容。语音、词汇、语法等知识构成了语言的基本要素。要想学会一门新的语言，掌握基本的语言知识必不可少。但是，语言知识的增长并不必然带来跨文化交际能力的发展。许多对外汉语教师认为，语言知识是基础，语言知识的增长一定会促进语言交际能力的发展。在他们看来，汉语作为第二语言的学习者之所以不会熟练地使用汉语，是因为他们不具备充足的汉语知识，尤其是基础性的词汇知识。所以要不断增强学生记忆生词的能力，提高他们提取词汇知识的速度。

事实上，语言知识与交际能力之间存在巨大的鸿沟，语言知识的掌握并不必然等于交际能力的发展。一项学习任务，从语言知识的角度看可能很简单，但从交际能力的角度来看则可能很复杂。在很多情况下，学习者

---

① [苏] 阿·尼·列昂捷夫. 活动 意识 个性 [M]. 李沂，等译. 上海：上海译文出版社，1980：67.

② Engeström Y. Studies in Expansive Learning：Learning What is Not Yet There [M]. New York：Cambridge University Press，2016：226.

虽然掌握了必要的语法、词汇、发音、拼写规则等语言知识，但他未必能够灵活自如地运用语言以完成交际活动。"若想成功地实现交际，语言学习者或使用者需要选择、平衡、实施和协调相关的能力要素，以便对将要实施的交际任务进行规划、执行、跟踪和评估，以及必要时进行修补，这样才能成功地实现交际意图。"① 学习者只有在现实情境中对知识进行应用并经过内化过程才能够获得跨文化交际能力。

三、为汉语学习活动的形成和演化而设计

在将活动系统作为教学设计的基本单位之后，教学设计的主要任务是推动学习活动的形成和演化，从而在此过程中促进学生的发展。通过将学习放到活动的框架之中，活动理论采用了一种动态的思维方式，使我们能够从发展演化过程的角度来看待学习活动。

活动理论所理解的学习活动重点关注的是未知的或具有创新性的内容。恩格斯托姆指出，传统的学习理论主要关注的是已知的知识和技能。这些知识和技能通常是非常明确的，以固定的形式呈现出来的。这类学习的潜在假设是，教师非常精通这些知识和技能，他们能够清楚地向学生描述和传递这些内容。但问题的关键在于，许多类型的学习不符合这个假设，我们学习的很多内容是不稳定的，甚至我们事先并不了解。"在我们的个人生活和组织实践的转型过程中，我们必须了解新的活动形式，它们很有可能事先并不存在。它们恰恰是在被创造的过程中得到学习的。这里没有完全胜任的教师。标准化的学习理论无法帮助我们理解这一过程。"②

拓展性学习是一种不同于回应性或被动应对式学习的学习方式。拓展性学习要能够超越既定的背景范围。在过去，由于此类学习具有较强的随意性，往往会跨越不同的时空范围，因此一直没有成为研究的对象。而且，对拓展性学习的理解也存在很多误解，有人甚至认为拓展性学习是一种无意识的结果，因而无法对其展开研究。对此，恩格斯托姆提出，对拓

---

① 欧洲理事会文化合作教育委员会. 欧洲语言共同参考框架：学习、教学、评估［M］. 刘骏，傅荣，等译. 北京：外语教学与研究出版社，2008：152.

② Engeström Y. Expansive Learning at Work：Toward an Activity Theoretical Reconceptualization［J］. Journal of Education and Work，2001，14（1）：133-156.

展性学习完全可以进行分析并建构模型，其中的关键便在于活动概念的引入。

活动系统处于动态和转化过程之中。我们要从历史演进和发展的角度来审视活动，而非采用静态和固化的模式。活动理论采用了马克思（Karl Marx）和恩格斯（Friedrich Engels）的历史唯物主义的观点，强调历史是处于发展过程中的历史，而不是一般意义上的变化。换言之，历史的演化过程是有方向的，它朝向着社会进步。旧事物总是会被新事物取代，这是一个基本的规律。恩格斯托姆指出，活动理论的分析单位是处于历史演进过程中的活动系统。活动系统是在长期的历史过程中形成的，只有将活动系统放到历史的背景下才能对其结构、问题和功能形成清晰的认识。"必须用动态和发展的眼光来看待活动，必须从进化和历史变革的角度来分析活动。用静态的、永恒的模式是无法了解活动的。"①

在对活动系统进行历史分析时，可以从两个方面进行：一是活动本身及其客体的历史，二是影响活动的理论观点和工具的历史。同时，活动系统的发展演化不仅发生在活动系统的整体层面，而且发生在系统内部的具体层面。

活动理论强调，历史研究是理论研究的基础。任何一个活动系统都处于历史的演进过程之中。历史的因素表现为思维方式、实践路径、物质材料、规则制度等多种形式。这些因素既可以成为活动系统的限制，也可以成为活动系统的资源。但无论如何，历史分析是了解活动系统的必要路径。安娜丽莎·圣尼诺和恩格斯托姆指出，许多研究者虽然从维果茨基的作品中获得了诸多灵感，但遗漏了历史分析的视角，而这一点恰恰是其精髓所在。"了解和把握事物从产生到消亡的发展阶段与变化过程就是揭示其属性、了解其本质的过程。事物只有在运动过程中才会显现出其真实情况。因此，行为的历史研究不是理论研究的补充或附属品，而是理论研究的基础。"②

---

① Engeström Y. Learning by Expanding：An Activity-Theoretical Approach to Developmental Research [M]. New York：Cambridge University Press，2015：32.

② Sannino A，Engeström Y. Cultural-historical Activity Theory：Founding Insights and New Challenges [J]. Cultural-Historical Psychology，2018，14（3）：43-56.

语言是历史形成的产物，且始终处于发展和演化之中。只有将语言放到历史发展的脉络中才能更好地认识语言。罗伯特·迪克森（Robert Dixon）指出，在人类语言存在的十万多年时间里，语言发展遵循着"裂变—聚变"的发展模式。裂变表现为语言的扩张和分裂，即一种特定的原始语言模式分化为众多的语言，然后在更大的社会范围内扩散，就像"谱系树"一样。聚变体现的是聚集和融合，聚集于特定社会区域的语言相互间实现融合，聚变为一个共同的原型。在裂变的模式中，一些语言分裂为两种或更多种类的语言。而在聚变的模式中，区域内语言的词项、语法、音系会变得越来越接近。由于人类群体始终处于变化和迁徙之中，各种语言特征也随之扩散和交融。"纵观整个语言发展的历史，很可能曾经有过一系列的分化（短暂的裂变期内谱系树式的分裂），然后聚合（长久的聚变期内某一语言区域内的扩散），再分化，然后再聚合，如此循环往复。分化期与聚合期首尾相接，反之亦然。"①

汉语学习者也有其特定的生活经历和文化背景。这些生活经历和文化背景会直接影响到他们参与汉语学习活动的动机、选择中介工具的标准与利用中介工具的方式。因而，在推动汉语学习活动发展的过程中，必须高度关注汉语作为一门语言本身的发展历史和汉语学习者自身的经历。

第二节　活动系统：教学设计的基本单位

活动理论将活动系统视为教学设计的基本单位。从这种意义上讲，教学设计的任务就在于通过设计一个个学习活动，促进学生在参与活动的过程中，实现思维和认知能力的发展。在学习活动中，学习的主体是学生，学习的客体是学生作用的对象，学习的共同体包括教师、学生、家庭成员、社会成员等学习活动的各类参与者，学习的工具是学习共同体所采用

---

① ［澳］罗伯特·迪克森. 语言兴衰论［M］. 朱晓农，严至诚，焦磊，等译. 北京：北京大学出版社，2010：121.

的各类物品，学习的规则是学习活动中的各类标准、规范和要求，分工是共同体所承担的不同任务，结果是学习主体通过作用于客体而形成的产品。

通过将教学设计转化为学习活动设计，活动理论引入了一个整体性的分析框架，使我们能够更为全面地认识学习活动及其内部各个要素之间的关系。作为一个完整的系统，学习活动包括主体、客体、中介工具、共同体、规则、分工等要素，这些要素之间的互动关系影响了学习活动的进度及实现的结果。列昂捷夫指出，活动是分析个性的原始单位。只有通过活动，才能够把握人的个性特点。行动、操作、心理机能等因素只不过是活动的外在表征而已。[①]

一、从布置交际任务到建构活动客体

在语言教学中，任务型教学法是一种较为流行的教学方法。围绕特定的主题，教师设计出具体的、可操作的交际任务，并将其布置给学生。学生通过询问、解释、沟通、交流等语言交际形式来完成交际任务，实现对语言的掌握和应用。但在活动理论看来，教学是一个促进学生学习活动形成和发展的过程。为了促进学习活动系统的形成，教师应当推动学生建构学习活动的客体，而不仅仅是布置交际任务。教师始终要有的一个意识，是促使学生理解和重构交际任务，而不只是完成教师所布置的交际任务。

这是因为，围绕交际任务而组织的教学很容易陷入"传递策略"的困境。一旦布置好了交际任务，整个教学的组织和实施就要围绕交际任务展开。教师的关注点就会聚焦于如何确保交际任务按照预期的计划得以完成。教师们更关心的，是为了完成交际任务而采取的教学策略，包括具体的教学行为、需要利用的工具、需要采用的资料等。在此情况下，学生只是知识和技能的传递对象，他们的主体性很难得以体现。"尽管宣称学生是积极的主体，但在大多数课堂中，学生仍然是说教的对象。因为教学的目标就是把知识、技能、规范、价值观等内容从书本或教师的头脑传递到

---

① ［苏］阿·尼·列昂捷夫. 活动 意识 个性 ［M］. 李沂，等译. 上海：上海译文出版社，1980：70.

学生的头脑中。"①

　　相较于交际任务，活动客体赋予了学习者更大的主动性。首先，交际任务是教师布置的，而活动客体则是学生主动建构的。在活动系统中，客体是由活动主体建构的，而非外在给予的。在汉语学习活动中，汉语学习者是学习活动的主体，他们是汉语学习客体的建构者。教师所设计的问题情境、学习任务、文化难题等只是潜在的客体，只有被学生理解和重构之后才能够成为真正的相对于学生而言的客体。也就是说，要由学生自己对问题情境和学习任务进行厘清并形成客体。活动客体不是相对于教师而言的，而是相对于学生而言的；这种对象不是事先设定的，而是学生在学习的过程中不断明确和生成的。通过这种转变，活动理论从结构上确立了学习者的主体地位，使整个教学活动围绕学习者来展开，从而将教学的重心从教师的教彻底转变为学生的学。

　　其次，交际任务是非常具体的，而活动客体则具有一定的模糊性。在任务型教学法中，教师会给学生布置明确而具体的任务，要求学生通过完成任务实现能力的发展。但在活动理论看来，教师要给学生提供的，是一种有待学生自我提炼和转化的具有一定模糊性的任务，而不是详细具体的任务，后者限制了学习者的发展空间。任务越明确，学习者受到的限制就越多。为了迫使学习者按照预设的方向发展，教师不得不强化对学习者学习方向和路径的管控。这从本质上违背了学习作为一种创新过程的理念。事实上，学习者必然会对任务进行解读和重构，而且这种解读和重构通常不完全符合教学设计者的预期。教学设计者不应尝试消除这种重构，而应通过提供中介工具帮助学习者提升重构的能力。

　　最后，交际任务所设定的方向是明确的，而活动客体则没有对学习方向做出限定。在活动系统中，活动客体始终处于发展变化之中。对于学习活动而言，寻找和确定客体至关重要。承认活动客体的不稳定性并着力把握客体变动的特性是活动理论的重要任务。为了更好地理解客体变动性的

---

① Lompscher J. Activity Formation as an Alternative Strategy of Instruction [M] // Engeström Y, Miettinen R, Punamäki R. Perspectives on Activity Theory. New York: Cambridge University Press, 1999: 266.

特点，恩格斯托姆提出了"失控的客体"（Runaway Objects）的概念。他指出，失控的客体就像一头怪兽一样到处惹事。它不受任何人的控制，不断制造矛盾和冲突，时时处处威胁我们的稳定和秩序。①

活动客体需要经历一个逐步建构的过程，而这一过程和方向并不是确定的。活动客体的形成受到学习者认知能力、交际环境、实践情境等诸多因素的影响。在现实中，学习活动的客体并不是现成的，而更多地表现为分散的任务、问题或行动。列昂捷夫指出，客体的确定要以客观的实际情况为依据。"目的不是想出来的，不是由主体随意提出来的。它们是由客观情况所提供的。"② 在学习活动中，教师可以对学习者的客体进行设计，但教师设计的客体只有被学习者接受和采纳才能够真正成为客体。由于现实的学习活动充满了复杂性，并会受到具体实践情境和场域等因素的影响，因而学习者需要对问题情境不断进行聚焦，最终建构起相对清晰的客体。

汉语学习的客体是学习者在汉语学习的实践中建构的。汉语的特点决定了汉语对于现实语境的依赖。陆俭明和马真指出，汉语是一种语用强势语言，即语言的选择和使用往往要服从于实际的语境。具体而言，这种语用强势主要表现在四个方面。一是语序灵活，多用虚词。通过词序的改变和虚词的使用，说话人可以表达出不同的信息，由此反映出说话人对事件认识的角度和情感差异。二是只要语境允许，许多句法成分、重要的虚词都可以省略。三是句法规则和语用规则难以从形式上加以区分。汉语的句法成分在省略时比较自由，不像英语那样有严格的句法约束。四是"主语即话题"，汉语的句首成分所受限制较少，可以是施事、受事，也可以是时间、处所、工具、旁事等。③

---

① Engeström Y. The Future of Activity Theory：A Rough Draft［M］// Sannino A, Daniels H, Gutiérrez K D. Learning and Expanding with Activity Theory. New York：Cambridge University Press, 2009：304.

② ［苏］阿·尼·列昂捷夫. 活动 意识 个性［M］. 李沂，等译. 上海：上海译文出版社，1980：71.

③ 陆俭明，马真. 汉语教师应有的素质与基本功［M］. 北京：外语教学与研究出版社，2016：23-25.

二、从个体语言学习到共同体语言学习

语言的产生源于个体与他人建立联系的需要，社会性是语言的基本特性。从这种意义上讲，语言能力是在相互交流与使用中发展和进步的。每个人都学习和生活在特定的场域之中，个体的语言能力发展与他所处的共同体的语言能力发展具有较强的一致性。从这种意义上讲，语言能力的发展并不是学习者个体独立完成的，而是在参与社会交往的过程中与其他社会成员共同完成的。只有将个体语言能力的学习放置到共同体语言发展的场域之中，才能真正认识语言能力的发展机制。

但在当前的对外汉语教学中，教师往往将主要精力用于关注个体语言的发展状况，很少关注共同体语言的发展状况。即便有时涉及共同体的语言使用，也是以个体语言能力的发展为出发点而利用共同体。

在设定教学目标时，学习者个体对语言知识、语言技能和学习策略等的掌握情况通常会被纳入教学设计之中，而学习者共同体的整体发展状况则很少受到关注。这种教学设计的潜在假设是，当每个学习者都能够掌握特定的语言知识或技能时，所有的学习者便都达到了教学要求。但事实上，共同体并不是单个个体的简单相加。共同体是一个有机的整体，它蕴含着个体间的互动、交往、组织和结构关系。学习者在共同体中相互作用，能够更好地带动个体的语言发展。

在开展教学活动的过程中，个体对语言的掌握情况始终是教师关注的重点，而个体与共同体的互动情况、共同体的语言发展情况则没有得到应有的重视。通常情况下，教师会关注到个体发音的准确性、词汇的掌握度、语法的规范性，但很少会关注个体相互间的交流情况，以及共同体的形成和发展状况。事实上，在汉语学习的过程中，作为个体的学习者不可避免地会受到外在的组织环境的影响。作为组织的共同体的学习与个体层面的学习是相互依存、相互促进的。

在评价学习的成效时，学习者个体的语言能力发展状况通常会被作为评价的对象，而共同体的形成和发展状况则很少被纳入考虑范畴。在汉语学习的过程中，学习者与共同体的存在状态和互动过程很少受到关注，如学习者是否卷入了共同体的学习之中，学习者的身份意识和认同是否实现

了转化，学习者是否为共同体的发展做出了积极贡献，等等。从根本上说，学习具有社会性。学习总是与体验、环境和意义密切相关。埃蒂纳·温格（Etienne Wenger）强调，学习具有连续性，它是我们生活整体的一部分，并将我们的过去和未来联结到个体和集体成长发展过程中。"学习——不管以哪种形式出现——都是通过改变我们参与的能力、归属的能力和协商意义的能力从而改变我们是谁，并且这种能力依照实践、共同体和意义经济得到社会性配置，它们在这里塑造了我们的身份。"[①]将个体语言与共同体语言置于对立的位置，会在事实上阻碍每个个体语言的发展。

活动理论所关心的不是个体的学习过程，而是共同体的学习过程。在学习理论的谱系中，活动理论的一项重要贡献在于对学习主体形成了新的认识，将关注点从个体学习转向共同体学习。在维果茨基看来，人的心理发展并不是个体内部自发形成的，而是在人与人的交往活动过程中实现的。它需要经历一个由外部活动向内部心理转化的过程。维果茨基在分析儿童的学习活动时强调，教学的任务就是通过设计和组织外部活动，促进儿童内部心理机能的发展。"教学引起了、唤醒了、启发了一系列内部发展过程。这些过程，对儿童来说，目前只是在他与周围人们的关系中，在与他的伙伴的相互合作的环境里才是可能的。"[②]维果茨基以儿童语言能力的发展为例进行了专门分析。儿童获取和掌握语言信息始于其与成人的沟通和交流，这种沟通和交流是一种外部活动。随着时间的推移和儿童参与外部活动的增多，这种外部活动所形成的心理过程结构逐步向内部心理过程转化，成为儿童自身所具备的能力。"言语起初是作为儿童与其周围成年人交际手段而产生的，只是到后来，变成内部言语时，它才能成为儿童自己的基本思维方法，成为他的内部心理机能。"[③]

人的活动是在与社会的互动中实现的，学习活动同样如此。"人的活动不仅是个体促成的。它同时不可避免地处于社会交往和社会分配过程之

---

① ［美］埃蒂纳·温格．实践共同体：学习、意义和身份［M］.李茂荣，欧阳忠明，任鑫，等译．南昌：江西人民出版社，2018：211.

② ［苏］维果茨基．维果茨基教育论著选［M］.余震球，译．北京：人民教育出版社，2005：388-389.

③ ［苏］维果茨基．维果茨基教育论著选［M］.余震球，译．北京：人民教育出版社，2005：388.

中。换言之，人的活动总是发生在共同体范围内，而且受到特定的分工和规则的影响。"① 对于一项活动而言，必然要有其特定的承担者。个体活动的承担者是个体，共同体活动的承担者是共同体。当个体学习者参与到共同体之中开展活动时，我们所要关注和研究的对象就变成了共同体。根据活动理论的观点，认知活动是一项共同体的活动，因而有必要引入共同体作为分析单位。"在现实中，我们如果不采用共同体的概念，就无法分析像认知这样一种特定的共同体活动。共同体是科学认知的承担者。只有将共同体的独有特征纳入考虑范围，才能理解作为一个共同形成过程的认知。"②

教学设计要将个体学习者组织成学习共同体，使共同体成为一个积极参与活动的主体。作为活动的主体，共同体与个体有许多相似的地方，如活动的目标、活动的兴趣点、活动的规则等。与个体不同的是，共同体作为活动的主体需要处理其与个体之间的关系，它需要将个体融合到共同体之中，实现个体间的整合。这种整合表现为个体对共同体形成忠诚感、遵守共同体的规则、明确具体的分工等。在共同体之中，所有的成员要不断协调相互间的分工，包括奖励和回报。

共同体可以表现为多种存在状态。它可以是正式的社会机构，也可以是非正式的社会团体；可以由个体共同组成，也可以由多个团体组成；可以是临时组成的，也可以是长期存在的。判断共同体是否形成的核心标准在于其成员是否共同作用于特定的活动客体，是否共同遵守活动的规则，以及是否共同使用中介工具。具体到学习环境中，如果教师给全体学生布置了特定的学习任务，但只有部分学生致力于完成学习任务，另外一些学生没有参与其中，那么没有参与学习任务的学生就不能被视为共同体的成员。同理，那些没有遵守特定的规则、没有使用相同中介工具的个体也不能被视为共同体的成员。

---

① Engeström Y. Learning by Expanding: An Activity-Theoretical Approach to Developmental Research [M]. New York: Cambridge University Press, 2015: 114.

② Lektorsky V A. Mediation as a Means of Collective Activity [M] // Sannino A, Daniels H, Gutiérrez K D. Learning and Expanding with Activity Theory. New York: Cambridge University Press, 2009: 81.

共同体形成的关键在于让个体参与到共同体的活动之中，通过相互间的活动和交流形成共同体的身份认同。作为活动主体的共同体并非独立于个体而存在。事实上，共同体的活动是由个体的活动构成的。如果不能够让个体形成"我们"的意识，共同体就会因个体的离开而消失。在共同体之中，人与人的互动成了关注的焦点。根据活动理论的观点，个体要融入共同体之中，成为共同体不可或缺的一部分。同时，在共同体之中，个体仍然具有相当强的主观能动性，这种主观能动性体现在他在共同体活动的过程中可以追求自己的目标、开展自己的活动、推动或废除某些规则等。

通过引入共同体的概念，活动理论进一步丰富了学习理论。一方面，它采用了一种整体性的思维方式，将共同体作为一个整体来看待，考虑到了社会文化环境对学习活动的影响。根据活动理论的观点，共同体活动不是个体活动的简单叠加，它不能直接分解为个体的学习和发展，而是要作为一个整体来考虑和分析。作为一个独立的单位，共同体具有其自身的特性，并与外界的其他组织和机构相互影响和作用。约翰·邓普西（John V. Dempsey）和理查德·范艾克（Richard N. Van Eck）指出，将学习置于共同体的范畴之中，是建构主义学习理论的重要贡献。"如果说建构主义有一个真正让人信服的地方，那就是它提倡的学习任务的共同建构——本质上是一种社会活动。"①

另一方面，活动理论采用了一种关系性的思维方式，使我们可以更好地认识学习者与学习群体、学习者与中介工具之间的互动关系，了解学习活动的发展动因和路径。正如安妮·爱德华兹（Anne Edwards）所言，恩格斯托姆的贡献在于，他勇于面对挑战，帮助我们理解现实中复杂的关系连接。他将我们的关注点从工作的身份认同转移到工作的性质，从个体转移到共同体。"这样一来，就提供了一种新方法，帮助我们更好地思考工作中风险的性质。这种方法超越了传统的社会实践的安全范围，很有可能

---

① Dempsey J V, Van Eck R N. 分布式学习与教学设计领域［M］∥［美］R. A. 瑞泽，［美］J. V. 邓普西. 教学设计和技术的趋势与问题. 王为杰，等译. 上海：华东师范大学出版社，2008：414.

是一种足以对抗当前泛滥的主体性的方法。"①

三、从采取教学措施到提供中介工具

通过将学习放到活动的框架之中，活动理论明确了中介工具在学习活动中所发挥的重要作用，使我们能够从改进中介工具的角度改善学习活动。在学习活动中，主体不是直接对客体发生作用，而是借助于中介工具对客体发生作用。恩格斯托姆指出，中介工具是打通个体与社会文化的桥梁。长期以来，社会科学与心理学之间存在着一个争论，就是人究竟受制于外在社会影响还是内在的心灵影响。中介工具思想提出，人是通过制造和使用工具实现对自身行为的控制的。如果说基因代表着人类生物学的进化，那么制造和使用工具就代表着人类社会实践活动的进化。借助于中介工具，人类对外部的刺激做出了回应，同时也实现了思维与意识的发展。②

中介工具思想的提出，意味着教学设计的任务不是帮助教师设计教学措施，而是帮助教师设计可能提供的中介工具。教学设计者所扮演的应该是一种干预者的角色。在教学干预的过程中，教师要始终意识到，干预的对象是具有主体性的人，必须充分尊重和考虑他们的想法与感受。教师要通过为学习者提供中介工具间接影响学习进程。活动理论批评指出，传统教学设计会将大量精力用于预设可能采取的教学措施。它所反映的是教育研究领域中"黄金标准"（Gold Standard）的思维倾向。根据"黄金标准"的要求，教育研究应该致力于对科学性的追求，随机实验应当被视为最有价值的教育研究方法；将该研究方法应用到教学活动中，应当通过对变量的严格控制确保教学活动按照预设的方向发展并完成预定的教学目标。"教育研究中的'黄金标准'源于一种假设，即研究者知道他们想采取的行动是什么，知道他们想采取的改变教育实践的方法是什么。换言之，干

---

① Edwards A. From the Systemic to the Relational：Relational Agency and Activity Theory ［M］// Sannino A, Daniels H, Gutiérrez K D. Learning and Expanding with Activity Theory. New York：Cambridge University Press, 2009：198.

② Engeström Y. Activity Theory and Individual and Social Transformation ［M］// Engeström Y, Miettinen R, Punamäki R. Perspectives on Activity Theory. New York：Cambridge University Press, 1999：29.

预措施和预期结果是事先确定了的。研究的任务只是去检验预期结果有没有真正实现。"①

但是，在现实中，存在大量不符合教学预设的现象。此时，如果坚持按照预设的教学措施进行教学干预，效果往往并不理想。于是，为了解决此类问题，一些教学设计开始采取过程优化的理念，倡导根据教学的实际情况调整或改变教学干预措施。根据这种理念，教师需要在教学之前先设计一套教学措施，然后随着教学活动的开展不断更新和调整。不过，从本质上看，这种过程优化的教学设计仍然没有充分考虑学习者的因素。

通过将采取教学措施转化为提供中介工具，活动理论充分肯定了学习者在学习活动中的主体地位。虽然学习科学已经认识到学习者在学习过程中所应发挥的主体作用，各类教学改革也经常标榜着"以学习者为中心"，但在实际的教学中，学习者的主体地位并没有得到充分的认可和尊重。体现到教学中，知识传递仍然是教学实践中的普遍现象；学习的内容往往是已知的可以直接传递给学生的旧知识，而非需要较高思维能力的通过创新和发展来掌握的新知识。教师们关注的重心在于知识是否实现了传递，而非学生如何参与了学习活动，以及在此过程中学生的行为和能力发生了什么变化。

随着中介工具思想的引入，整个情形发生了根本变化，学习者成了学习活动的真正主体。活动是活动主体有意识的行为，而非无意识的行为。这种有意识决定了活动有明确的指向，代表了主体的意图，而非外在的他人的意图。在活动系统中，学习者具备了掌控学习活动方向和进度的能力。相较而言，中介工具是供活动主体使用的物品，是活动系统中主体与客体的联结物。学习者可以直接采用这些工具，也可以对这些工具进行加工。于是，学习活动成了学习者主动使用工具作用于客体的活动。在学习的过程中，学习者通过使用中介工具形成了更强的改造客体的能力，并在改造客体的过程中实现了思维和意识的发展。

随着中介工具思想的引入，教师的角色也被迫发生了变化。在活动系

---

① Engeström Y. The Future of Activity Theory: A Rough Draft [M] // Sannino A, Daniels H, Gutiérrez K D. Learning and Expanding with Activity Theory. New York: Cambridge University Press, 2009: 318.

统中，教师的任务不是直接将知识传递给学习者，而是提供特定的中介工具供学习者使用。在活动系统中，教师不再是学习活动的掌控者和管理者，而是中介工具的提供者。教师既不能决定学习的内容，也不能控制学习的进程，因为所有这些都要由作为活动主体的学习者自己选择和决定。教师所能做的，是通过提供不同的中介工具来引导学习活动的方向，从而推动学习活动的发展。在汉语学习中，如何向学习者提供中介工具也是教学设计的一项重要任务。

除提供中介工具外，教师需要做的工作还包括促进学习共同体的形成、参与协调分工、共同维护规则等。

第三节　文化情境：教学设计的改进依据

教学设计是一个不断优化的过程。设计者不仅要对教学过程进行精心筹划，更要根据学习者的情况、教学的进程及具体的实践状况持续地改进和优化教学设计。面对现实中的不确定性，教学设计者的任务不是尽力消除它们，而是承认它们的存在并充分利用它们，使之成为教学的资源。"设计的挑战不是摆脱设计的生成性问题，而是包容它并让它成为一个机会。它需要平衡规定的收益和成本，理解事先规定所涉及的所有利弊。就学习设计来说，越多的学习设计并不一定就意味着更好。就这一点而言，一个强有力的设计总有机会主义的一面：在某种意义上，它在每一种情形中都会被定义为极简主义的设计。"①

在活动理论看来，教学设计的改进要以具体的文化情境为依据。活动理论反复强调，学习离不开特定的文化情境和历史发展脉络。学习不是对抽象符号的信息加工，而是根植于文化场域之中，并受制于历史发展的影响。对学习活动的分析必须关注人与人、人与社会、人与历史的社会互动。对于具有强烈的文化历史属性的对外汉语教学而言，以文化情境为依

---

① ［美］埃蒂纳·温格.实践共同体：学习、意义和身份［M］.李茂荣，欧阳忠明，任鑫，等译.南昌：江西人民出版社，2018：218-219.

据来改进教学设计具有相当强的适用性。

一、语言学习的文化情境

语言教学与文化有着密不可分的关系。语言具有丰富的文化内涵。每一种语言都是一些独特的文化观念的集合，占据着特定的语义空间。各类语言系统所特有的词形、语法和结构形态体现着文化的差异性。海然热（Claude Hagège）指出，语言是一个人思考、计划、情绪的表达体系，是个体看待和解读世界的方式，甚至是一种做梦的方式。从这种意义上看，语言不能简化为纯粹的沟通工具，"因为它并不植根于知识、感觉、回忆、图像、梦境所构成的土壤之中，而这些才是一个说话者使用其主导语言的能力基础"。[①]

作为文化的产物，语言以直接或间接的方式反映了所属文化与语言使用者的价值观念、心理活动方式和道德标准。爱德华·萨丕尔（Edward Sapir）指出，语言是一种文化的产物，而非生物遗传功能的结果。掌握一门语言就意味着按照某个社会的传统体系来传达意义。如果一个人生活在自然环境中，他可能学会走路，但永远也学不会说话，因为他无法理解和认同特定社会所蕴含的文化因素。"言语这人类活动，从一个社会集体到另一个社会集体，它的差别是无限度可说的。因为它纯然是一个集体的历史遗产，是长期相沿的社会习惯的产物。"[②]

语言所反映的是特定民族和文化的思维方式。每一种语言都反映着其使用群体的世界观和价值观，以及他们的思维方式、价值观念、想法偏好等。为了更好地学习和掌握语言，我们需要了解特定的民族和文化。威廉·冯·洪堡特（Wilhelm von Humboldt）指出，语言是一个民族从事各类生产活动的工具，是一个民族的精神特性和智力特性的反映。语言并不是随意产生的，而是奠立在人的最内在本性的基础之上、由特定民族中的所有个体共同创造形成的。"语言仿佛是民族精神的外在表现；民族的语言即民族的精神，民族的精神即民族的语言，二者的同一程度超过了人们的

---

① ［法］海然热. 反对单一语言：语言和文化多样性［M］. 陈杰，译. 北京：商务印书馆，2015：130-131.

② ［美］爱德华·萨丕尔. 语言论［M］. 陆卓元，译. 北京：商务印书馆，1985：4.

任何想象。"① 从这种意义上讲，对外汉语教学尤其要关注中华文化的特殊性，关注来自不同文化背景的学生如何理解和认识中华文化。梁漱溟分析指出，与其他的文化相比，中华文化不仅表现出了差异性，而且"个性殊强"。"中国文化自具特征（如文字构造之特殊，如法学上所谓法系之特殊，如是种种甚多），自成体系，与其他文化差异较大。"② 与其他文化相比，中华文化的特殊性是对外汉语教学需要重点关注的内容。

语言是一种社会性的存在。在韩礼德（Michael A. K. Halliday）看来，语言与社会系统密切相关。两者之间的关系不仅仅是表达与被表达的关系，更是一种积极互动、相互创生的关系。"语言在被社会系统创造的同时，也在创造着社会系统。"③ 具体而言，可以从三个维度来理解语言的社会属性，即制度层面、系统层面和社会符号层面。从制度层面来看，语言是社会的隐喻，语言结构体现社会结构，积极地象征社会结构。从系统层面来看，语义系统有一个内在的组织，能够清楚地体现语言的各种社会功能。从社会符号层面来看，语言不仅通过词语和结构指称性反映社会现实，而且通过它内在的和外在的形式隐喻性地反映社会现实。

汉语是中华文化的载体，反映了中华民族特有的文化心理和价值倾向。胡明扬曾划分出六类会对汉语的学习和使用产生直接影响的文化内容，包括"梅雨""梯田"等自然地理词汇，"馒头""窑洞"等物质生活词汇，"状元""户口"等社会和经济词汇，"红娘""鹊桥"等精神文化生活词汇，谦辞、敬辞等风俗习惯和社会心态词汇，顺序组织等认知方式词汇等。④ 唐智芳则分析了汉语语音、词汇、语法、语用规则等因素所反映出来的文化意蕴。在她看来，汉语不仅是一种语言系统，更是一种文化代码，体现着汉民族的思维逻辑和精神特质，蕴藏着独特的民族心理和文化精神。⑤

---

① ［德］威廉·冯·洪堡特. 论人类语言结构的差异及其对人类精神发展的影响［M］. 姚小平，译. 北京：商务印书馆，1999：52.

② 梁漱溟. 中国文化要义［M］. 上海：上海人民出版社，2005：7.

③ ［英］韩礼德. 作为社会符号的语言：语言与意义的社会诠释［M］. 苗兴伟，等译. 北京：北京大学出版社，2015：207.

④ 胡明扬. 对外汉语教学中的文化因素［J］. 语言教学与研究，1993（4）：103-108.

⑤ 唐智芳. 文化视域下的对外汉语教学研究［D］. 长沙：湖南师范大学，2012：28.

　　语言学习不能脱离语言所产生的文化背景。对外汉语教学是一种语言教学，同时也是面向外国人开展的汉语作为第二语言的教学。这就决定了对外汉语教学必须借助于文化的阐释和分析来帮助学习者理解语言。语言的具体内容，包括语法、词汇、语义等，均需要借助于文化和历史来理解。其中的一种典型就是汉语中的惯用语。惯用语是日常生活中常用的固定词组。它通常来源于特定的文化和社会事件，通过比喻的方法获得了修辞转义，有鲜明的象征和隐喻意义。例如："开绿灯"指滥用职权为利益相关者提供方便，将交通信号灯的功能与权钱交换的腐败行为联系起来；"大锅饭"指计划经济体制中干好干坏一个样的平均主义现象，将职工在企业一起吃饭的现象与劳动报酬的分配机制联系起来。在这类情况下，如果不了解事件发生的文化背景和历史渊源，就很难理解这些概念。温晓虹指出，惯用语是语言特征和文化特征紧密结合的产物，所有的惯用语都有其文化特征，带有经济、社会事件的时代烙印，反映了特定的社会中人们不同的经验和态度。要想掌握和使用惯用语，理解隐含的语义和语用特征至关重要。①

　　语言学习的一项重要价值便在于增强文化意识。它不仅能够帮助我们了解其他民族的文化和思维方式，还能够帮助我们反思自己的文化和思维方式。在学习语言的过程中，通过分析和对比不同于我们自身文化的思维方式，我们可以更好地体认和理解自己的文化，进而促进文化间的相互包容。高本汉（Bernhard Karlgren）指出，每学会一种语言，就意味着多掌握了一种思路。语言帮助我们所打开的，不仅是文学、思想和美学的新领域，更是思维方式和表达方式的新路径。母语塑造了我们特定的思维方式和轨道；当我们进入其他语言的领地时，我们会重新认识自己的表达方式，从而达到一种更高的认识和理解水平。②

二、汉语学习情境的文化异质性

　　今天，在对外汉语教学中，文化的重要性已经得到了充分的认识。在

---

① 温晓虹. 汉语作为外语的习得研究：理论基础与课堂实践［M］. 北京：北京大学出版社，2008：343.

② ［瑞典］高本汉. 汉语的本质和历史［M］. 聂鸿飞，译. 北京：商务印书馆，2010：14.

教学过程中关注和呈现文化因素以增进学生对汉语的理解成为一种较为普遍的做法。但当前的对外汉语教学对汉语学习者的文化异质性仍然认识不足。白乐桑指出，汉语教学中普遍存在视野局限的问题，这些问题往往会导致汉语教学产生负面的效果。譬如，当我们介绍孔子的时候，汉语教师经常会将孔子描述为教师，将"仁义礼智信"概括为孔子的核心思想，并宽泛地说孔子思想的影响很大。但这类教学更多的是基于中国人的思维而设计的，经常会给留学生造成混淆的印象。从跨文化交际的角度，白乐桑更倾向于将孔子描述为一个思想家而非教师，将孔子的思想概括为"非宗教的人文主义道德"，而非"仁义礼智信"，凸显以孔子为代表的儒家思想在世界范围内的传播和影响，而非只是说影响很大。①

此类问题产生的根源，在于对外汉语教学对于各类文化相互间关系的认识问题。通常情况下，我们存在两种片面的假设，一是所有学生的文化是同质性的，二是各类文化是和谐共存的。作为对外汉语教学的文化观，这两种基本假设极大地损害了对外汉语教学的实效性。

文化同质性的假设认为：所有汉语学习者都能够以同样的方式理解中国的文化；在文化理解能力方面，他们所面临的困难是相同的；在教学中，要以同样的标准给他们提出学习要求，并期望他们能够以同样的方式达到要求。这种假设导致的问题，是许多对外汉语教师缺乏对学生文化背景特殊性的关注，无论教学对象是欧美学生，还是日韩学生，均采用同样的方式开展教学，而不考虑他们文化背景的差异。事实上，在通常所谓的"欧美"文化中，也分为欧洲文化和美国文化两大类，两者存在巨大的差异。此外，"拉美"的情况与北美有所不同，非洲的文化则差异更大。即便在亚洲范围内，以日韩为代表的东北亚文化与中亚、西亚、南亚等其他地区的文化也存在较大差异。

事实上，由于汉语学习者成长于不同的社会文化环境之中，他们会按照各自不同的标准和视角来看待汉语及其反映的中华文化。他们拥有特定的文化资本和思维方式，在个人的文化背景和学习体验的基础之上建构各自的汉语知识体系。认识和理解这些文化差异是开展对外汉语教学的前

---

① ［法］白乐桑. 跨文化汉语教育学 ［M］. 北京：中国大百科全书出版社，2018：64-67.

提。在此基础上，教育工作者应当将这些文化背景视为一种资源和优势，并充分开发与利用这些资源和优势以帮助他们更好地掌握新的知识。"学生必须有能力运用他们自己的社会和文化的思维过程，理解一切新的知识，不管这种知识是来自他们'家庭的'文化，还是更大的社会—文化，又或者是两者的某种结合。"①

文化和谐共存的假设认为：所有汉语学习者自身的文化都能够与作为目的语的中国语言文化及其他学习者的文化和谐共处。和谐共存的文化观体现在对外汉语教学中，就是忽视文化间的矛盾和冲突，将文化教学视为介绍和传播中国文化的过程。似乎只要把中国的文化讲清楚了，文化教学任务就完成了。根据这种文化观，对外汉语教学在文化能力方面所要解决的主要问题是弥合学生既有的文化理解能力与需要达到的文化理解能力之间的差距。

值得注意的是，当不同的文化相遇时，往往会出现矛盾和冲突的现象。研究发现，孔子学院在推广和建设的过程中曾一度面临困境，一些负面评价构成了不利的舆论环境。其根源之一便在于不同文化间的矛盾和冲突。② 对外汉语教学必须正视文化的差异性、复杂性和冲突性。事实上，在对外汉语教学中，不仅学习者自身的文化与作为目的语的中国语言文化之间存在差异和冲突，学习者与教师之间、学习者相互之间都存在文化差异和冲突。这种差异和冲突是一种常态。这就决定了对外汉语教学要正视这些文化差异和冲突，采取措施引导其朝着特定的方向发展，而不是简单回避。

即便在中华文化内部，也存在传统与现代、城市与农村、区域与区域等不同类型的文化差异。而且，这些文化相互间也存在矛盾与冲突。当教师给学生呈现出某一种特定的文化类型时，可能会掩盖或贬低其他一些文化。伊斯雷尔·谢弗勒（Israel Scheffler）指出，潜能之间并不是和谐一致的，一种潜能的实现往往会排斥另一种潜能的实现。"对于许多种生活来

---

① ［美］珍妮·奥克斯，［美］马丁·利普顿. 教学与社会变革［M］. 2 版. 程亮，丰继平，等译. 上海：华东师范大学出版社，2008：85.
② 李开盛，戴长征. 孔子学院在美国的舆论环境评估［J］. 世界经济与政治，2011（7）：76-93，157-158.

说，真实的情况是，选择了其中的一种，就排除了其他种。选择既是肯定性的，同时也是排他性的。因此，那种认为能够全面实现一个人所有潜能的观点既不符合事实，也不能减轻教育的责任。"① 因而，教师如何关注和重视文化之间的矛盾和冲突，根据课程标准、时代特性、学生情况等因素选择适当的文化开展教学，并适时对学生进行引导就显得尤为必要了。

三、教学设计改进的文化情境理据

以文化情境为理据来改进对外汉语的教学设计，首先要关注汉语的文化特性。白乐桑认为，汉语教学中所涉及的文化包括三个方面，分别是词语文化、文字文化和习俗文化。其中，词语文化指的是汉语的词语所包含的文化元素和内容，文字文化指的是汉字所包含的文化元素和内容，习俗文化指的是传统节日、风俗习惯等文化。在当前的对外汉语教学中，经常会出现对文化狭隘化的理解，将文化限定在习俗文化的范畴内。由此导致的结果，就是知识文化边缘化、文化点边缘化和文化话题边缘化了。②

在语言的呈现方式上，汉语也有其典型特点。把握和认识这些特点将有助于学习者更好地学习。正如爱德华·萨丕尔所言，"每一种语言本身都是一种集体的表达艺术"。③ 作为语言，英语有英语的特性，汉语有汉语的特性。它们蕴含着各自的语言特性，表现在语音、节奏、象征、形态等诸多方面。在对外汉语教学中，我们借鉴和吸收了大量有关英语作为第二语言教学的理念和方法，其中许多内容并不符合汉语的特点。施正宇分析指出，英语教学是词本位的教学，将词汇教学和语法教学置于教学的中心地位。在这种理念的影响下，对外汉语教学也遵循了以词定字的原则，对外汉语教材几乎都采取了课文、词表、注释、练习的编排体例。对外汉语教学的基本特征是以词为对外汉语教学的起点，以汉语语法的结构顺序为基本框架，根据词的使用频率来安排教学顺序。这种教学模式存在的致命

---

① ［美］伊斯雷尔·谢弗勒．人类的潜能：一项教育哲学的研究［M］．石中英，涂元玲，译．上海：华东师范大学出版社，2006：15.

② ［法］白乐桑．跨文化交际的若干问题：以中国语言文化国际传播为例［J］．文化软实力研究，2017，2（2）：37-45.

③ ［美］爱德华·萨丕尔．语言论［M］．陆卓元，译．北京：商务印书馆，1985：201.

弱点，就是"把词看作是汉语教学的唯一单位，忽视了用来写词的汉字的构形规律以及作为意义单位的语素的语义特征和构词能力"。①

现代汉语的书面呈现方式是由左至右横向排列，且字与字之间等距离呈现。这对以汉语为母语的人来说，已经习以为常。但对母语为拼音文字的留学生来说，是一个不小的挑战。以"发展中国家用电脑"为例，留学生既可以读作"发展/中国/家用/电脑"，也可读作"发展中/国家/用/电脑"。不同于拼音文字的以词为单位，汉语属于一种"非形态语言"，或者是一种"形态不那么丰富的语言"。因而，对于许多文化背景差异较大的学生而言，要判断汉字是否构成了词汇是一个较大的挑战。

其次，要关注汉语学习者对汉语的认知差异。在语言使用的偏好上，不同文化背景的学习者表现出了较为明显的差异。江新和李璧聪研究发现，在语块的使用方面，不同母语背景的学生存在明显差异。相较而言，母语为泰语的学习者较少使用语块，准确度也较低；母语为韩语者使用语块的情况较多，但丰富度较低。受到母语搭配方式的影响，母语为韩语的学习者经常会出现"做干杯""做登山"等错误。母语为泰语的学习者更倾向于尝试使用成语语块，但也容易引发此类错误。② 此外，性别、种族、阶级、生活经历等文化背景因素都会对学习过程产生影响，促进或阻碍学习活动的进程。

在汉字的识别上，汉字文化圈内外的学习者认识汉字的能力存在较大的差异。日本、朝鲜、越南等国家的学习者在日常生活中会接触到很多汉字，有时还会在生活中使用汉字，甚至具备一定的汉字认读和书写基础。而汉字文化圈之外的学习者则会在认读汉字上面临较大的挑战。他们在视觉系统上就要让眼睛习惯"点、横、竖、撇、捺"等组合表示意义的方式。研究发现，与欧美留学生相比，日本留学生能够更好地发现和利用构词法信息和语境信息，并利用自己的文化背景知识对这些信息进行加工

---

① 施正宇. 从汉字教学看对外汉语教学中的本位问题 [J]. 民族教育研究，2010（6）：104-110.

② 江新，李璧聪. 不同语言水平和母语背景的汉语二语者语块使用研究 [J]. 解放军外国语学院学报，2017（6）：36-44，158.

整合。①

最后，要着力寻找文化的共通性，以此来改进教学设计。在跨文化交际的过程中，由于参与者来自不同的文化背景，而且他们会根据自己文化背景所设定的诠释框架来获取信息和参与互动，因此，他们很容易变得困惑和紧张。事实上，文化不仅是学习的环境背景，而且对学习活动产生着重要影响。文化的结构特征直接影响了人们的心理功能和思维方式，人们所理解的主要概念、思想、交流手段、世界观都受到所处的文化环境的影响。在此情形下，参与者会竭力从语境中获取提示性的信息。"在不同文化背景下，互动者都会使用多样的线索来推进并维持言语事件中的互动。这些语境化提示（contextualization cue）表明我们处在某种言语事件中。"②

今天，促进全球共赢共享发展成为各国人民的共同福祉。面对经济危机、生态失衡、网络安全、恐怖主义等世界性难题，任何一个国家和地区都无法单独应对。只有树立起整体意识，从全球视野的角度审视这些问题并共同采取积极的应对措施，才能够克服这些难题。在 2015 年的报告中，联合国教科文组织提出了强化"全球共同利益"的倡议。在这份报告中，"全球共同利益"被视为人类在本质上共享并且互相交流的各种善意，是人类通过相互间的紧密团结和合作而促进自身幸福实现的要素。③ 中国作为全球第一人口大国和第二大经济体，在构建全球治理体系中发挥着无可替代的重要作用。外国人在学习汉语的过程中存有共同的价值基础。对外汉语教学设计要寻找这种价值和文化的共通性以增进学习者对汉语的理解。

---

① 江新，房艳霞．语境和构词法线索对外国学生汉语词义猜测的作用 [J]．心理学报，2012（1）：76-86.

② ［美］莎伦·K. 德克特，［美］卡罗琳·H. 维克斯．社会语言学导论：社会与身份 [M]．何丽，宿宇瑾，译．北京：中国书籍出版社，2015：106.

③ 联合国教科文组织．反思教育：向"全球共同利益"的理念转变？[M]．联合国教科文组织总部中文科，译．北京：教育科学出版社，2017：69.

第三章　汉语学习活动的客体设计

在活动系统中，客体是主体作用的对象，同时也是活动系统的标识。它表现为特定的文化场域、问题情境、学习任务等。为了促进学习活动的形成，教师需要将教学目标转化为学生作用的客体。教师需要设计出特定的文化场域、问题情境或学习任务，让学生参与其中。不过，只有当学生真正参与进来、将它们转化为自己作用的对象时，客体才能真正形成。换言之，无论教师如何精心设计，只有学生意识到客体的存在并在行动上对客体产生作用时，学习活动中的客体才能够真正形成。在汉语学习活动中，客体的设计要以"行为表现区"的理念为依据，注重促进学习者汉语能力的可持续发展。为了促进客体的形成，在设计时要注意到外国人的学习动机。同时，汉语学习活动的客体要在语言交际中进行横向拓展，实现语言交际能力的发展。

第一节　促进语言能力可持续发展的活动客体

语言能力的发展是一个持续性的过程。在活动客体的设计上，应当坚持可持续性的原则，通过客体的持续性转化带动语言能力的持续性发展。"为了形成新的活动动机，首先要建立新的、拓展性的客体。这是促进工作开展、拓宽发展维度的基础。客体的拓展最终将实现可持续性的转化。"① 在理念上，应当基于"行为表现区"来设计客体，让学习者在中介工具的帮助下能够解决超出自己能力范围的语言问题。在形成过程上，客体要经历一个从模糊到具体的过程，模糊性应当成为客体设计的一项原则。此外，客体的转化表现为活动的转化和新活动的出现。随着学习者不断地对客体进行加工和改造，新的客体会不断出现，同时带动拓展性学习的实现。

一、基于"行为表现区"的客体设计理念

在维果茨基所提出的"最近发展区"的理论基础上，第三代活动理论提出了"行为表现区"的概念，并将其作为设计客体的指导性理念。② 维果茨基在分析儿童的学习活动时，曾将儿童的发展水平划分为两个层面。第一个层面是儿童已经达到的发展水平，表现为儿童独立解决问题的能力。第二个层面是儿童可能达到的发展水平，表现为儿童在成人或同伴的帮助下解决问题的能力。维果茨基认为，这两个发展层面之间的区域就是"最近发展区"，它意味着儿童发展的潜力，同时也是教学的价值所在。为了促进儿童的发展，教学要走在儿童发展的前面，促进儿童跨越"最近发展区"。"教学不仅能跟随发展，不仅能与之齐步并进，而且走在发展前面，将它推向前进，导致新事物的产生。这是极为重要的，是极其可贵的。"③

在恩格斯托姆看来，"最近发展区"的理论在帮助我们理解"发展"的含义上有着重要意义。不过，"最近发展区"是从纵向层面来解释"发展"的，它只是将更高的能力或水平视为发展。但事实上，学习者在自己能力范围之外进行的探索，都蕴藏着发展的可能。"我发现，更有价值的做法，是将这一区域视为一个可以用来停留和探索的活动地带，而不仅仅

① Engeström Y. Expansive Visibilization of Work: An Activity-Theoretical Perspective [J]. Computer Supported Cooperative Work, 1999, 8 (1): 63-93.

② Lompscher J. Activity Formation as an Alternative Strategy of Instruction [M] // Engeström Y, Miettinen R, Punamäki R. Perspectives on Activity Theory. New York: Cambridge University Press, 1999: 266.

③ [苏] 维果茨基. 维果茨基教育论著选 [M]. 余震球，译. 北京：人民教育出版社，2005：228.

是一个需要达到或需要穿越的空间。我们可以在这一区域内开展活动。我们可以朝着各个方向、采取多种模式开展活动。"①

根据"行为表现区"的理念，在难易程度的把握上，客体的设计应当超过学习者已有的能力范围，但学习者借助于中介工具或他人的帮助则能够达到。教师为学生所设计的客体，应当超过学生的能力范围。换言之，学习者仅凭已有的知识和技能无法解决当前的问题情境。但是，学习者已经具备的知识和技能应当能够帮助他们理解问题情境。而且，在他人的帮助下，或是借助于中介工具的使用，学生应当能够解决问题。

根据"行为表现区"的理念，在设计客体时，关注重心应当从"应知"转向"已知"。这是因为，为了准确地把握"行为表现区"，教师不仅要对教学目标进行研究，而且要对学生已经掌握的知识和技能进行分析。我们首先要明确教学内容的具体定位，然后分析学生的学习基础，通过比较两者之间的差距确定学生的学习客体。譬如，在对外汉语教学中，当我们要教授一般疑问句"吗"字句时，首先要对教学内容进行分析。"吗"作为语气助词通常用于句子的末尾，表达疑问语气，句末的标点符号一般为问号，例如："你是学生吗?""你有中国朋友吗?"在难易程度上，一般疑问句"吗"字句属于零起点的汉语学习者在学习初期需要掌握的知识点。根据《国际汉语教学通用课程大纲》中附录四"常用汉语语法分级表"，零起点的汉语学习者在学习初期，就必须掌握一般疑问句"吗"字句。

另外，我们要分析学生的学习基础。在学习一般疑问句"吗"字句之前，学生已经学习并掌握了简单的动词谓语句，即"主语+是/有+宾语"，例如："王明是中国人。""我有一个好朋友。"但是，在教师引入新语言点"吗"字句之前，学生无法根据已有知识准确地说出一般疑问句"吗"字句表达出疑问的语气。接下来，学生可以借助于中介工具的使用，开展尝试和探索。具体的方法有很多，如句式范例的呈现、汉英对比的方式等。

"行为表现区"的客体设计理念充分尊重了学习活动的复杂性和不确

---

① Engeström Y. The Future of Activity Theory: A Rough Draft [M] // Sannino A, Daniels H, Gutiérrez K D. Learning and Expanding with Activity Theory. New York: Cambridge University Press, 2009: 312-313.

定性。从方向上看，不同于"最近发展区"的垂直上升，"行为表现区"为学习活动的方向留下了多维空间。学习活动的方向是由学习活动的客体决定的。由于学习活动的客体表现为一个处于移动和变化之中的目标，因此，学习活动的方向也会随之发生变化。从内容上看，"行为表现区"将确定性的内容转化为不确定性的内容。"行为表现区"推动学习成为一个不断创新的过程。在学习的过程中，学习者不是通过重复性的训练掌握一些现成的知识，而是要主动寻找和开拓新的学习内容，在不同的领域中实现跨越。从结果上看，学习活动的结果也具有不确定性，所教不等于所学。学习者通过参与学习活动所掌握的知识和能力未必符合教学的意图。

二、从模糊到具体的客体形成过程

在活动系统中，客体的形成需要经历一个从模糊到具体的过程。客体是相对于活动主体而言的。只有活动主体开始对客体发挥作用，客体才能够真正形成。在开始的时候，活动客体是相对模糊的，它需要经过解读和分析的过程变得越来越明确。在此过程中，活动客体一步步被赋予了个人情感和文化意义。恩格斯托姆指出，客体起初只是特定情境中的"原材料"，它表现为特定的问题或困境，但并没有被充分地意识到，也没有以清晰的形态呈现出来。然后，活动客体被逐步赋予特定的意义，开始成为活动系统中活动主体作用的对象。最后，活动客体的形态变得非常具体，成为活动主体共同作用的对象。①

在活动开展的过程中，活动客体始终处于变化和拓展之中。随着活动主体认识的变化、新的活动参与者的加入、活动规则的改变，活动客体也会发生相应的改变。恩格斯托姆曾以医院看病为例对客体的演变过程进行分析。他指出，当某个病人走进医生的办公室时，医生所面对的客体是一个相对模糊的"原材料"，因为他并不清楚病人的情况。在经过问询和检查之后，医生开始对病人的病情进行诊断，形成相对明晰的客体，对疾病的类型和严重程度有了一定的认识。然后，在与其他医生、护士、病人、

---

① Engeström Y. Expansive Learning at Work: Toward an Activity Theoretical Reconceptualization [J]. Journal of Education and Work, 2001, 14 (1): 133-156.

病人家属的相互交流中，医生逐渐掌握了病人的生活背景和诊疗历程，一个潜在的共同客体开始形成。因而，活动的客体是一个处于变动过程中的对象，而不能简化为某个特定时期的目标。①

从模糊到具体的过程，是活动主体把握客体内在本质特征的过程，它体现并促进了学习者能力的提升。乔基姆·隆普谢尔（Joachim Lompscher）指出，客体的形成需要活动主体的积极建构。为了使客体实现具体化，活动主体需要对客体的内在结构进行分析，寻找客体的本质特征和内在关联。在以"传递策略"为主要特征的学习中，学习者主要靠经验来解决问题。他们所掌握的是教师以固定形式教授的知识和技能，然后以试误的方式进行尝试。在这种情况下，学习者的关注点是问题的表象。通过这种方式所掌握的能力可以解决一些浅层次的简单问题，但无法解决深层次的复杂问题。特别是在遇到未知的领域或问题时，就会难以应对。乔基姆·隆普谢尔强调，建构客体需要的是一种理论概括的能力，其着眼点在于把握事物的本质特征，从而促进学习者内在能力的提升。"在积极建构客体的过程中，如果学习者自己提炼出了事物的本质属性，他们就掌握了这种理论概括的能力。"②

活动理论所要创设的问题情境是能够对学生构成挑战的问题情境，是学生凭借自己已有的能力和经验无法解决的问题。学生需要通过选择和利用中介工具来自己解决问题。在设计"向陌生人借用铅笔"这一交际活动时，教师只需要设定这样一个问题情境即可，不需要列出具体的对话内容。对于学生而言，他们虽然能够理解交际活动的大体要求，但对于完成"借用铅笔"这一任务需要使用哪些语言、应当遵循哪些交际规则不甚清楚。换言之，他们没有明确自己究竟应该如何做，不清楚客体的具体内容。通常，即便学习程度较高的学生也只能说出简单的汉语形式，例如"请问""你有铅笔吗?""谢谢"之类表达意义非常有限的汉语句子。

---

① Engeström Y. Expansive Learning at Work: Toward an Activity Theoretical Reconceptualization [J]. Journal of Education and Work, 2001, 14 (1): 133-156.

② Lompscher J. Activity Formation as an Alternative Strategy of Instruction [M] // Engeström Y, Miettinen R, Punamäki R. Perspectives on Activity Theory. New York: Cambridge University Press, 1999: 269.

接下来，学生要使客体变得具体化。为了帮助学生更好地认识客体，教师需要提供一些中介工具。这些中介工具的价值在于帮助学生一步步明确客体，使其变得具体化。为了帮助学生解决"向陌生人借用铅笔"的交际问题，教师可以提供一些中介工具，如图片、短视频、基本句式等。通过相互研讨，学生可能会将"向陌生人借用铅笔"的交际活动具体分为若干个子活动，包括询问活动、请求活动、感谢活动等（图3.1）。这些活动是完成整个交际活动的必要环节。"询问"活动代表着说话人通过"询问"的言语行为，从听话人那里获取自身所需要的信息。"请求"活动指说话人通过其言语行为，礼貌地表达出对于听话人接下来行为的一种期望或意愿。"感谢"活动是指说话人通过言语行为礼貌地对听话人的行为表达出一种感激之情。此时，活动客体已经开始实现了具体化，但在程度上还没有达到要求。

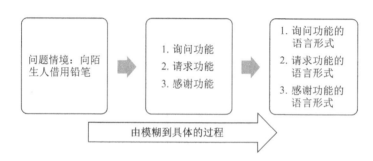

图 3.1　从模糊到具体的客体形成过程（示例）

在这个交际活动中，客体的具体化过程表现为学生思考并确定最终的语言表达形式，包括词汇、短语、语法结构等。具体而言，为了完成"询问"活动，学生需要学习并掌握一些特定的语言形式。其中，词汇有"铅笔""请问""你"等。语法结构有正反疑问句"主语+有没有+宾语?"、一般疑问句"主语+有+宾语吗?"等。为了完成"请求"活动，学生需要掌握一些特定的语言形式。其中，词汇有"帮助""可以""借""还"等。语法结构包括，表示请求允许的句式"你可以帮助我吗?"，表示因果关系的复句结构"因为……，所以……"，双宾语句"主语+借+间接宾语（我）+直接宾语（铅笔）"。此外，还涉及动量词"下"，如"用一下"，以及表示请求的附加疑问句"好吗? /可以吗? /行吗? /怎么样?"。为了完成"感谢"活动，学生需要掌握一些特定的语言形式。其中，词汇有"谢谢"，语法结构包括结果补语"动词+完/好"，表示感叹的句式"太+表情感的心理动词（感谢）+了！"，等等。

此外，对客体的认识和把握要超越个体层面，从更为宏大的社会文化的角度着手。恩格斯托姆指出，客体需要被进一步解读，需要被赋予个体意义，需要实现向社会范畴的转化。在恩格斯托姆看来，客体可以分为两类，一类是普遍化意义上的客体，一类是个人化意义上的客体。普遍化意义上的客体指的是客体的社会意义，个人化意义上的客体指的是与个人情况和意义相联系的客体。后者通常与特定的主体、特定的场景和具体的行为相联系。①

恩格斯托姆曾以医生治病为例进行分析。在医生治病的活动中，医生是主体，病人的疾病是客体。从传统意义上看，医生面对的客体是特定的"疾病"或"病人"。但事实上，疾病的情况是非常复杂的，从生理层面很难厘清。疾病往往是多种心理和社会因素共同作用的结果，包括病人的生活习惯、心理思维、家庭关系等。因此，"对客体的重构要求我们将病人置于他或她生活的特定情境之中，通过构筑'共同体诊断'的模型来进行分析"。②

三、在改造中不断演进的客体转化过程

通过将教学设计转化为学习活动设计，教学活动的各项内容均被赋予了新的意义，需要放到活动系统的框架下来理解和认识。其中一项重要转变就是要将教学目标转化为学习活动的客体。在传统的教学设计中，教学成效体现为教学目标的达成度。教学目标完成了，教学工作也就结束了。"在教育中，目标表明了我们想要学生学习的结果。它们是'期望学生通过教育过程后获得改变的方式的明确表达'。"③ 但随着学习活动成为教学

---

① Engeström Y. Studies in Expansive Learning: Learning What is Not Yet There [M]. New York: Cambridge University Press, 2016: 44.

② Engeström Y. Learning by Expanding: An Activity-Theoretical Approach to Developmental Research [M]. New York: Cambridge University Press, 2015: 259.

③ ［美］安德森，等. 学习、教学和评估的分类学：布卢姆教育目标分类学修订版 [M]. 皮连生，主译. 上海：华东师范大学出版社，2008：3.

设计的对象，教学成效主要表现为学习活动客体的转化。

作为区分活动系统的标识，活动客体的转化过程尤其值得关注。在传统的学习理论中，学习发生的标志在于学习者的变化，表现在认知、观念、行为等方面。但在活动理论看来，学习发生的标志不仅表现在学习者身上，更表现在活动客体上。活动客体会随着活动主体的认识变化而实现拓展和转化，这种转化是学习的重要表现。随着活动客体经历从模糊到具体的变化过程，随着活动主体对活动客体形成新的理解和认识，学习就发生了。而且，学习系统要以产生新的活动为指向。当活动客体的变化达到一定程度的时候，整个活动系统也会随之改变，从一个活动系统进入另一个新的活动系统。随着学习者从一个学习活动进入下一个学习活动，学习者的知识不断丰富、能力不断增强。通过活动系统之间的联系，学习者的知识和能力也建立起了相应的联系。

与教学目标相比，作为教学活动系统一部分的活动客体具有下述特点。第一，活动客体具有可持续性，而教学目标具有终结性。教学目标通常被视为学生预期的学习结果。当学生达到了特定的标准或掌握了相应的知识技能之后，教学目标便得以实现。接下来，就要开始设计新的教学目标。新的教学目标与旧的教学目标也许存在一定程度的联系，但分属于不同的教学系统。而在活动系统中，活动的过程是连续在一起的。一个教学活动与其他教学活动存在密切的联系。它们可能存在潜在的共享客体，引导它们作用于同一个对象。它们可能相互间发生作用，共同促成新的客体的产生。以恩格斯托姆为代表人物的第三代活动理论已经把系统相互间的互动作为研究对象，将活动系统纳入宏大社会背景之下进行分析，着力描绘和揭示真实生活情境中的活动。①

根据活动理论的观点，以教学目标为导向的教学只能被称为行动，而不能算作活动，因为它缺乏内在的整体性和连续性。活动是可持续的、客体导向的。在活动系统中，活动客体是活动主体作用的对象，活动结果是教学活动的产品。教学工作的重心不是预先设定的教学目标，而是活动的客体。活动客体是划分活动的依据，一个活动就是指向某一客体的某种形

---

① 吴刚，马颂歌. 工作场所中拓展性学习的研究［M］. 北京：清华大学出版社，2016：77.

式的行为。列昂捷夫指出，对象是活动的基本单元。为了更好地辨识活动的范围，有必要对活动的对象进行区分。"一种活动与另一种活动的区别，主要在于其对象的差异。须知，正是活动的对象才使它具有一定的方向性。"①

　　第二，活动客体可以随情境的变化发生改变，而教学目标则是相对固定的。在传统的教学设计中，教学目标是预期的学习结果，具有较强的稳定性。教学工作始终围绕着教学目标展开，教学目标的实现程度是评判教学成效的主要标准。但是，活动系统是一个连续体，活动始终处于发展演化之中。活动客体是处于历史演进之中的活动系统的客体，而非某个特定时刻主体所要采取的行动的客体。活动理论主张以一种动态的思维分析教学活动，将精力聚焦于活动客体的设计上，同时关注活动客体的发展演化过程。与相对固定的教学目标相比，随情境而不断变化的活动客体是活动理论关注的焦点。

　　第三，活动客体是活动主体直接作用的对象，它可以转化为活动主体的动机，但教学目标则往往会脱离活动主体而存在。在传统的教学设计中，教学目标的设定可以独立于学习主体而存在，它往往是学科专家或者教师遴选和设定的，学习者拥有的话语权非常有限。但在活动系统中，客体是主体参与活动的理由和动机。相较于教学目标的设定，活动理论更看重学习动机在维护和促进活动发生过程中的作用。在维果茨基的心目中，动机是人们的欲望和需要，兴趣和诱因，激情和情绪。动机是思想产生的根源。只有揭示出人的情感和意向，才能够真正和完全理解别人的思想。维果茨基强调，学习动机是学习发生的必要条件，教学活动应注意充分调动学生的学习动机。"动机先于活动，这不仅对个体发生方面是正确的，对每一次谈话，每一个句子也是正确的。每一个句子，每一个谈话之前应先有言语的动机——我为什么说话，这一活动是从什么情感动机和需要的源泉吸取养分的。"②

---

①　[苏] 阿·尼·列昂捷夫. 活动 意识 个性 [M]. 李沂，等译. 上海：上海译文出版社，1980：68.

②　[苏] 维果茨基. 维果茨基教育论著选 [M]. 余震球，译. 北京：人民教育出版社，2005：235.

列昂捷夫指出，让学生意识到教学目标对于自身的重要意义，并不足以调动他们的学习动机。教师真正需要做的，是将相应的教学目标转化为一个或多个活动客体，让学生在客体的引导下一步步实现目标。换言之，要借助于学习动机的力量促成学生学习行为的产生。"要激起兴趣，用不着先指出目的，然后再在动机上去证实这个目的方面的行动，而是相反，要形成动机，以后使有可能在这种或那种物体内容中找出目的（通常是中间的与'间接的'目的）。"①

恩格斯托姆对客体转化的维度进行了分析，提出了可能的四个维度，分别是"社会—空间"维度（Social—Spatial）、"预测—时间"维度（Anticipatory—Temporal）、"道德—意识形态"维度（Moral—Ideological）和"系统—发展"维度（Systemic—Developmental）。"社会—空间"维度重在回答的问题是"还应该把谁包含在内？"。"预测—时间"维度重在回答的问题是"过去采取过哪些措施？将来还要采取哪些措施？"。"道德—意识形态"维度重在回答的问题是"谁对此负责？谁做出决定？"。"系统—发展"维度重在回答的问题是"这会对活动系统的未来产生怎样的影响？"。②

总之，通过将教学目标转化为活动客体，活动理论充分肯定了学习者在学习活动中的主体地位。对于活动系统而言，主体、客体、中介工具等因素是必要的构成成分，它们相互之间保持着密切的互动关系。一旦其中某些必要成分出现缺失，或者相互间没有了互动关系，活动就不再是活动，而变成了行动或操作。这也就意味着，活动主体与活动客体是相互依存的关系。客体只有在活动中才能够作为客体而存在；离开了特定的活动系统，客体便失去了其作为客体的性质。而且，客体本身就是在主体的推动下形成的。在学习活动中，如果外在的教学目标不能够转化为活动客体，学习活动就不会发生。

---

① ［苏］阿·尼·列昂捷夫. 活动 意识 个性［M］. 李沂，等译. 上海：上海译文出版社，1980：227.

② Engeström Y. Expansive Visibilization of Work：An Activity-Theoretical Perspective［J］. Computer Supported Cooperative Work，1999，8（1）：63–93.

第二节　与外国人学习动机相整合的活动客体

客体是活动主体作用的对象；同时，客体蕴含着活动主体的动机。在活动系统中，"客体"是个体和共同体选择参与活动的理由，是将各个要素融合到活动系统之中的东西。"在文化—历史活动理论看来，活动客体的概念不仅能用于分析人们在做什么，也能用于分析他们为什么这么做。"① 事实上，在俄语中，"客体"一词有多种含义，其中一项便是动机。只不过当其被翻译为英文时，失去了原有的一些含义。

在设计汉语学习活动的客体时，应当注重体现其与汉语学习者动机的结合，使其真正成为学习者有意识作用的对象。在指向上，要重点关注学习者的语言需求；在话题的选择上，要注重吸纳交际话题；在文化环境上，要着力引进现实语境的元素。

一、从课程标准到语言需求

通常教师在开展教学之前，要制定学生的学习目标。他们需要考虑到多方面的因素。吴刚平指出，学习目标的制定应当考虑政策、学情和实践等多方面的要求。其中，与课程和教学相关的政策文件是政策依据的来源，包括课程标准、学科教学指导意见、教材、考试说明等；学生的个人背景、知识基础和学段关联知识是学情依据的来源，需要通过学情分析来掌握；教学实践状况是实践依据的来源，涉及教师的教学经验、教学过程等实际情况。"学习目标的各种依据并非齐头并进地功能最大化就能发挥出整体最佳的功能，而是各种依据之间以一种科学合理而又切实可行的结构关系组织起来，经过系统叠加和耦合之后，才能发挥出具有学校和学科个性特点的'1+1>2'的整体最优功能。"②

在这三者之间，政策反映了国家或专业组织对学生学习结果的统一要

---

① Vetoshkina L. Anchoring Craft: The Object as an Intercultural and Intertemporal Unifying Factor [J]. Helsinki Studies in Education, 2018 (37): 25-55.

② 吴刚平. 学习目标的多重依据及其关系 [J]. 全球教育展望, 2013 (3): 11-16.

求，学情反映了学生的实际情况，实践是教学开展的特定场域。在学校教育中，课程标准通常被置于首要地位。它为教师的教学提供了目标方向，同时也确立了教学质量的底线。① 对于对外汉语教师而言，学习目标的制定也要符合多方面的要求。在政策方面，对外汉语教师要根据课程标准或教学大纲的规定组织教学活动，确保学生学习的结果达到一定的标准。具体的标准包括国家对外汉语教学领导小组办公室（简称"国家汉办"）制定的《高等学校外国留学生汉语教学大纲（长期进修）》《高等学校外国留学生汉语教学大纲（短期强化）》《国际汉语教学通用课程大纲》，孙瑞珍编写的《中高级对外汉语教学等级大纲》等。在学情方面，对外汉语教师要根据汉语学习者的特点和具体要求组织教学活动，帮助学生达到所期望实现的能力。在实践方面，教学条件、环境、师生关系等都是需要考虑到的因素。此外，教学活动通常是多位教师合作开展的，他们承担具体的课程和教学科目，存在特定的分工。

在对外汉语教学中，有必要将更多的精力放到满足学习者的语言需求上，强化教师对学生和其他教师所承担的责任。这是因为，对外汉语教学不是一种强制性的国民教育，而是建立在学习者语言使用需求和兴趣基础上的一种教育形态。语言需求决定了语言是否具有国际传播价值，语言国际传播的需求决定了语言国际传播的价值。② 教学大纲及各类汉语水平等级标准为对外汉语教学提供了重要参考，但汉语学习者的实际需求更值得关注。"要想真正了解并学会一种语言，就不仅是将语言作为沟通和交际之工具，还要对其文化产生共鸣，文化是吸引学习者学习语言，并乐之、好之的根本因素。"③ 特别是为了推动汉语学习共同体的形成和发展，应当强化教师对于同行和学生的责任，让他们相互交流以更好地满足学习者的教育需求。

在活动理论看来，客体反映学习的动机，活动客体的设计应当考虑其

---

① 崔允漷. 课程实施的新取向：基于课程标准的教学［J］. 教育研究，2009（1）：74-79，110.

② 吴应辉. 让汉语成为一门全球性语言：全球性语言特征探讨与汉语国际传播的远景目标［J］. 汉语国际传播研究，2014（2）：1-12，213.

③ 赵金铭. 国际汉语教育中的跨文化思考［J］. 语言教学与研究，2014（6）：1-10.

与学习动机的整合。在对外汉语教学中，动机的价值尤为重要。外国人学习汉语通常会面临巨大的困难和挑战，调动和激发他们的学习动机是确保对外汉语教学成功的关键。

为了使活动客体与外国人的学习动机相整合，首先，要认识到关注学习者语言需求的重要性。在学习汉语时，外国学生有其特殊性，他们有着特有的学习方式、学习动机和学习特性。同样是外语学习，对外汉语教学的这些特点与我国的英语教学存在较大差异。英语是我国国民教育体系的重要组成部分，也是中小学生必修的"主要考试科目"。在这种背景下，学生对英语课程的重视程度非常高，学生学习英语的动机也比较强。英语课程教学要严格按照课程标准来组织和实施。因此，我国英语课堂教学中对学生提出的要求也比较高。

在对外汉语教学中，学生的学习需求非常多元。大部分学生的学习动机并不是非常强，按照英语教学的标准开展对外汉语教学只能适得其反。汉语学习者的学习动机复杂且具多元性，非常个性化。丁安琪指出，机遇动机、经验动机、内在兴趣动机、职业发展动机和重要他人影响动机是来华留学生学习汉语的五种主要动机类型。① 对外汉语教师经常遇到的情况，是教授一个混合班级。在同一个班上，有着来自不同国家，具有不同文化背景，年龄相差悬殊，且学习需求非常多样化的学生。倘若严格按照课程标准开展教学，而不考虑这些内容对学生是否适用；倘若采用统一的标准要求每一个学生，而忽略了学生之间的个体差异，其结果必然是打击学生的学习动机。

其次，要分析外国人的汉语学习需求。不同的汉语学习者有着不同的学习需求。有些学习者的动机主要来自经济回报的考虑。语言能力是一类重要的人力资本，它可以转化为生产力。卢尔德·罗德里格斯-查穆西（Lourdes Rodriguez-Chamussy）等人指出，对于个体而言，掌握一门新的语言可以从两个方面获得经济激励。一方面是直接的激励，即获得高额的薪水。虽然学习一门语言要付出大量的时间和经济成本，但回报也非常明显。语言技能在劳动力市场上是产出性的，更好的语言技能能够带来更高

---

① 丁安琪. 来华留学生汉语学习动机类型分析［J］. 海外华文教育，2016（3）：359-372.

的预期回报。如果个体能够讲一个国家的主导语言，找工作会更容易，而且报酬也会更高。另一方面是间接的激励，即通过建立和加强人际网络关系获得更多的社会资本，从而降低相应的开支和花费。①

有些学习者主要因为兴趣而学习汉语，还有的学习者则因为文化传统而学习汉语。温晓虹研究发现，亚裔美国学生与非亚裔美国学生在学习汉语的动力方面存在明显的差异。相较而言，亚裔美国学生存在较强的同化动力，他们对于继承自己的文化传统存在较浓厚的兴趣，希望最后成为中华文化群体的一员。而非亚裔美国学生存在较强的工具动力，他们希望通过学习汉语获得更多的收益，但对汉语和中华文化本身的兴趣不够浓。②只有分析清楚这些学习者的汉语学习需求，才可能有针对性地开展教学。

最后，要利用外国人的汉语学习需求。在设计教学活动时，应尊重外国人汉语学习需求的多元化特点，不断激发他们的学习积极性。在很多情况下，我们严格按照课程标准开展教学，却没有考虑这些内容对学生是否适用；我们对学生提出了较高的要求，结果却打击了学生的学习积极性。

在对外汉语教学中，只有根据学习者的学习需求来开展教学设计，才能实现教学设计与学习动机的整合。白乐桑指出，在几乎每一个国家，都有非常权威的专家归纳和总结出所谓的"专家语法"；但对于第二语言学习者而言，这些语法的价值其实非常有限。相较而言，有助于调动学生学习兴趣的活动更有助于教学效果的达成。"不如组织一些影视小品或表演小品，老师设计出剧本，幽默一点儿的，最多两分钟，融入一些'把字句'。学生不一定会意识到他们在表演中运用了某个语法，但这样学生不仅会记住这个语法，而且还学会了运用，因为他们真正体会、感受到了这个语言现象。"③

---

① Rodriguez-Chamussy L, Lopez-Calva L F, Miyamoto K. 语言习得的经济激励［M］∥［法］布鲁诺·德拉·基耶萨，［美］杰西卡·斯科特，［美］克里斯蒂娜·辛顿. 全球化世界中的语言：为促进更好的文化理解而学习. 陈家刚，许玲，安琪，等译. 上海：华东师范大学出版社，2017：79.

② 温晓虹. 汉语作为外语的习得研究：理论基础与课堂实践［M］. 北京：北京大学出版社，2008：181-182.

③ ［法］白乐桑. 法国汉语教学的现状、教学标准、学科建设［J］. 孔子学院，2013（3）：44-49.

二、从教材话题到交际话题

话题是言语交际的参照点和出发点，它明确了言语交际的主题，为交际的范围设定了框架。话题能够激活一个特定的交际场域，为相关主体正确理解和交流提供语境。文旭指出，从性质上看，话题是语言交际的参照点，是谈论的出发点，是陈述的对象和句子关涉的对象。[①] 在对外汉语教学中，围绕特定的语言话题进行交际是提升语言能力的重要途径。但在采用教材中的语言话题时，对外汉语教师不可避免地会遇到教材话题与言语交际相割裂的问题。换言之，在话题的选材上，教材提供了基础性的资料，但语言学习往往涉及社会生活的方方面面，汉语学习者的多样化需求进一步凸显了两者间相割裂的问题。

首先，该问题表现为教材话题与学生的学习兴趣和需求存在着不一致之处。从性质上看，教材遴选话题的主要依据是学科的逻辑。它按照学科的知识体系精选出了一些特定的内容，按照螺旋上升的顺序来编排话题。学科性和系统性是教材话题的典型特征，为学生提供必要的知识框架是教材的主要任务。但对于汉语学习者而言，实用性和趣味性更符合他们的需求。研究发现，汉语学习者对话题的兴趣与他们的年龄、阅历、社会身份、经济状况、民族的文化等因素密切相关。如果遇到感兴趣的话题，他们参与的积极性会更高。通常，汉语学习者感兴趣的话题首先是以"自我"为中心的话题，然后是以"他人"为中心的话题，最后才是以"社会"为中心的话题。[②] 该文分析认为，这反映出汉语学习者深层次文化背景中的个人主义价值取向。朱志平研究发现，不同年龄段的学生对话题的选择存在不同的倾向。低年级的学生更喜欢内容相对具体的话题。随着年级的升高，他们越来越倾向于讨论内容抽象的话题。因而，在进行教学设计时，应当随学生年龄的增长而增加抽象话题，随年龄的下降而减少抽象

① 文旭. 语言的认知基础 ［M］. 北京：科学出版社，2014：160.
② 余千华，樊葳葳，陈琴. 汉语学习者话题兴趣及其与对外汉语教材话题匹配情况调查研究 ［J］. 语言教学与研究，2012（1）：23-29.

话题。①

其次，该问题表现为教材话题与真实的社会情境不一致。或者说，教材话题是具有相对局限性的，而真实的社会情境非常丰富。语言的素材来自社会生活的方方面面。对于个体而言，除在正规教育中听到或读到的句子、段落、文章以外，在生活中接触到的各类谚语、想法、习惯都可能转化为自己的语言素材。这些素材蕴藏着丰富的文化资源。而且，教材话题一旦确定下来，便成了固定的内容。但真实的社会情境始终处于变动之中。在学校环境中，学习者所要学习的内容是相对稳定的。而在生活环境中，学习者学习的内容会不断发生变化，相关主体会在参与社会生活的过程中促进新的知识的形成和增长。在生活环境中，各类不同的参与主体以各自的方式汇集和提供学习内容，从而拓宽了学习者的视野。埃蒂纳·温格指出，大多数发生在学校外的学习会借助于实践共同体的形式，促使各类主体在促进学习上发挥作用。"不同于课堂中每个人都学习相同的东西，实践共同体中的参与者以各种相互依赖的方式为实践共同体做出贡献，这些成为建构身份的材料。他们所学习到的东西允许他们为共同体的事业做出贡献，并围绕事业卷入到其他人当中。"②

最后，该问题表现为教材话题的有限性与话题转换的无限可能性之间的矛盾。在纷繁复杂的社会生活中，教材将一些特定的话题遴选出来作为教学依据。囿于教材的篇幅，这些话题总是有限的。但在真实的言语交际场景中，人们会对话题进行转换。在教学中，如果不支持话题的转换，学生可能失去提升能力的机会，话题的讨论范围也会显得非常局限。教师们意识到，教材的价值在于它能够整体性地呈现已有的知识和经验，但教材往往会简化大量的信息，尤其是知识的探究过程，从而可能阻碍学习者形成更为深入的理解。如果支持话题的转换，就存在一个程度的问题，即话题转换多少、新的话题讨论到何种程度最为合适。问题的关键在于，话题转换的可能性非常之多。有时是人物推动的转换，有时是场景推动的转

---

① 朱志平. 区域化汉语国际教育中教学设计的通则 [J]. 云南师范大学学报（对外汉语教学与研究版），2011（1）：6-12.

② [美] 埃蒂纳·温格. 实践共同体：学习、意义和身份 [M]. 李茂荣，欧阳忠明，任鑫，等译. 南昌：江西人民出版社，2018：255.

换，有时某个新颖的概念也会推动话题的转换。

为了解决教材话题的有限性与话题转换的无限性之间的矛盾问题，当前主要有两类解决方案。一类解决方案是拓宽教材话题的范畴。譬如，曹洪豫将教材中的话题分为主话题和次话题两种类型。其中，主话题是教材明确规定的主要讨论内容，次话题是交际情境中参与者关心的一些内容。在他看来，语言教材在指定主话题的同时，应当有意识地设定一些次话题供学习者讨论。例如，教材在设定"做客和拜访"的主话题时，可以同时确定"礼物轻重""养花""外语学习""全家福"等次话题。①

另一类解决方案是淡化教材的价值，同时加大教师的自主权。这种观点认为，教学设计者要充分认识到教材的有限性，根据教学的问题、任务和活动需要使用教材。在教学设计中，教师不仅要学会遴选教材，而且要学会遴选教材中的具体内容，使其能够在组织信息和提供练习方面发挥最大作用。格兰特·威金斯和杰伊·麦克泰格指出，教材既不是教学目标，也不是教学大纲，它只是教学的一种工具而已。教师的任务不是传递教材中的内容，而是将教材视为一种教学资源，利用它协助确定和完成教学目标。"即使是最好的教材，也许只能帮助我们实现一部分的预期结果，而许多目标的实现需要教师积极主动地、有创造性地确定适当的基本问题、评估以及体验活动来组织单元内容。"②

但是无论是拓宽教材话题的范畴，还是加大教师的自主权，都只能在一定程度上缓解矛盾，而未能从根本上解决上述矛盾。只有将教材话题转化为交际话题才能够拓宽视野，更好地激发外国人的汉语学习动机。

三、从课堂空间到现实语境

与其他类型的学习相比，语言学习的特殊性在于，语言是一种交际的工具，而交际活动总是在特定的语境中形成的。语言的意义只有放到特定的情境中才能得到有效认识。欧洲理事会文化合作教育委员会在其编写的

---

① 曹洪豫. 汉语高级口语教材的话题选择和互动交际：基于北大版《高级汉语口语》（上）三版历时变化的考察［J］. 国际汉语学报，2018，9（2）：233-245.

② ［美］格兰特·威金斯，［美］杰伊·麦克泰格. 追求理解的教学设计［M］. 2 版. 闫寒冰，宋雪莲，赖平，译. 上海：华东师范大学出版社，2017：257.

《欧洲语言共同参考框架：学习、教学、评估》一书中指出，作为一种思想表达方式，语言并不是中性的。语言交际产生于特定的语境之中，其形式和内容总是受到语境的影响。"所有的话语行为都产生于一定情境下的语境之中，产生于社会生活的某一领域，即社会活动范畴或兴趣中心点。确定学习者应用语言的领域对语言教学、语言评估和学习活动中选择情境、目的、任务、主题和文本等工作具有深远的影响。"① 在世界上众多语言中，汉语对语境的依赖尤为明显，这一特点在汉字、句法、语调等方面均有体现。在很多情况下，言外之意所传达的信息甚至会多于言语本身所传达的信息。"毫无疑问，汉字以其独具一格的形象、音象和意象，以其在组合中极富弹性的意会和联想功能，为'高语境'的理解提供了印欧系语言难以想象的坚实基础。"②

但课堂是一个相对狭窄和封闭的交际空间。对外汉语教学所发生的课堂空间与语言所发生的社会语境之间形成了一道藩篱。一方面，课堂空间为外国学生提供了一个安全、舒适，且能够获得指导和帮助的交流空间；另一方面，课堂空间限制了语言交流的范围，使语言的发生脱离了现实的语境。这样容易导致的一个问题是，留学生在课堂上表现得很好，却无法在现实中熟练地使用汉语。爱德华·霍尔（Edward T. Hall）强调，所有的语言都发生在特定的语境之中。我们经常看到，在外国通过英语考试的人，当他们真正进入美国的课堂听课时，听不懂英语是一种普遍现象；甚至不能在最基本、最简单的情景里用英语交流。"我们在研究中得出结论：世界任何地方的人都掌握着我们命名为'情景方言'的数百种方言。情景方言用于专门的情景架构之中，没有一种情景方言是课堂里传授的那种语言。更为重要的是，课堂是唯一能看到那种课堂用语的地方。"③

事实上，在现实语境中使用汉语的能力才是留学生真正需要掌握的能力。学习活动是一种社会生产实践，它发生在充满多样性和复杂性的社会真实世界之中。留学生学习汉语的目的是更好地与人沟通交流，他们的能

---

① 欧洲理事会文化合作教育委员会. 欧洲语言共同参考框架：学习、教学、评估［M］. 刘骏，傅荣，等译. 北京：外语教学与研究出版社，2008：47.

② 申小龙. 中国语言文化研究的汉字转向［J］. 北方论丛，2013（6）：68-73.

③ ［美］爱德华·霍尔. 超越文化［M］. 何道宽，译. 北京：北京大学出版社，2010：116.

力体现为流利地使用汉语来表达观点和沟通信息。

对于个体而言，在语言交际的过程中，对语境进行分析并做出选择和判断是一项不可避免的任务。韩礼德指出，语言蕴藏着丰富的意义，这些意义的实现需要当事人根据语言使用的社会环境进行选择。他将语言使用的环境称为"社会语境"，并将其划分为三个部分，分别是话语范围、话语基调和话语方式。其中，话语范围指的是语言所处的社会活动，而且是能够被社会系统所认可的有意义的活动。话语基调指的是参与讨论者相互间的角色关系，而且是在特定情境中所产生的角色关系。话语方式指的是语言符号的组织方式，包括语言的表达渠道、媒介、修辞方式等。在韩礼德看来，这三种社会语境制约着当事人对语义中相关成分的选择。具体而言，话语范围制约着概念意义的选择，话语基调制约着人际意义的选择，话语方式制约着语篇意义的选择。① 如果脱离了这些具体的社会语境，语言的意义就无法被激活，交流的功能便会受到影响。

在对外汉语教学中，语境对汉语学习和汉语交际的影响尤为明显。在长期的发展历程中，汉语并没有走上追求复杂化的语法形式的道路，而是选择了征用句子上下文和语境中的线索以凸显语言的意蕴的道路。相较于其他类型的语言，汉语对语境的依赖性更强。在汉语中，字词的意义更多地要从词序、句子和上下文的联系中获取，而不完全取决于"语法范畴"和"语法属性"。要想准确地把握汉语字词的含义，必须重点关注语言单位的"实体意义"、语言单位的上下文和"语言运用"情况、语言单位"在句子里的位置"、语言单位的语境意义等。简言之，汉字是一种高度情景化的语言符号，汉语中字词的语法价值来源于词义的前后联系，来自句子的格局。在汉语中，依赖于联想而存在的暗示的比重要大于依赖于语法标记而获取的明示的比重。②

对于留学生而言，他们对语境的认识及从语境中获取信息的能力直接影响着他们的语言交际活动。因而，对外汉语教学有必要重点提升他们理

---

① ［英］韩礼德. 作为社会符号的语言：语言与意义的社会诠释［M］. 苗兴伟，等译. 北京：北京大学出版社，2015：159-160.
② 申小龙. 中文理解的功能主义：洪堡特汉语思想的现代启示［J］. 复旦学报（社会科学版），2015（4）：31-40.

解和把握语境信息的能力。徐子亮指出，语境制约着留学生语言信息的获取和语言表达能力。语境会对留学生识别字词产生影响，包括字词的性质、意义和速度等；语境会对留学生理解词语产生影响，包括词语信息的编码、储存和提取等；语境会对留学生理解句子、段落和文章产生影响，具体表现为修正读破、猜测词义、衔接缺省等。与此同时，语境所包含的各类要素，如语言交际者的社会身份、交际场所、交际话题等都会对外国人表达方式的选择、句式的选用产生较大影响。①

针对课堂空间与现实语境之间的藩篱，对外汉语教学中通常有三种应对方式。第一种是强调语言能力的普遍适用性，认为学生在课堂空间中掌握的语言能力可以转化到现实语境之中。根据这种观点，个体的语言知识和能力具有相通性，可以较好地在各类不同的语境中实现转化。对外汉语教学应该继续强化课堂教学以提升学生的语言能力。将来，也许学生在其他语境中需要有一个适应或转化过程，但不会构成严重的问题。表面上看，这种观点肯定了课堂学习的价值；但事实上，这是一种淡化问题的应对方式，在很大程度上忽视了语境对语言的影响。这种观点在一线教师中具有较大的影响力，从某种意义上讲成了教师们不关注语境的借口。

第二种应对方式是夸大现实语境的价值，主张对外汉语教学应当尽可能与现实语境接轨。这种观点强调，语言与现实生活存在着密切的互动关系。一方面，语言起源于现实生活。人们在日常交往中制造了语言，使之构成了一套能够指代客观事物的符号体系。借助于语言符号，人与人实现了交流互动。另一方面，随着语言的发展，它构成了现实生活中客观、真实存在的内容。在我们今天生活的世界中，到处都存在语言符号和象征。②当我们学习语言时，必须意识到语言与现实生活相互间密切的互动关系。这是因为，当学习与日常经验建立起较为密切的联系时，学习者更容易理解语言的应用范围和应用方式，从而促使学习迁移变得更容易。

根据这种观点，为了创设现实语境以提升学生的汉语能力，甚至可以

---

① 徐子亮. 语境在汉语作为外语学习中的认知作用 [J]. 南京大学学报（哲学·人文科学·社会科学），2000（5）：148-153.

② ［美］彼得·伯格，［美］托马斯·卢克曼. 现实的社会建构 [M]. 汪涌，译. 北京：北京大学出版社，2009：35.

将课堂直接搬到现实生活之中。在对外汉语教学中，由于学生置身于第二语言的生活环境之中，因而学生的学习随时随地都会发生，而教学就要开发和利用这些资源以促进学生的学习。在日常生活中，学生与同学的交往，与商店售货员、快递员、出租车司机等各类社会群体的交往都会促进他们的学习。需要注意的一点是，这些学习的结果未必是教学的结果。学习结果与教学结果之间可能相关，也可能不相关；可能正相关，也可能负相关。只有当学习结果与特定的教学结果或教学目的相一致时，才可以认为实现了教学目的。而对外汉语的教学设计需要对教学目的进行明确的设定，并通过一系列干预措施促进教学结果的实现。

第三种应对方式是尝试协调课堂空间与现实语境之间的关系，通过各种方式在课堂空间中创设现实语境。这种观点得到了较多学者的支持，但在具体操作和提升实效性上仍然面临着较多的困难。吴勇毅从语言双重属性的角度进行了分析。在他看来，应当在课堂教学中同时关注语言的双重属性，即作为交际工具的属性和教学对象的属性，以折中的方式加以调和处理。"最好的办法是既把语言作为交流的工具，同时又把语言作为教学的对象，就是说，让汉语课更多地具有使用汉语的氛围，师生之间、生生之间交流时尽量使用汉语，并且增加听说读写活动中的信息量，开展信息差活动，让学生更多地围绕特定的内容展开交流。"[1] 根据这种理念，吴勇毅提出了尽量营造目的语环境、促进学生积极交流、提供贴近学生生活的教学内容等具体策略。

彭志平重点对"言内语境"的概念及其应用进行了分析，尝试通过构建课堂空间内的语境促进学生语言能力的发展。他将言内语境分为句内语境、句际语境和语篇语境三大类。其中，句内语境指的是同一语句或短语中，出现在所要教授的词语前后的词语。句际语境指的是所要教授的词语的上下句，包括前后出现的小句或整句。语篇语境指的是与篇章内容相关的信息，包括语篇的标题、图表、生词表等。他指出，对外汉语教学应当充分利用和开发言内语境的各项功能，包括外化语义、解释语义、创设学

---

① 吴勇毅.对外汉语教学法［M］.北京：商务印书馆，2012：259.

习情境等，帮助学习者更好地理解篇章内容，促使他们更好地提升语言能力。①

不过，采用简单调和的方式似乎难以打破课堂空间与现实语境之间的藩篱。因为，语境所体现的是高度具体的情境，语境的理解和分析能力只有在实践中才能得以提升。约翰·甘柏兹（John J. Gumperz）指出，对语境的理解没有一个客观的标准。我们所采纳的社会规范、线索、信息等内容只有放到特定的情境中才能帮助我们理解会话的意义。"判断会话理解成功与否，没有一个脱离语境的客观标准。理解成功与否其差别在于互动过程本身。也就是说要看会话参与者在多大程度上共享、增加、修改或者放弃了语境化推理。"② 因而，从学习理论层面重新认识这个问题，并以此为基础采取新的教学路径，才有可能从根本上解决问题。

活动理论并不赞成学习环境的建构。根据恩格斯托姆的观点，设计和建构学习环境很容易陷入一种自我封闭的困境。学习环境的设计者通常会根据想象和已有的经验来设计一个封闭的环境，让学习者在这个特定的环境中取得进步。但事实上，这种做法阻断了学习者与外部世界的联系，且难以激发学习者的学习动机。当学习环境未能达到预期效果时，设计者们通常只会在同样的设计框架基础上进行改进，而无法发现问题的根源所在。活动理论提出，开放性是活动系统的典型特征，活动系统应当与外部世界保持密切的联系。"活动系统是围绕客体形成的。正是客体使得动态的活动系统具有可持续性。开放性的活动系统相互依存，围绕共享的客体构成了多样化的网络和合作关系。"③

在列昂捷夫看来，知识的学习应该充分利用生活中的资源。如果知识无法与生活建立起密切的联系，那么这些知识将与人的实际生活脱节，成为僵化的知识。"为了不是形式上掌握材料，不应当'混过'学习时间，

---

① 彭志平. "言内语境"在汉语课堂教学中的设置与利用 [J]. 世界汉语教学, 2012 (1): 133-140.

② [英] 约翰·甘柏兹. 会话策略 [M]. 徐大明, 高海洋, 译. 北京: 社会科学文献出版社, 2001: 219.

③ Engeström Y. Studies in Expansive Learning: Learning What is Not Yet There [M]. New York: Cambridge University Press, 2016: 107.

而应当一生都在学习，要使学习成为生活的一部分，要使学习对学生而言具有生活的涵义。"①

恩格斯托姆指出，作为一个特殊的学习环境，学校存在一个根本性的问题，那就是在这个学习环境中，文本扮演着客体的角色。对于学习者而言，文本具有双重属性，它同时具有价值和使用价值的双重属性。一方面，它是学习的终极目标。在学校中，评判学生成就的主要依据就是他们对文本的了解和掌握情况。成功地学会了文本，学生得到高分，就会被认为是成功的学习者。另一方面，文本要为学生将来进入社会服务。当学生离开学校、进入社会之后，文本要成为他们生产生活的工具。简言之，学生学习文本要为他们将来的社会生活服务，而学校往往将文本本身作为目的。

对此，恩格斯托姆明确指出，学校学习活动的客体不应当局限在文本之中，而应当始终保持其与外部世界的联系。"我的观点是，学习活动的客体不应当简化为文本。学校的这种做法会窄化学习的概念、降低学习的生产力（将文本作为终极目的）。即便在最好的情况下，也会将生产活动窄化为智力活动（仅生产文本）。"②

活动理论所倡导的是一种拓展性的学习，即活动主体通过跨越学习领域的边界实现学习。鉴于客体是理解活动系统的关键，它决定着活动系统的存在状态和性质，因而，客体的拓展过程是理解学习活动的关键。在活动理论看来，客体的拓展意味着客体的重组和质的变化，而不仅仅是量的累积和增长。"拓展的过程既保留了客体过去的形态，同时又超越了客体的形态。拓展并不局限于特定的时空范畴。"③

客体的拓展可以从时间和空间两个维度来实现。在时间维度上，客体的拓展意味着在长期任务、中期任务和短期任务之间实现转换。"在分析

---

①　[苏] 阿·尼·列昂捷夫. 活动 意识 个性 [M]. 李沂，等译. 上海：上海译文出版社，1980：231.

②　Engeström Y. Learning by Expanding：An Activity-Theoretical Approach to Developmental Research [M]. New York：Cambridge University Press，2015：82.

③　Engeström Y，Puonti A，Seppänen L. Spatial and Temporal Expansion of the Object as a Challenge for Reorganizing Work [M] //Nicolini D，Gherardi S，Yanow D. Knowing in Organizations：A Practice-Based Approach. New York：Routledge，2003：151-186.

和设计时，学习者要在过去、现在和未来之间不断往复。这意味着要深入探究问题的历史根源，建构发展模型，模拟预测其未来的趋势。"① 恩格斯托姆等人曾分析过多个客体在时间维度上转换的案例，其中之一是经济犯罪。在过去，经济犯罪经常被视为即时性的犯罪，警方通常就案发时的具体时间点展开调查。但事实上，经济犯罪行为可能早已发生，且持续了许多年。因而，将活动客体拓展为长期的持续性的经济犯罪行为并从多个方面展开持续性的调查便成为解决问题的关键。②

在对外汉语教学中，汉语学习者的思维方式和语言表达均受到了他们长期学习经历和社会生活经历的影响，这就决定了有些教学任务只需要很短的时间就可以在课堂上完成，而有些教学任务则需要耗费较长的时间。因而，有必要根据学习者的实际情况和学习任务的差异推动客体在不同的时间维度上转换。

在空间维度上，客体的拓展意味着在不同的空间范围中实现跨越。克努兹·伊列雷斯（Knud Illeris）划分出了社会中最重要的五种学习空间，分别是日常学习空间、学校学习空间、工作学习空间、网络学习空间和兴趣驱动的自愿学习空间。这五种学习空间各有优劣。日常学习空间嵌入日常生活之中，主要通过观察和模仿的方式实现学习，但缺乏系统性和连贯性。学校学习空间具有目标性和系统性的特点，能够得到较强的制度保障，但容易远离生活。工作学习空间的特点是应用性和实践性较强，但通常对理论关注不够，适用范围也较为狭窄。网络学习空间的优势在于它的灵活性，可以使学习者随时随地参与到学习活动之中，但问题在于学习者需要具备较强的学习自觉性。兴趣驱动的自愿学习空间与学习者的学习动机实现了较好的结合，能保障学习的强度和质量，但其发挥的功能更多的是辅助性的而非主导性的。

克努兹·伊列雷斯指出，每一种学习空间均蕴藏着某些特殊的可供利

---

① Engeström Y. Studies in Expansive Learning: Learning What is Not Yet There [M]. New York: Cambridge University Press, 2016: 227.

② Engeström Y, Puonti A, Seppänen L. Spatial and Temporal Expansion of the Object as a Challenge for Reorganizing Work [M] //Nicolini D, Gherardi S, Yanow D. Knowing in Organizations: A Practice-Based Approach. New York: Routledge, 2003: 151-186.

用的学习机会；为了促进学习活动的发生，应当创建横跨这些学习空间的学习情境。① 相较于学校教育，对外汉语教学的特点之一在于其教学对象具有年龄结构复杂、工作经历多样化的特点。许多汉语学习者是在工作的同时来学习汉语的。这就为学习空间的拓展提供了便利条件。对外汉语教学应当充分利用汉语学习者的特点推动他们在不同的学习空间实现转换和跨越，更好地掌握汉语。

第三节　在言语交际中横向拓展的活动客体

在知识学习的方向上，活动理论提出了横向拓展的机制，作为对纵向上垂直上升式的学习机制的补充。拓展性学习将学习理解为一个"边界跨越"（Boundary Crossing）的过程。学习不仅仅是一个水平不断上升的垂直过程，更是一个跨越不同领域和边界的过程。通过从一个学习活动进入另一个学习活动，学习者会突破现有的学习范围和边界，实现横向移动。在这个新的学习领域，学习者往往需要在共同体中确定新的客体，寻找工具和资源对客体进行作用，最终探索和掌握新的概念。②

在教学方向上，对外汉语教学一方面要始终坚持目标导向并有序推进教学，另一方面，由于汉语学习者的母语与目的语之间存在较大的文化和背景差异，因此，需要不断地拓展语言知识以增进学习者的认知。"课堂不能视为进行再生产和模仿的地方，相反，学习和教学的目的似乎更多地是拓展可能空间和创造条件，以便使未曾预料到的事物能够涌现出来。在这种理解框架中，教育不是聚焦于预先存在的真理，而是由此发散开来。学习和教学因而是通过探索现存空间来开拓新的可能空间的递归发展

---

① ［丹］克努兹·伊列雷斯. 我们如何学习：全视角学习理论［M］. 孙玫璐，译. 北京：教育科学出版社，2014：251-252.

② Cole M, Gajdamashko N. The Concept of Development in Cultural-Historical Activity Theory：Vertical and Horizontal［M］// Sannino A, Daniels H, Gutiérrez K D. Learning and Expanding with Activity Theory. New York：Cambridge University Press, 2009：139.

过程。"①

一、横向拓展的知识学习机制

当前主流的对外汉语教学设计遵循的是目标导向的理念。为了保证高效地完成教学任务，设计者需要对目标进行设定和分解，并采取有针对性的措施以确保这些目标得以实现。根据这种教学范式，教学的任务就是先确定预期所要实现的目标，然后采取相应的教学措施以实现这些目标。罗伯特·加涅所倡导的是从简单到复杂的基本原理。这种教学设计原理吸纳了以皮亚杰为代表的认知发展理论的观点，将学习看作一个垂直上升的过程，认为学习者能力的增强就意味着从一个学习水平提升到更高一级的学习水平。在加涅看来，教学设计就是为了促进特定教学目的的实现。"教学设计是一种有目的的活动，也就是说它是达到终点的一种方式。这些终点通常被描述为教学的目的或目标。"② 教师需要将笼统的长远目标划分为具体的层次，确定每个单元和教程的目标，然后采取最优化的措施促进这些目标的实现。

在安排教学活动时，通常要先呈现最为简单和基础性的概念、原理和程序，然后以螺旋上升的形式在更高的水平上再次呈现这些内容。"课程或教程要求我们确定目标的顺序。教育或培训机构的目的是在能促进有效学习的教程中建立顺序。最明显的顺序是由简单的技能（先决技能）到复杂的（终点）技能，其中复杂的技能需要较长的时间才能获得。另一种排序原则就是根据学习内容的意义不断增加的程度来排列目标。"③

在目标导向的理念中，教学设计的目的主要是提升学习效果，最优化的教学设计就是能够最有效地促进学习结果实现的教学设计。戴维·梅里尔（M. David Merill）和布伦特·威尔逊（Brent Wilson）指出，教学设计

---

① ［美］Davis B，等. 心智交汇：复杂时代的教学变革［M］. 2 版. 毛齐明，译. 上海：华东师范大学出版社，2011：220.

② ［美］R. M. 加涅，等. 教学设计原理：第五版修订本［M］. 王小明，庞维国，陈保华，等译. 上海：华东师范大学出版社，2018：46.

③ ［美］R. M. 加涅，等. 教学设计原理：第五版修订本［M］. 王小明，庞维国，陈保华，等译. 上海：华东师范大学出版社，2018：167.

理论就是将教学措施与学习结果联系起来的理论，因而，它需要借助于学习理论以确保其有效性。"学习理论解释为什么预测的关系会发生。必须注意到教学设计理论是一套如果条件（if-condition）和那么结果（then-consequence）的规定。学习理论将这些条件与基础学习结构联系起来，这些基础学习结构解释了一个或一套特定的教学主张为什么能引发更有效的学习。"①

目标导向的教学设计理念一度取得了巨大的成功，并被认为是教学设计领域的"黄金法则"。但在对外汉语教学中，目标导向的教学设计遇到了极大的困难。这是因为，在对外汉语教学中，学习者自身的成长环境与汉语作为目的语的学习和生活环境之间存在较大的差异，背景知识是学习者前进道路上的一大障碍。每当遇到一个新的知识点或议题时，汉语学习者都需要了解大量的背景知识和文化信息以实现更好的理解。如果深入展开，可能要占用大量的学习时间；如果避而不谈，可能会阻碍学习者的认识和理解。

在这个问题上，相较于其他语言作为第二语言的学习，汉语作为第二语言的学习所遇到的障碍尤为突出。这是因为，汉语有汉语的特性，汉语教学要以汉语的特性为基础来开展。在汉语中，存在大量不能按照构成字的字面意义和语法规则来理解的"语块"。要想帮助学生更好地理解这些词汇和表述的准确含义，就要补充大量的信息以拓展学生的知识面。张博指出，当我们讲解复合词的结构知识时，讲授的内容不应当停留在抽象的语法结构层面，而是要深入到具体的语义结构的层面，将复合词凸显性的语义结构纳入教学范畴。具体而言，课堂教学要"帮助学习者理解构词理据，有效地记忆词语，减少词汇耗损（vocabulary attrition），增强词义猜测及自主构词的能力"。②

在字词教学上，教学设计的目标导向与知识拓展的矛盾非常明显。法

---

① Merill M D，Wilson B. 教学设计的未来（正面观点/反面观点）[M] // R. A. 瑞泽，[美] J. V. 邓普西. 教学设计和技术的趋势与问题. 王为杰，等译. 上海：华东师范大学出版社，2008：478-479.

② 张博. 提高汉语第二语言词汇教学效率的两个前提 [J]. 世界汉语教学，2018（2）：241-255.

国学者白乐桑认为，与其他第二语言学习相比，汉语的特点在于它有两个基本的教学单位，即字和词。在汉语教学中，应当承认和遵循汉语的这个基本特点。在词汇教学时，不仅要教授词汇的含义，还要对构成词汇的字的含义进行解读和分析。他分析发现，在词汇教学时，汉语教学模仿了西方语言教学中词汇表的设计。在词汇表中，有一行是中文词汇，另一行是外语词汇。但是，这种设计不但没有降低汉语词汇学习的难度，反而增加了汉语词汇学习的难度。这是因为，汉语是表意的、语素突出的语言。汉语词汇往往由多个汉字组成，每个字都有其特定的含义。如果在词汇表中仅仅列出汉语词汇的意思，而不对每个具体的字进行分析和解读，学习者很难充分理解其含义。比如，"总理"一词由"总"和"理"两个字构成，如果我们只了解"总理"的含义，而不知道"总"和"理"每个字的含义，就不算真正理解了词汇的含义。[①] 但在许多对外汉语教师看来，教学的时间是有限的，如果在词汇教学时专门对每个字进行教学，就需要投入更多的时间和精力，可能会影响教学的效率。

关于目标导向与语言知识拓展之间的矛盾，认知主义从纵向的层面对知识的构成进行了解释。认知主义将这个矛盾定性为知识基础的问题，即新知识的学习需要建立在已有知识和经验的基础之上。罗伯特·加涅指出，如果学习者想要实现一个新的学习目标，他需要回忆和利用自己先前掌握的信息和技能，这就意味着必须安排特定的教学顺序，以确保学生在追求更高的目标时具备必要的知识和能力。[②] 拉尔夫·泰勒（Ralph W. Tyler）曾提出了组织学习经验的三个基本标准，包括连续性、顺序性和整合性等。其中，连续性指的是在纵向的维度上重复性地强化特定的课程要素，使其在不同的时空范畴内反复出现；顺序性关注的是将后续的学习经验建立在先前经验的基础上，且提升其广度和深度；整合性强调的是在横向的维度上将相关的课程要素统一起来，建立起相互间的联系。[③] 拉

---

① ［法］白乐桑. 法国汉语教学的现状、教学标准、学科建设［J］. 孔子学院，2013（3）：44-49.

② ［美］R. M. 加涅，等. 教学设计原理：第五版修订本［M］. 王小明，庞维国，陈保华，等译. 上海：华东师范大学出版社，2018：28.

③ ［美］拉尔夫·泰勒. 课程与教学的基本原理［M］. 罗康，张阅，译. 北京：中国轻工业出版社，2014：89-90.

尔夫·泰勒认为，只有遵循这三个基本标准，学习经验才能够有效地组织起来，达到不断积累、增长和互相强化的效果。

但事实上，从知识基础的纵向层面并不能很好地解释这一问题。因为，这里所涉及的知识更多的是相关领域的知识，而不是作为学习前提基础的知识。如果说，在我国的语文教学中，学生已有的知识基础与所要达成的学习目标之间的矛盾是主要矛盾的话；那么，相较而言，在对外汉语教学中，学生相关领域知识欠缺的问题则更为突出。所以，更为可取的思路应该是从横向层面来理解和认识这个问题。在完成一个特定的教学任务时，对外汉语教学不仅要关注到学生已有的知识基础，还要关注到其他相关领域的知识。建基于认知主义之上的教学设计理念显然难以有效解决该问题。

二、汉语知识横向拓展的路径

汉语所传递的信息不仅仅是字面本身的含义，更包含着大量字面以外的信息。当汉字或词组重新组合在一起时，会生成多重新的含义；在语言表达的过程中，随着语境的变化，会传递出许多"言外之意"。因而，汉语学习者除了要掌握汉语本身的意义外，还要从多种维度上进行拓展，丰富对汉语的理解和认识。

仅从汉字教学来看，就可以发现多种横向拓展的路径，如形象、思想、情感、审美等诸多维度。在形象上，可以通过对汉字构成形态的分析增进学习者的理解。汉字的构造形态及其变化蕴含着丰富的信息。李金云和李胜利指出，见形知意、触目会心是汉语形态的典型特点。借助于对汉字形态的分析，有助于辨析和把握汉字的本义，了解和掌握汉字的引申义。"'因义赋形'是汉字造字的基本准则，作为一种以象形为基础的视觉语言，汉字既在字形上使人有形可依，又有特有的认知概念贯穿其中；既有具象象形，又有逻辑抽象；既能令人见形知义，又使人品味到象外之象、言外之意。"① 在汉字教学时，对汉字的构造原理进行讲解和分析将有助于学生认读和理解。

---

① 李金云，李胜利. 从文化的视角教学汉字［J］. 语文建设，2013（12）：7-9.

　　王宁强调，汉字的构造是有规律可循的，帮助学生认识和把握这种规律有助于推动他们的学习。"汉字的构形是一个系统，每一个字的设计都不是孤立的，只有讲解字理才能让学生看到这个系统，让他们时刻关心字与字之间的联系。"① 苏培成对现代汉字的构造理据进行了具体分析。他指出，意符、音符和记号是组成现代汉字的三类主要字符。其中，意符、音符通常和整字的字义、字音是有联系的，能够反映出汉字的构造理据；记号通常和整字的字义、字音没有联系，无法反映出汉字的构造理据。"因此在由意符、音符、记号组合成的六类字中，独体表意字、会意字、形声字是有理据字，半意符半记号字、半音符半记号字是半理据字，记号字是无理据字。"②

　　在汉字的构造理据上进行横向拓展，有助于激发学生的学习动机。当学生形成了发现汉字构造规律的意识之后，他们会觉得汉字相互间的关联是个有趣的现象。他们不会再将汉字视为孤立的个体，而是从关系层面来解释汉字之间的联系，进而迅速地认识和掌握汉字。"汉字构形与构意的科学规律，为增强教学的趣味性提供了足够用的条件。在汉字科学指导下教学，可以发掘的趣味性是很多的：兴趣来源于汉字的形象性。"③

　　在对汉字构成形态的认识上，不同类型的学习者相互间会存在差异。李运富指出，相较于初级阶段的汉语学习者，中高级阶段的汉语学习者更适合学习汉字的构造理据。在中高级阶段，随着留学生对中国历史文化知识了解的增加，他们对汉字构造的理解能力不断增强，此时可以重点为他们讲解一些汉字的理据关联和结构规律。"对留学生进行字理教学，让他们尝到分析汉字理据的甜头，会大大增强他们学习汉字的积极性，甚至引起他们有兴趣主动自觉地探究汉字构造和发展的原理奥秘。"④

　　在汉字构造据理分析的方法层面，李运富提出了类聚显理和溯源显理两种分析方法。类聚显理是将具有相同功能的字形按照类型放到一起进行分析，探寻它们的共同理据。譬如，对于"煮"字而言，可以将"著"

---

① 王宁. 汉字构形学导论 ［M］. 北京：商务印书馆，2015：256.
② 苏培成. 现代汉字学纲要 ［M］. 北京：商务印书馆，2014：113.
③ 王宁. 汉字构形学导论 ［M］. 北京：商务印书馆，2015：257.
④ 李运富. 汉字的特点与对外汉字教学 ［J］. 世界汉语教学，2014（3）：356-367.

"猪""诸""褚""渚"等都包含"者"字形的汉字放到一起分析；同时还可以将"热""烈""烹""煎"等都包含"灬"字形的汉字放到一起分析。溯源显理是对字形发展变化的脉络进行分析，探寻字形原初的本义，推导分析它引申出来的意义。"溯源理据实际上分析的是字源理据，而不是变化后的字形的理据，但字源理据的分析可以帮助学生了解变化后的字形所具有的本义，从而贯通掌握其他引申义。"① 不过，值得注意的是，在数千年的演变历程中，有些汉字的理据已经不太明显或难以追溯。在分析汉字构成的理据时，应当有所选择，重点关注那些相对清晰、便于接受的汉字。

在思想上，可以对汉字所体现的价值理念和思维方式进行分析。从构成和发展的脉络上看，汉字本身就是一种文化现象。在长期发展演变的过程中，汉字成了中华民族思想的载体，反映着中华民族特有的价值观念和思维方式。李运富指出，汉字与文化是一种"互证"的关系，即通过对汉字的分析，可以印证某种文化现象的存在，而某种文化现象也可能解释汉字的一些构形原理。这是因为，在汉字创造和演变的历程中，当时的文化信息渗透其中，使汉字成为反映客观存在和文化特征的符号。"在汉字的创造过程中，汉人祖先将自己对外部世界的感受和观念，将自身的情感体验和道德标准融入了汉字，使得汉字能够体现中国人的文化思想和民族精神。"②

对于汉字所反映的思维方式，有学者曾进行过较为细致的分析。毕继万通过对比汉字与英语的字词结构指出，汉语是一种会意文字，汉字的构造反映了中华民族所遵循的具象思维、整体思维和辩证统一思维，而英语则是一种拼音文字，它的构造更多地遵循逻辑思维、个体思维和机械思维。③ 具体而言，汉字构造对图像性的关注和汉语词汇重形象比喻的特点反映了它的具象思维，许多汉字的构造均建立在象形的基础之上。"指事"是在象形的基础上通过加上标记的方式来指代事物；"会意"是在象形的基础上通过形象的复合发挥联想功能；"形声"是在象形的基础上通过增

---

① 李运富. 汉字教学的理与法［J］. 语文建设，2013（34）：4-7.
② 李运富. 汉字学新论［M］. 北京：北京师范大学出版社，2012：245.
③ 毕继万. 跨文化交际与第二语言教学［M］. 北京：北京语言大学出版社，2009：296.

加声符扩充文字。汉语词汇对复合法的强调、汉语缩略语重意合的特点反映了中华文化的整体思维。汉语中常出现的对立结合的词语表意则反映出了辩证统一的思维方式。

在情感上，可以对汉字所表达的情感进行分析。汉字本身往往包含着特定的情感成分，代表着特定的寓意，能够引发人的联想，使人感到身临其境。申小龙对汉字中数词所蕴含的情感意义进行了解读。在他看来，在汉字中，"一""二""三"等数词并不仅仅指代特定的数字，而是蕴含着情感的成分。"一"有起始、原初的含义。在特定的语境中，还可以表示全面、专心、共同、均等、齐整等含义。"二"代表成双成对、大吉大利、相辅相成的情感。"三"表示数量多，含有吉利的情感色彩。"四"意味着周全、稳定、祥和。"五"在汉语中代表林林总总、无所不包。"六"是一个吉祥的数字，同时也带有一定的神秘色彩。"七"既有无限和神圣的意味，也有杂乱的含义。"八"寓意幸运和喜庆，受到人们的喜爱。"九"作为个位数中最高的数字，包含着最高、最多的意思。"十"则通常表示圆满和完美。① 借助于这些表示数量的具体汉字的使用，人们能够更好地感受到特定的情感和寓意。

在审美上，可以让学习者分析和感悟汉字所蕴含的审美因素。"无论是借用汉字的外形，还是离合构件、重构理据，或者是增减笔画、移动置向、改变形态，都可以成为表达情意的手段，甚至产生字谜、字形对联、拆字游戏、用字避讳、特殊寓意、书法艺术等文化形式。"②

在横向层面拓展对汉字的认知，学习者才能够对汉字形成系统性的认知。事实上，系统性恰恰是汉字教学需要着力的内容。万业馨指出，要想打破汉字在对外汉语教学中的瓶颈状况，必须引导学生对汉字的整个符号体系形成系统性的认识。"汉字是一个符号体系，有它自身的特点和系统性。因此，引导学习者摆脱一盘散沙式的汉字印象，了解汉字符号体系，

---

① 申小龙. 汉语语法基本单位的文化特征［J］. 杭州师范大学学报（社会科学版），2010（6）：97-102，107.

② 李运富. 历史悠久，内涵丰富：中国汉字魅力无限［J］. 孔学堂，2017（4）：64-68.

是改进教学、提高效率的最佳途径，也是唯一出路。"①

三、汉语知识横向拓展的边界

在对外汉语教学中，语言知识的横向拓展并不是漫无边界的随意延展，而是存在着特定的边界。这种边界就是"对外汉语教学"的边界。对外汉语教学的任务是面向外国人开展的汉语作为第二语言的教学。这也就意味着，对外汉语教学的内容是汉语，而非哲学、政治、历史、地理等其他内容。学习者在学习过程中实现横向拓展的目的是更好地掌握汉语的语言知识，而不是掌握其他学科的知识内容。

李运富在分析语文教学时曾提到，语文教学应当始终围绕"言语作品"展开，通过分析语言文字的言语意义、体验作者的创作过程增强学习者的语言能力。言语作品可能会涉及历史事实，但语文教学不能围绕历史内容进行考证和发挥，否则语文课的性质就发生变化了。"教材编选的'言语作品'可能会涉及各种各样的思想内容，不仅历史哲学类，理工农医类也不排斥，但语文教学的着眼点始终是作品的解读和作品的生成，需要用到的材料和知识仅限于语言文字和文体语体，所以语文课永远不会变成历史哲学课或者理工农医课。"②

在汉语学习活动中，横向拓展并不是随意的、漫无边界的，而是要符合特定的原则和要求。这种原则和要求表现为要符合汉语的特性。具体到汉字中，就是要符合汉字的特性。汉字是在漫长的历史发展过程中形成的，具有相当程度的稳定性。汉字学习活动的横向拓展要符合这种特性。在汉语教学中，有观点认为，汉字的构造理据及其所蕴含的形象、思想、情感、审美等因素是不确定的；因而，可以根据教师和学生的主观想象随意发挥。于是，各类不符合汉字特性的所谓"快速记忆法""有效识读法"便被发明出来，阻碍了学生汉语学习能力的发展。

在汉字的横向拓展过程中，必须遵循科学的原则。王宁指出，在讲解

---

① 万业馨.如何打破汉字教学的"瓶颈"：以《中国字·认知》为例谈汉字教材研究[J].世界汉语教学，2015（1）：130-142.
② 李运富.语文的核心是"言语作品"[J].语文学习，2014（5）：13-15.

汉字的构形时，必须遵循特定的科学规范。她提出了讲解汉字构形时所应遵循的五项基本原则。一是汉字构件的意义具有确定性。每个汉字的构件都有特定的形、音、义，不能生拉硬扯或捏造其意义。二是汉字构件的功能具有确定性。每个汉字的构件对汉字发挥着特定的功能，或是表示字音，或是表示字形，或是发挥标示作用。不能歪曲解读其功能。三是汉字的构形意义与词义是一致的。汉字的构形意义要放到语言环境中进行检验，不能脱离汉字在现实环境中的用法而歪曲解读字义。四是汉字的组成结构具有确定性。有些汉字是按照层次结构组合而成的，有些汉字则是按照平面结构组合而成的，不能混淆汉字的组成结构进行拓展。五是不能用笔画来分析字理。"汉字的结构单位是构件，笔画只是书写单位。除了少数笔画同时也是构件（单笔构件）外，是不能用笔画来讲解字理的。"①

---

① 王宁. 汉字构形学导论［M］. 北京：商务印书馆，2015：261.

第四章　汉语学习活动的主体设计

在汉语学习活动中，学习是共同体的学习，学习者通过参与共同体的活动，与其他成员一起解决某些问题或完成特定的任务，从而实现能力的发展。教学设计应当促进学习共同体作为学习主体的形成。相较于其他学科领域，对外汉语的学习者通常来自多个不同的国家和地区，有着不同的文化背景。他们怀有不同的学习理想和目标，相互之间存在较大的差异。如何实现学习活动主体的有效整合是一个重要问题。在学习共同体的建构上，活动理论从历史演进的角度提供了方案。

第一节　在历史演进的过程中认识学习共同体

在共同体之中，个体成员相互间要建立有机的联系，并作用于共同的客体，这样共同体的存在才具有可能性。同时，个体成员之间必然会存在一定程度的差异。这种差异应当得到认可和尊重，因为这些差异是潜在的资源而非负担，它们可以转化为发展的动力。"共同体成员间的差异是发展的关键，它不时地会产生创新，使每个人都获益。这种冒险的、创造性的态度（往往可以产生创新）是群体成功的关键。"①

---

① ［美］戴维·乔纳森，［美］乔伊·摩尔，［美］罗斯·马尔拉，等. 学会用技术解决问题：一个建构主义者的视角［M］. 2 版. 任友群，李妍，施彬飞，译. 北京：教育科学出版社，2007：134.

一、生产方式变革与学习主体的演化

社会生产方式的变革促进了知识类型和学习方式的改变，同时推动着学习主体的存在形态和组织结构发生变化。活动理论指出，在社会发展的不同阶段，形成了特定类型的生产方式；每个社会发展阶段的生产方式对活动主体有着不同的要求，表现为特定的组织形态、成员关系和互动方式。在前人研究的基础上，恩格斯托姆提出，按照历史发展的顺序，人类的生产方式可以大体划分为三种类型，分别是手工制品生产（Craft）、大规模生产（Mass Production）和社会生产（Social Production）（表4.1）。

表4.1　人类生产方式与学习机制演化表①

生产方式的类型	客体的性质	主体的定位	主要的互动模式	协调机制	学习运动
手工制品生产	个人的客体	个体行动者	协调	认同与服从	边缘性参与，逐渐向中心靠拢
大规模生产	问题情境	团队	合作	过程管理	聚焦式参与，线性和垂直性改进
社会生产	失控的客体	菌根中的结	反思性交流	协商与同伴评价	群游式拓展性参与，多向脉动

在手工制品生产阶段，活动的主体是个体，工人主要根据个人的兴趣和能力开展工作。他们对产品的构思和制作主要靠个人完成。在这类生产活动中，作为活动主体的个体与其他个体的联系相对较少，简单的协调便能够实现信息的相互沟通。这类生产方式所要求的学习是一个从边缘向中心逐渐靠拢的过程。起初，学习者是新手，只能做一些辅助性的工作，处于相对边缘的位置。随着时间的推移和经验的积累，学习者通过模仿、尝试和参与，逐步掌握所需知识和技能，最终达到熟练工的水平，进入生产活动的中心位置。

在大规模生产阶段，活动的主体是团队。工人们要有明确的分工，通过相互合作完成生产活动。他们每个人处于流水线上的不同位置，承担着

---

① 表格来源：Engeström Y. From Teams to Knots：Activity-Theoretical Studies of Collaboration and Learning at Work［M］. New York：Cambridge University Press，2008：226.

某个具体环节的工作。在这类生产活动中，团队是生产活动的主体，个体间要根据规则和分工相互合作，共同解决团队所面对的问题。每个团队成员的分工和任务不同，但是最终要实现的是一个共同的目标，即生产出特定的产品。在促进团队形成和增强团队凝聚力方面，过程管理是主要的管理手段。对工作效率的追求是大规模生产的典型特征。这类生产方式所要求的学习是一种聚焦式参与的学习。学习的方向是相对明确的，学习的进程是清晰可见的，学习者可以通过参与团队工作提升自己的能力水平。

在社会生产阶段，活动主体就像菌根中的结一样。活动主体成员的分工并不明确，其身份的界定标准也不大严格。活体主体的组织结构没有固定的形态，也没有稳定的中心，而是始终处于变动之中。正如恩格斯托姆所言，菌类既不像动物那样摄取食物，也不像植物那样自己生产食物。菌类主要靠吸收周围环境中的营养生存。这种生存方式决定了菌类与周围环境关系密切，它们能够从更大的范围中汲取营养。活动主体来源的多元化是社会生产活动的典型特征。"它们由异质性的参与者构成。参与者们必须相互协作以开展工作。这类生产活动的兴盛要建立在互惠的基础上，同时利用植物和其他组织的合作关系。"①

随着社会的发展，我们的生产方式已经进入社会生产阶段。由此导致的结果是，人与人之间的合作方式发生了深刻的变化，手工制品生产和大规模生产阶段的合作方式在很多情况下已经不再适用。在学习共同体的研究中，简·莱夫（Jean Lave）和埃蒂纳·温格提出的"实践共同体"（Community of Practice）被视为最经典的一种理论。根据这种理论，学习发生在社会实践过程之中，合法的边缘性参与对于个体融入实践共同体具有重要意义。通过在实践活动的边缘担任特定的角色，学习者可以参与到社会活动之中，形成对活动系统的理解。随着角色的发展变化，学习者会逐步进入社会活动的中心位置。"对新手来说，合法的边缘性参与为他们提供的不仅仅是一个用于'观察的'瞭望台，关键是它包含了'参与'，把'参与'作为学习（包括吸收与被吸收进）'实践文化'的一种方式。

---

① Engeström Y. From Communities of Practice to Mycorrhizae [M] // Hughes J，Jewson N，Unwin L. Communities of Practice：Critical Perspectives. London：Routledge，2007：48.

长期的合法的边缘性为学习者提供了把实践文化纳为己有的机会。"①

　　在活动理论看来，虽然实践共同体的概念在推动学习范式转型方面做出了巨大的贡献，但这一概念同样存在相当大的局限性。"让学徒通过参与实践共同体实现情景学习的做法需要付出巨大的代价。它将实践共同体限定在特定的历史范畴之中，同时也限定了学徒的身份。"② 首先，实践共同体存在非常明确的边界。根据这种边界的划分，个体成员的身份是明确的，要么属于共同体，要么不属于共同体。但是在社会生产阶段，共同体的边界和成员属性是相对模糊的。其次，实践共同体存在非常明确的中心。有些共同体的成员处于中心位置，他们拥有权威，掌握着知识和技能，而更多的成员则围绕着中心，处于不同的位置上。也就是说，在共同体之中，成员的位置是明确的，我们可以比较清楚地判断他们究竟处于中心地位还是边缘地位。最后，实践共同体存在非常明确的发展方向。每个成员都要努力实现从边缘到中心、从新手到熟手、从普通成员到权威成员的身份转变。但事实上，在共同体之中，抵制、反抗、冲突是一种常态，共同体朝着不同的方向进行拓展同样有助于学习。"从本质上看，将关注点聚焦于从边缘向中心的移动是一种保守的选择。事实上，拒斥、离开和拓展已有的活动系统都可以实现创新。但在实践共同体理论中，这些方式都被忽视了。"③

　　总之，学习主体的组织结构取决于生产方式的需要。在历史发展的不同阶段，我们需要按照符合时代特性的方式组织学习主体。今天，生产方式已经发展到了社会生产阶段，共同体的结构应该朝着"菌根式"的方向转型。形态不固定、中心相对模糊、发展方向相对多元是其典型特征。

二、多元化的外国学生与汉语教师

　　在对外汉语教学中，多元化是学生和教师的典型特点。在对外汉语教

---

　　① ［美］J. 莱夫，［美］E. 温格. 情景学习：合法的边缘性参与［M］. 王文静，译. 上海：华东师范大学出版社，2004：43.

　　② Engeström Y. From Communities of Practice to Mycorrhizae［M］// Hughes J, Jewson N, Unwin L. Communities of Practice：Critical Perspectives. London：Routledge，2007：42.

　　③ Engeström Y. From Communities of Practice to Mycorrhizae［M］// Hughes J, Jewson N, Unwin L. Communities of Practice：Critical Perspectives. London：Routledge，2007：42.

学领域，一个非常普遍的现象是，同样一门课程，在教材相同、学生汉语水平相同、教学方法相同的情况下，教学效果却会出现明显的差异。这是因为，一方面，学习汉语的外国学生相互间存在较大的差异，他们的学习目的、学习方式、语言使用偏好具有多元化的特点。同一个教学班级中往往有来自多种不同文化背景的学生。另一方面，对外汉语教师相互间存在较大的差异，他们的学科背景、教育理念、教学能力具有多元化的特点。

从汉语学习的目的来看，汉语学习者们相互间存在巨大的差异。而且，随着时代的发展，这种多元化趋势变得日益明显。崔永华曾将对外汉语教学分为四种类型，分别是作为本科专业的汉语教学、汉语进修教育、20周以下的短期汉语教学和汉语速成教学。其中，汉语进修教育又分为汉语预备教育、计入学历的汉语进修教育、非学历的汉语进修教育和对研究生的汉语教学等。[①] 具体到学习目的层面，学习者相互间的差异就更明显了。在学校教育中，汉语教学应培养学生听说读写等多方面的综合能力。但在对外汉语教学领域，汉语学习者的学习目的千差万别。有的学生希望接受系统的学习和训练，为将来在中国攻读学位做准备。有的学生以听力和口语能力提升为主要目的，重在掌握语言交流技能，对阅读和写作要求较低。有的学生以了解和掌握中国文化为目的，重在理解中国社会，对具体技能的掌握要求不多。有的学生将汉语学习作为一种人际沟通和交流的平台，没有明确的学习目标。还有的学生仅仅是出于一时的兴趣来学习汉语。

而且，这些多元化的学习目的处于不断变化的过程之中。有调查显示，在20世纪90年代初，外国人学习汉语的主要目的是"了解中国"，"从事外交、外贸方面的工作"。随着中国影响力的不断提升，越来越多的外国人开始出于就业机会的考虑而学习汉语，有志于"从事汉语教学与研究工作"的外国人的比例显著增加。[②] 在教育体系中，这种差异表现为学历教育体系与非学历教育体系并存，语言预科生、本科生、研究生等教育层次此消彼长，以及生源结构上来源国家的变化波动。学习者学习目标的

---

① 崔永华. 汉语教学的教学类型 [J]. 语言文字应用, 1998 (2)：49-55.

② 万业馨. 论对外汉语教学中的知识传授与能力培养 [J]. 世界汉语教学, 2009 (3)：414-422.

差异给对外汉语教学带来了巨大的挑战，并在一定程度上成为导致对外汉语教学活动良莠不齐的重要根源。

从学习方式上看，由于文化背景的差异，学习者的认知方式存在较大的差异。在汉字的识别上，汉字文化圈内外的学习者认识汉字的能力存在较大的差异。日本、朝鲜、越南等国家的学习者在日常生活中会接触到很多汉字，有时还会在生活中使用汉字，甚至具备一定的汉字认读和书写基础。而汉字文化圈之外的学习者则会在汉字认读上面临较大的挑战。他们在视觉系统上就要让眼睛习惯以"点、横、竖、撇、捺"等组合表示意义的方式。研究发现，与欧美留学生相比，日本留学生能够更好地发现与利用构词法信息和语境信息，并利用自己的文化背景知识对这些信息进行加工整合。①

在语言使用的偏好上，不同文化背景的学习者也表现出了较为明显的差异。对外汉语的同一个教学班上往往有来自多种不同文化背景的学生。他们相互间的差异性决定了汉语学习活动共同体构建的复杂性。每个留学生在来到中国之前，会根据自己的经验形成对汉语和中华文化的认识；他们来到中国之后，会不断地修正和重塑自己的认识。他们在中国生活的时间长短和接触范围均会影响其观念的形成。在推动汉语学习共同体形成的过程中，必须关注到学习者的多元性。

同样值得注意的是，对外汉语的教师队伍也具有多元化的特点。从学科背景上看，相较于中小学教师，对外汉语教师的学科背景非常多元。除对外汉语或汉语国际教育专业的毕业生以外，中文、外语、教育学等学科背景的教师构成了对外汉语教师队伍的主要来源。其中，外语又包括英语、西班牙语、日语、韩语、法语等各类外国语言。同时，由于对外汉语教学的形式具有多样化的特点，包括个别教学、小班教学、专题教学等多种灵活的类型，一些其他学科背景的教师也参与到对外汉语教学之中。在对外汉语的教师队伍中，有些接受过专业的训练，有些没有接受过专业的训练；有些是专职教师，有些是在业余时间从事教学的兼职教师；有些能

---

① 江新，房艳霞. 语境和构词法线索对外国学生汉语词义猜测的作用 [J]. 心理学报，2012（1）：76-86.

够用学生的母语与学生进行交流，有些则不具备这种能力。简言之，良莠不齐是对外汉语教师队伍的典型特点。

长期以来，这种现象给对外汉语教学造成了巨大的困扰。教师队伍的问题被视为汉语国际教育所面临的核心问题。"教师、教材、教学法这三个问题仍然是对外汉语教学和汉语国际教育的基本问题，在这三个基本问题中，教师的问题是核心。"① 事实上，随着对外汉语事业的发展和师资培养能力的增强，对外汉语教师队伍专业化程度不高的问题可能会逐步得以解决，但鉴于对外汉语教学的特性，尤其是学生学习目的和教学方式的多样化，教师学科背景多元化的现象仍将长期存在。在此情况下，如何正确应对和处理对外汉语教师多元化的问题就成了一个重要议题。

简言之，相较于语文教学、英语教学等学科教学，对外汉语教学的学生和教师队伍具有相当程度的多元性。在促进汉语学习共同体建构的过程中，必须充分尊重并利用这种多元化的特性。

三、"菌根式"的汉语学习共同体

在对外汉语教学中，由于学生和教师都非常多元化，尝试让他们齐心协力共同完成任务具有相当大的难度。对于学生而言，他们的学习目的、学习方式和语言使用偏好均存在较大的差异；对于教师而言，他们的学科背景、教育理念、教学技能相互之间差别很大。在这种情况下，要求外国学生完全按照教师预设的教学环节进行学习经常会遇到障碍。当教师设置了问题情境之后，外国学生很少会按照教师的期望一步步地解决问题。更多的情况下，外国学生会分散性地形成各自的理解和认识，并按照自己的思路尝试解决问题。

在这种情况下，有必要对汉语学习共同体形成新的理解和认识，着力构建"菌根式"的学习共同体，而非传统意义上的学习共同体。在传统的教学设计中，对外汉语教师往往要在整合外国学生的学习目标上耗费大量的时间和精力。许多对外汉语教师感叹，外国学生很难教，因为他们不像

---

① 崔希亮. 对外汉语教学与汉语国际教育的发展与展望 [J]. 语言文字应用，2010（2）：2-11.

中国学生学习语文那样步调一致；在对外汉语教学中，班级教学的效果反而没有个别教学的效果好。其背后的假设是，为了促进学习共同体的形成，要尽力消除外国学生身上个性化的东西，尤其是其文化背景的差异性。但事实上，对外汉语教学的任务不是消除这种多维的发展方向，而是利用汉语学习者的特点促进他们更好地学习。

在这方面，"菌根式"学习共同体的概念促使我们调整思路，着力开发与利用对外汉语教学中学生和教师多元化的特点。根据活动理论的观点，学习主体的组织形态取决于社会生产方式和发展阶段。在不同的历史时期，根据生产需求的差异，学习主体应当以不同的方式组织起来。当前，随着社会的发展，我们最需要关注的是"菌根式"的学习共同体。这类学习共同体所应对的是活动客体处于不断拓展中的"失控"状态、活动主体具有相当强的异质性、需要调动活动主体中每个成员的积极性以作用于客体的情况。"菌根式"的学习共同体将关注重心调整为横向的、多维度的学习，而非直线上升式的、系统化的学习。

在学习的方向上，"菌根式"汉语学习共同体的方向是多维的。由于外国学生的汉语基础、文化背景、生活经验具有相当强的多样性，在面对问题情境时，他们会朝着多个方向探索。这种多维的探索方向一度被认为是一种缺点，需要教师采取措施着力克服。但根据"菌根式"学习共同体的理念，这种多维的探索方向同样是一种合作的方式，蕴含着共同体学习的可能。"'群游式拓展性参与'（Expansive Swarming Engagement）是一种多向性的运动。在这种运动中，参与者分散式地探寻各自的线索并拓展菌根的范围。与此同时，他们也会以多种方式返回和聚集以作用于失控的客体。"①

从学习共同体成员相互间的关系上看，每个成员与其他成员都是平等的关系。他们像编织的结一样发生联系，不存在明显的中心位置和边缘位置。在语文教学和英语教学中，学生之间存在较为明显的水平差异。有些学生的发展水平相对较高，在班级中处于优势地位；有些学生的发展水平

① Engeström Y. From Teams to Knots: Activity-Theoretical Studies of Collaboration and Learning at Work [M]. New York: Cambridge University Press, 2008: 231.

相对较低，在班级中处于弱势地位。根据实践共同体的理论，实践共同体中的每个成员都有着特定的身份，标志着其地位和胜任力。每个成员都要不断发展成为具备充分胜任力的成员，从而进入实践共同体的中心位置。"当我们作为一个实践共同体的充分成员时，我们处在熟悉的领域，我们能够熟练地控制自己。我们体验胜任力，并且被承认为能够胜任；我们知道如何与他人交往，我们理解他人为什么要做他们所做的，因为我们理解参与者所负责的事业。此外，我们共享他们用于沟通和开展他们活动的资源。"①

但在"菌根式"的汉语学习共同体中，成员相互间是平等的关系，不存在地位不平等的现象。学习者相互间存在差异，但这种差异更多地被视为一种学习资源。在汉语学习中，学习者能力差异的根源在于他们有着不同的个人经验和文化背景，他们会从不同的角度来认识和理解汉语。构建"菌根式"的汉语学习共同体就是要促进不同学习者之间的沟通和交流，进而促进他们对汉语的认识和理解。

从学习机制上看，学习共同体成员之间是共同促进的关系。恩格斯托姆指出，"菌根式"的学习共同体采取的合作模式有点像蚂蚁、蜜蜂等具有社会性的昆虫。它们看起来毫无秩序，各自在寻找着食物。但事实上，它们有着非常成熟的合作机制，它们的成果是相互分享的。"菌根的行为在某些方面类似于具有社会性的昆虫：一旦某一个细丝发现了食物源，整个菌丝群就会移动过来分享资源。之后，它们将会重新探索新的食物源。"②

"菌根式"的学习共同体与昆虫的不同之处，在于"菌根式"的学习共同体具有创新能力，而且会表现出持续性的行为。在学习策略的选择、学习内容的调整、学习成果的评价等方面，学习共同体均表现出了远远超过昆虫的主体性。在学习活动中，学习者会采取相应的学习策略。在参与学习活动之前，他们会进行必要的准备工作；在学习过程中，他们会与其

---

① ［美］埃蒂纳·温格. 实践共同体：学习、意义和身份［M］. 李茂荣，欧阳忠明，任鑫，等译. 南昌：江西人民出版社，2018：143.

② Engeström Y. From Teams to Knots：Activity-Theoretical Studies of Collaboration and Learning at Work［M］. New York：Cambridge University Press，2008：231.

他学习者沟通协调；在学习完成后，他们会进行总结反思。特别是在面对各种学习困难时，他们会选择坚持目标，也会选择调整或部分放弃目标；他们会选择沿着固有的道路前进，也会选择另辟蹊径；他们会吸引更多的成员加入团队，也会选择重新组织共同体。

从学习效果上看，这种看起来比较松散的学习共同体最终同样能够很好地完成任务，而且充分发挥了个体成员的主观能动性。面对日益复杂的问题情境，"菌根式"的学习共同体显现出了较强的问题解决能力。在汉语学习活动中，多元化的学习者可以从多个维度建构客体，并尝试以各自的方式解决问题。他们解决问题的路径并不一致，但一旦某些成员成功地解决了问题，其他成员便可以学习和借鉴这一问题解决方式，完成学习成果的交流和分享。

汉语学习者经常会遇到一些具体的问题情境。譬如，自己原本答应了某位中国朋友一起参加一个国际文化节的晚会，但是临时有事无法参加，应该如何进行应对。在这个情境中，礼貌原则是汉语学习者的基本共识，不过在具体的应对方式上，不同的学习者会存在显著的差异。在表达方式上，有些学生倾向于采用"请别人代为转达缺席晚会这一信息"的方式。在他们看来，这样做能够避免正面冲突，也显得更为礼貌。有些学生倾向于采用"直接告知"的方式。在他们看来，"直接告知"更能够表现出尊重的态度，是朋友间坦诚相见的表现。在信息的容量上，有些学生倾向于仅传递最为简单的信息，告知对方自己不能参加即可；有些学生倾向于详细说明自己缺席的原因，同时表示歉意；有些学生则倾向于传递较大容量的信息，包括对此次邀请的感谢、对此次不能赴约的遗憾、对此次晚会的祝愿、对下次邀请的期待、自己将来邀请对方的计划等。事实上，学习者的理解和认识往往受制于自身的文化背景、社会生活经验、母语的语言表达系统，以及自己所掌握的汉语语言知识等诸多因素。尽管他们对如何解决该问题所持意见并不一致，但通过相互间的信息沟通和交流，他们看待问题的视角和维度将得以拓展，从而有助于合理、恰当地解决该问题。

第二节　在"共同构造"的过程中建构学习共同体

在学习共同体的建构上，活动理论借鉴了管理学领域的一个概念——"共同构造"（Co-configuration）。"共同构造"是人类生产方式发展到社会生产阶段时出现的一种工作类型。这类生产方式的典型特征是能够将多元化的生产者整合到一起，并在生产过程中充分利用顾客的智慧。"当现实中出现多个活动系统或多个组织，它们相互间存在共享客体或顾客，但是却没有形成跨组织的生产合作关系时，通常，我们要用到'共同构造'的方法。"①

一、在跨文化交际中建构"共享客体"

在活动系统中，客体发挥着导向作用。活动客体是活动系统存在的基础和区分活动系统的标识。它既是活动主体作用的对象，也是活动主体参与活动的动机。作为一个共同体，活动系统存在的必要前提在于，活动主体要作用于共同的活动客体。如果活动客体无法转化为活动主体的动机，那么活动系统便无法形成。换言之，学习活动中的参与者对"潜在的共同客体"存在不同的认识。只有当他们对客体的认识达成一致，共同体才能够形成。

但是，认识和把握客体并不是一件容易的事情。在现实环境中，客体经常会出现偏离的现象。"客体相互间存在抵触的现象，有时出现之后又收回去了。好像它们自己也有生命一样。想要清晰地表述客体和动机确实很难。它们看起来非常模糊、不明确，有多面性，像变形虫一样，而且经常以碎片化和有争议的方式出现。这就是一个悖论：客体或动机要为共同体活动系统提供方向、目标和意义，但它们又让人难以捉摸。这一点实在令人感到沮丧。"②

---

① Engeström Y. Activity Theory and Expansive Design ［M］//Bagnara S, Smith G C. Theories and Practice of Interaction Design. Boca Raton, Florida：CRC Press, 2006：3-23.

② Engeström Y. Knotworking to Create Collaborative Intentionality Capital in Fluid Organizational Fluids ［M］// Beyerlein M M, Beyerlein S T, Kennedy F A. Collaborative Capital：Creating Intangible Value. Oxford, UK：Elsevier, 2005：307-336.

在汉语学习活动中，由于外国学生和汉语教师的多元化特征，对客体的认识和把握更为困难。面对特定的问题情境，学习者经常会形成不同的理解和认识，这些理解和认识有时还会出现矛盾和冲突。由于汉语对语境的依赖性非常强，因此，外国学生对客体的建构显得尤为多元。

为了促进学习共同体的形成，活动理论提出了"共享客体"的概念。"共享客体"的概念意味着，虽然学习者之间存在较大的分歧，但他们可以通过探寻共同的交集形成共同体。共同体之所以能够形成，是因为共同体的成员有"共享客体"；为了促进学习共同体的形成，也要努力探寻各个成员的"共享客体"。学习者也许对问题情境的认识存在较大的差异，但应当尝试让他们寻找对问题的共同理解和认识。"尽管合作行为有不同的模式，共同体成员的努力方向、形成的身份、使用的工具存在本质上的差异，但是，他们能够也应该做出调整以统一立场。根据既定场域和历史发展的需求，他们可以选择性地联合起来。"① 事实上，作为个体的行动者通常只能认识到客体的一部分，而无法整体性地把握客体。只有当个体行动者意识到共同体成员相互间的互补性、将其他成员视为解决问题的辅助者和重要资源时，他们的合作意向才会被激发出来。

在汉语学习活动中，建构"共享客体"的过程同时也是一个跨文化交际的过程。由于学习者来自不同的文化背景，他们对"共享客体"的探索是跨越文化的过程。文化体现在语言和行为之中。而在语言和行为背后，是支配人们的价值观和信念。"文化是由行为组成的，由我们所做的事情组成，这是可以看到的表征。……但是在行为的背后，便是我们所珍视的价值观，就是我们认为重要的东西，还有指导我们去行动的信仰。"② 探索"共享客体"，需要增进汉语学习者相互之间的了解，实现不同文化间的协商交流。

为了在跨文化交际中建构"共享客体"，首先，要促进信息在个体成员间的横向传播。鉴于汉语学习者相互间的联系是"菌根式"的，类似于

---

① Engeström Y, Kajamaa A, Lahtinen P, Sannino A. Toward a Grammar of Collaboration [J]. Mind, Culture, and Activity, 2015, 22 (2): 92-111.

② [英] 迈克尔·拜拉姆. 跨文化交际与国际汉语教学 [M]. 和静, 赵媛, 译. 北京: 外语教学与研究出版社, 2017: 20.

一个个编织工作中的"结"一样，信息的传播方式不是自上而下的控制性的方式，而是发散性的横向传递的方式。"在活动的过程中，这些分散的个体所拥有的意图、目标、想法一点一点地开始汇聚、传播，其表述变得越来越清楚、全面，直到完成形成，并得到全体成员的认可。"①

对于交际情境的理解，个体成员间存在能力上的差异。有些成员的理解是整体性的。他们能够从总体上把握交际情境的主要情况，但可能很笼统，没有关注到具体的细节。有些成员的理解集中于细节层面。他们关注到了交际情境中的人量细节，但对交际情境的整体把握相对不足。有些成员的理解是选择性的。他们关注到了交际情境的某些方面，却忽视了其他方面。此时，不仅要关注教师层面"自上而下"传递的信息，而且要关注学习者相互间横向的信息传递，使他们在交流和分享个人理解的过程中形成"共享客体"。在今天的对外汉语教学中，师生之间的交流被认为是主导性的交流方式，而学生与学生之间的交流则处于相对边缘的位置。教师的语言被视为学生获取标准化的汉语知识和信息的"官方渠道"，拥有充分的合法性。而学生的认识和经验则处于相对边缘的地位。因而，有必要通过促进学生相互间的信息传递，促进学生获得更为丰富和直观的理解和认知。

其次，有必要建立一种协商机制，使个体成员能够通过沟通协调明确共同的客体。在交际活动中，个体成员对于同一语境的感知和诠释存在差异。有时这种差异表现在信息量的层面。此时，他们可以通过信息的交流和共享来实现。在更多的情况下，这种差异源于文化背景的差异，具体表现在信仰、价值观和行为规范等方面。此时，需要借助于协商机制，探寻潜在的"共享客体"。"当活动系统的客体处于不稳定状态时，会不断出现抵抗外在控制和标准化的现象。此时，我们需要采取协商的机制，将来自不同渠道、有着不同传统的意见进行迅速整合。协商绝不仅仅是工具性地搜寻某种单一的、独立的妥协性的决定。其实质在于创建一种协商秩序，

---

① Engeström Y. Knotworking to Create Collaborative Intentionality Capital in Fluid Organizational Fluids［M］// Beyerlein M M, Beyerlein S T, Kennedy F A. Collaborative Capital: Creating Intangible Value. Oxford, UK: Elsevier, 2005: 307-336.

使其成员能够交互追求各自的活动。"①

最后，要从历史发展的维度来寻找和建构"共享客体"。共同体成员对问题情境的认识和理解是具有历史性的，体现在历史的发展脉络之中。"客体有其特定的历史动因和发展轨迹。事实上，客体并不是某个人在当前我们可以看到的特定情景中建构的，而是分散在多个时空范围之内的诸多行动者共同建构的。这才是客体形成的真正轨迹和发展动因。"②

此外，"共享客体"的建构是一个渐进的过程，同样需要经历从模糊到具体的过程。学习共同体中的各个成员最初只是根据自己的理解逐步形成对客体的认识，然后通过信息交流、协商沟通不断明确自己与学习共同体中其他成员的关系，进而共同作用于"共享客体"。

二、以多重合作模式跨越文化障碍

汉语学习共同体的建构需要跨越个体成员间的文化障碍，即本国文化与外国文化之间的差异。跨越这种文化障碍，意味着个体成员要能够在本国文化与外国文化之间建立起联系，有效地处理不同文化之间的误解和冲突，并能够运用不同的策略与具有不同文化背景的个体成员用汉语进行交际。对外汉语教学的内容，不仅是语言，更包括文化。迈克尔·拜拉姆（Michael Byram）指出，我们在教给学生语言知识和语言能力的同时，还要教学生如何了解中华文化，让他们懂得如何用中国人的方式去思考。"如果你只教语言，语言本身是中性的，不附加任何的信仰和价值观，但是文化却代表着行为、价值观和信仰。"③ 相较而言，教学生说"吃了吗"这种中国人打招呼的方式是相对容易的，但这只是表层内容，是礼貌用语。而教学生用中国人的方式去思考、接受中国人的信仰和价值观，就复杂得多。

为了跨越个体成员间的文化障碍，要根据客体的实际情况促进汉语学

---

① Engeström Y. Studies in Expansive Learning：Learning What is Not Yet There ［M］. New York：Cambridge University Press，2016：315.

② Engeström Y. Knotworking to Create Collaborative Intentionality Capital in Fluid Organizational Fluids ［M］// Beyerlein M M，Beyerlein S T，Kennedy F A. Collaborative Capital：Creating Intangible Value. Oxford，UK：Elsevier，2005：307-336.

③ ［英］迈克尔·拜拉姆. 跨文化交际与国际汉语教学 ［M］. 和静，赵媛，译. 北京：外语教学与研究出版社，2017：32.

习者在多种合作模式之间实现转化。恩格斯托姆等人根据目的一致性的程度和任务类型的差异，将小范围的合作行为分为四种类型：协调（Coordination）、合作（Cooperation）、交流（Communication）和嘉年华（Carnivalization）。① 当学习者的目标具有一致性，且需要完成的任务也一样的时候，他们会采取合作的形式。此时，他们会聚焦于共同的困难和问题，一起想办法解决。鉴于他们处于齐心协力的状态，这种合作经常会脱离脚本的预设而随着问题的变化而做出调整。当学习者的目标具有一致性，但需要完成的任务不一致的时候，他们会采取交流的合作形式，对脚本进行质疑和改写。当学习者的目标差异较大，但需要完成的任务具有一致性的时候，他们会采取协调的合作形式，按照脚本的要求共同完成任务。当学习者的目标差异较大，同时需要完成的任务也存在较大差异时，他们就只能采取嘉年华的合作形式，彻底放弃和打破原有的脚本，不断探索新的可能性。

　　合作方式的选择取决于解决问题的实际需求。在作用于"共享客体"的过程中，多种合作模式可以并存并根据需要不断做出调整。从性质上看，这四类合作形式并不存在明显的优劣之分，而是要根据实际情况实现相互间的整合及转化（图4.1）。

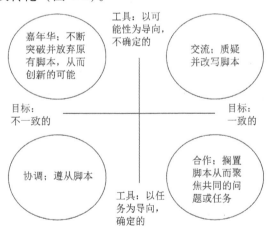

图 4.1　小范围合作行为的类型②

---

　　① Engeström Y, Kajamaa A, Lahtinen P, Sannino A. Toward a Grammar of Collaboration ［J］. Mind, Culture, and Activity, 2015, 22（2）: 92-111.

　　② 图片来源：Engeström Y, Kajamaa A, Lahtinen P, Sannino A. Toward a Grammar of Collaboration ［J］. Mind, Culture, and Activity, 2015, 22（2）: 92-111.

　　根据合作模式的差异，学习共同体需要建立相应的规则和分工，完善其运行机制。首先，要推动学习共同体内部建立起相应的规则。作为共同体的成员，学习者所应遵循的规则并不是事先确定的僵化的规则，也不是由某个权威所确定的规则，而是学习者在学习过程中协商确定的规则。在对外汉语教学的实践中，不同的学习者会采取不同的学习策略和方式。在教学设计时，应当以共同体为单位对学习者进行分类，分析他们的认知风格、文化背景和特点，进而采取有针对性的教学措施，促使他们遵守共同的规则。

　　其次，要协调个体成员间的分工，使其承担相应的工作任务。分工的价值在于协调学习者的知识和技能优势，使之得以充分展现，用于认识和改造客体。分工是共同体的基本特征，是协调个体成员之间关系的重要机制。"一旦成功地实现分工，人们会感受到过程管理的规则增强了他们的能力，而不再是一种限制性因素。他们相互间开始构成一种新的关系，而不再感受到规则的约束。"①

　　在"菌根式"的学习共同体中，成员相互间是平等的关系，共同体中不存在明确的、固定的中心。在这种情况下，很有可能会导致活动的参与者无所适从。为了使共同体活动能够顺利开展，分工至关重要。恩格斯托姆指出，共同体活动成功开展的前提是活动主体根据活动的实时信息进行沟通对话，并根据各自对信息的解读、协商和总结共同确定规则和分工。"只有对成员进行分工，共同体的活动才能开展。也就是说，要将不同的行动分配给不同的参与者来完成。这就要求给参与者的交换和交往活动制定奖惩规则。"②

　　最后，对于汉语学习共同体而言，在设计规则和分工时，要将对外汉语教师的特点考虑在内。在对外汉语教学中，不仅外国学生具有多元化的特点，汉语教师同样具有多元化的特点。这种特点要求我们在设计规则和分工时要考虑到如何有效利用对外汉语教师的多元化学科背景、知识结构

---

　　① Engeström Y. From Teams to Knots: Activity-Theoretical Studies of Collaboration and Learning at Work [M]. New York: Cambridge University Press, 2008: 19.
　　② Engeström Y. Studies in Expansive Learning: Learning What is Not Yet There [M]. New York: Cambridge University Press, 2016: 107.

和生活经历等资源。

三、以"拓展性互动设计"彰显学生的主体性

为了促进共同体的建构，"共同构造"工作要求采取"拓展性互动设计"（Expansive Interaction Design）的方法。要让学生参与到教学设计的过程中，学生与教师作为主体共同构建客体，在此过程中促进共同体的形成。拓展性互动设计是在批判系统化教学设计的基础上提出来的，其指向在于促进拓展性学习的发生。恩格斯托姆指出，以罗伯特·加涅、唐纳德·诺曼（Donald Norman）等为代表的传统的认知心理学家将关注的重心放到知识的结构化和问题解决上，致力于通过系统化的设计，使各类工具更好地符合人的能力和需要，帮助他们完成特定的学习任务。这类教学设计的核心特质，是将学习视为一个被动应对的过程，让学习者按照教学设计的规定和要求完成任务或解决问题。但在恩格斯托姆看来，学习是一个创新的过程，而不是一个受教师支配的被动过程。[①] 真正的教学设计要让使用者自己参与进来，要让他们自己能够给他们的生活环境带来质的改变。

首先，"拓展性互动设计"要求设计者使自己的设计过程"可视化"，把设计的目的、意图、方式清晰地呈现出来，让使用者能够看到整个设计过程。在教学设计活动中，让设计者的目标与使用者的目标实现共享是一个关键的挑战。恩格斯托姆指出，设计是一种容易让人自我沉迷的活动。设计者常犯的一个错误，就是将设计者的意志强加给使用者，认为使用者必然会接受设计者对目标的认识和界定。设计者们往往会主观假定，自己所设定的目标对于使用者具有同样重要的意义。但事实上，从使用者的角度来看，设计者精心构思的目标不过是诸多目标中的普通一个而已，甚至很有可能无法构成自己的目标。在这种情况下，强行让使用者为这些目标而努力，只会挫伤使用者的积极性。如果又不能为使用者提供有效的工具，使用者的挫败感就会更强。

---

① Engeström Y. Learning by Expanding：An Activity-Theoretical Approach to Developmental Research [M]. New York：Cambridge University Press，2015：3.

为了让设计过程"可视化"、能够被清晰地呈现出来，设计者要让自己的设计融入整个活动、成为活动的一部分。这就要求设计者不断地在设计者和使用者之间实现角色转换，更好地了解使用者的实际需求。"拓展性学习的要求很苛刻，因为它需要在设计和使用之间不断地进行视角的转换。"① 对于设计者而言，要让设计能够被活动系统中的主要消费者或使用者"看见"，让他们了解设计的思想和理念。

其次，"拓展性互动设计"要求更好地利用"学生智慧"，让学生能够参与到设计之中，并始终保持学生与教师相互间的沟通交流。在"共同构造"的生产中，"顾客智慧"（Customer-intelligent）是一个备受推崇的概念。为了使产品能够更好地适应顾客的需求，"共同构造"的理念倡导在生产的过程中邀请顾客与生产者、服务者交流信息，推动产品的持续改进。可以让产品的使用者参与到生产过程之中，与生产者共同合作完成生产，以便弥合生产与消费之间的分离。恩格斯托姆分析指出，每个历史阶段都会有特定类型的工作方式和知识生产方式。"今天，我们最需要和最具有发展前景的生产方式就是'共同构造'的生产。要想进行共同构造，一个重要前提就是创造体现'顾客智慧'的产品和服务，以适应使用者不断变化的需求。"②

活动理论非常看重个体意志和主体性。维果茨基将个体的意志行为划分为两个阶段，分别是设计阶段和执行阶段。在设计阶段，个体要与外界进行互动，获取相关信息并做出决策。这一过程是一个痛苦的过程，因为个体要做出价值选择和判断。在执行阶段，个体要将设计转化为行动，这通常是一个相对简单和自动化的过程。"由此我们可以把意志行为分为两个单独的过程。第一个过程同决定有关，在于建立起新的联系——大脑联系，开辟道路，或者是建立特殊的功能机器；第二个过程或者说执行过程是建立机器的过程，根据指令实施的行为，实施做出的决定，显示出我们

---

① EngeströmY. Activity Theory and Expansive Design ［M］//Bagnara S, Smith G C. Theories and Practice of Interaction Design. Boca Raton, Florida: CRC Press, 2006: 3-23.

② Engeström Y. Studies in Expansive Learning: Learning What is Not Yet There ［M］. New York: Cambridge University Press, 2016: 81.

研究选择反应时看到的一切特征。"① 其中最为经典的例子是人使用闹钟提醒自己起床的案例。为了让自己能够按时起床，人的意志行为需要分为两个阶段。第一个阶段是设计阶段。人需要构思和设计出使自己按时起床的方案，即使用闹钟作为工具。第二个阶段是执行阶段。到了起床时间，闹钟会响起来。此时，人根据闹钟的提醒完成起床的行为。

活动理论将教学设计本身也视为一种活动。教学设计的目的是设计出一个个活动，让学生参与其中。在这个活动中，教学的设计者是主体，教学设计希望设计出来的活动是客体。作为活动的主体，教学设计者推动设计过程不断完善的想法、规则或分工都是客体。起初，客体处于比较模糊的状态，设计者对客体的概念、内容、范畴并不十分明确。接下来，设计者需要不断地对客体进行加工，对其进行解释，使其变得越来越明确。设计者会对客体注入个人的情感，赋予其社会文化意义。借助于工具的使用，客体一步步被转化为最终的成果。"客体需要经历多次的转变，直到最终完成转变，形成一个特定的成果。"②

在此过程中，学习者的主体地位会得到进一步凸显。学习者不仅是教学设计的接受者，而且是教学设计的承担者。在设计阶段，学习者要确定自己的学习目的，评价和决定是否参加可能的学习活动，寻找和利用可能的学习资源，并对学习的过程进行评价。在对外汉语教学中，外国学生是教学设计的使用者。因而，对外汉语的教学设计应当充分利用学生的智慧，让他们参与到教学设计之中。"共同设计本身就是拓展性学习过程的核心。它涉及学习者对活动客体的重构和实践转化。"③ 教师应该与学生就价值问题进行公开讨论。

最后，"拓展性互动设计"要求重点关注中介工具的设计。"拓展性互动设计"的指向是拓展性学习活动，旨在促进拓展性学习活动的形成和发

---

① ［苏］列·谢·维果茨基. 高级心理机能的社会起源理论［M］. 龚浩然，王永，黄秀兰，译. 合肥：安徽教育出版社，2016：334.

② Engeström Y. Activity Theory and Expansive Design［M］//Bagnara S，Smith G C. Theories and Practice of Interaction Design. Boca Raton，Florida：CRC Press，2006：3-23.

③ Sannino A，Engeström Y，Lemos M. Formative Interventions for Expansive Learning and Transformative Agency［J］. Journal of the Learning Sciences，2016，25（4）：599-633.

展，而中介工具是活动主体实现拓展性学习的手段和工具。恩格斯托姆指出："拓展性互动设计是一套复杂的配置程序。它旨在协调安排人、组织结构和中介工具之间的关系。其中，中介工具包括语言、概念、话语模式等。这意味着设计的重要转变，从设计单个自足的产品转向设计一系列工具或工具包。"①

第三节　在"跨越边界"的过程中发展学习共同体

学习共同体要在不断的拓展和转型中保持生命力。今天，我们所面对的问题日益复杂，困难程度不断增加，这就对行动者的主动性和创造性提出了越来越高的要求。对于学习共同体而言，为了促进其成员的持续性发展，学习共同体需要不断打破既定的行动框架，在跨越边界的过程中不断发展。"如果共同体单位无法跨越其边界并对其周边的共同体尤其是边界的守卫者们产生影响，那么，共同体积极发展的势头很快就会被大范围的危机所取代。这就要求建构一种本质上不断拓展的客体，能够为相互分离但始终互动的单位所共享。"②

一、根据文化情境调整合作模式

学习共同体因为其成员相互间拥有"共享客体"而存在，学习共同体的转化和发展也取决于客体的存在状态。学习共同体内部的合作模式之所以需要调整，是因为学习共同体所面对的问题情境发生了变化。为了化解新出现的问题情境，学习共同体不得不做出调整以进行应对。换言之，学习共同体的合作模式取决于解决问题的需求。活动客体为共同体的成员提供了合作的动机，活动客体的转化也成了共同体成员合作模式调整的动机。"当人们被置于困境时，如果能够让他们利用中介工具一起分析、展

---

① Engeström Y. Activity Theory and Expansive Design [M] //Bagnara S, Smith G C. Theories and Practice of Interaction Design. Boca Raton, Florida: CRC Press, 2006: 3-23.

② Engeström Y. Studies in Expansive Learning: Learning What is Not Yet There [M]. New York: Cambridge University Press, 2016: 135.

望和重新设计他们共同的活动，主体转化的行为和表现就会出现。"① 从这种意义上看，学习共同体的转化过程既是一个打破陈规以解决矛盾和困难的过程，也是一个学习的过程。

语言不是一种绝对客观和中性的表达方式，而是处于特定的文化情境之中，属于社会生活的某个特定领域。因而，汉语学习共同体的合作模式应当根据文化情境的变化不断进行调整。

首先，要引导学习共同体的个体成员从活动系统的层面来认识学习共同体。活动理论所理解的共同体是活动系统之中的共同体。在活动中，面对以任务、困难或问题情境等方式出现的活动客体，活动主体中的各个成员往往会急于解决自己眼前的问题。但受制于个人的视野，个体成员对问题的认识和判断具有局限性，相互间会存在许多分歧。尤其是在活动系统的发展方向上，个体成员很少会关注到。事实上，活动主体的转化过程是一个由个体发起，进而推动共同体发展转化的过程。活动主体的转化源于活动系统中的问题情境，以个体成员的质疑为起点。但只有当个体成员开始互动并形成合作关系时，转化才会发生和发展。

为了促进学习共同体的发展，要引导与促进个体成员关注活动系统的存在状态和发展方向。个体成员需要意识到，学习共同体的发展是作为活动系统中的活动主体的发展，而不是漫无目的的发展；学习共同体的发展是在活动系统发展和演进过程中得到的发展，而不是学习共同体作为一个独立实体的发展。只有从活动系统的层面，整体性地考虑到学习共同体与活动客体、中介工具、规则、分工等活动系统内部其他要素之间的关系，以及活动结果、共享客体等外部活动系统的要素之间的关系，才能够从根本上解决活动系统所面临的问题。"要想摆脱当前普遍流行的观念，实践者需要做的第一步就是让自己离开眼前的生产工作，从共同体的角度分析活动系统及其转化过程。在探究和分析之后，他们可以为自己的活动设计一个新的方案并加以实施，从而帮助他们化解当前系统中最为急迫的发展

---

① Haapasaari A, Engeström Y, Kerosuo H. The Emergence of Learners' Transformative Agency in a Change Laboratory Intervention [J]. Journal of Education and Work, 2016, 29 (2): 232-262.

性矛盾。"①

其次，要利用中介工具不断反思和重新认识文化情境。作为学习活动的主体，学习共同体要借助于中介工具作用于学习活动的客体，进而实现学习结果。但是，客体的拓展是一项相当具有挑战性的任务，需要借助于工具来完成。只有通过使用中介工具，学习共同体才能够不断更新对问题情境的认识和理解，推动"共享客体"的转化。"拓展性学习通过采用具体和精细化的新工具、模型和概念从根本上拓宽了共同的客体。在共同构造中，学习转型的关键在于重视行动的设计、建模、文本化、客体化、概念化和可视化。"②

当学习共同体的成员开始使用工具以重新定义问题情境之时，学习共同体就有可能打破既定的合作框架，重新构建新的合作模式。这不仅是一个彰显学习者主体性的过程，同时也是一个实现学习共同体转化的过程。"人们开发和使用外部的工具重新定义问题情境并掌控他们自己的行为。不过，他们的身份是共同体的成员而非孤立的个体。大量个体可以共同开发和使用工具以重新定义问题情境，从而掌控他们共同的行为，推动他们日常工作环境的转变。"③

在对外汉语教学中，如何选择和利用工具以拓展共同的客体是一项重要任务。具体而言，这些工具可以是汉语学习者协商和讨论而确定的文本，也可以是他们制定的活动安排和计划。教师则可以为他们提供现成的工具或一些原始材料供他们开发利用。

最后，要从活动系统长远发展的角度来认识文化情境。活动主体的转化不仅仅在于活动主体自身，还在于整个活动系统。学习共同体的发展和转化同时伴随着整个活动系统的发展和转化。埃蒂纳·温格的实践共同体理论曾关注到了实践共同体自身的历史发展脉络，强调从实践共同体历史

---

① Virkkunen J. Dilemmas in Building Shared Transformative Agency [J]. Activités, 2006, 3 (1): 43-66.

② Engeström Y. New Forms of Learning in Co-configuration Work [J]. Journal of Workplace Learning, 2004, 16 (1/2): 11-21.

③ Virkkunen J. Dilemmas in Building Shared Transformative Agency [J]. Activités, 2006, 3 (1): 43-66.

形成的角度认识实践共同体。"实践共同体只是更广泛的集群中的一部分，它们的学习在这些集群中是有关联的，每一个实践都受制于它们自己的过去和位置。"① 而活动理论则进一步拓宽了视野，主张从活动系统发展的层面来认识学习共同体。鉴于活动系统的构成是活动主体借助于中介工具作用于活动客体的过程，其中牵涉到规则、分工等要素，因而，在分析学习共同体的发展和转化时，不仅要关注作为活动主体的学习共同体，还要关注客体、中介工具、规则、分工等其他因素，以及活动系统的发展脉络和历程。

从活动系统的角度来看，不仅要关注到眼前的具体问题情境，还要能够看到这些问题情境的历史发展定位。具体的问题情境往往是间断的、不连续的，但学习活动系统则具有较强的连续性。从学习活动系统发展的脉络来分析，有助于更好地认识学习共同体的发展脉络和方向。活动系统发展的内在动力在于活动系统中的矛盾。有必要从活动系统的内在矛盾入手来分析活动系统的演化过程，并以此为基础调整共同体的合作模式。在很多情况下，学习共同体忙于应对问题情境中的各类具体任务，但未能从活动系统的角度来认识问题情境，导致对活动系统中存在的矛盾关系认识不清。

二、借助话语分析重构合作框架

活动主体的转化过程是一个打破既定行为框架、建立新的合作框架的过程。学习共同体同样如此。这种转化过程表现在其成员的话语之中，可以划分为六种类型（表4.2），分别代表了活动主体转化过程的六个不同阶段。从最初的抵制变革、批判现状，到解读变革方案、展望未来，再到做出决定、采取行动，活动主体实现了拓展和转化。通过对个体成员的话语进行分析，我们可以大体判断学习共同体中的个体成员处在哪个具体的转化阶段，进而引导和推动学习共同体的转化进程。

第一种类型是抵制。这类话语的典型特征是排斥性，即反对外来的干

---

① ［美］埃蒂纳·温格. 实践共同体：学习、意义和身份 ［M］. 李茂荣，欧阳忠明，任鑫，等译. 南昌：江西人民出版社，2018：219.

预。无论是对专家、同事提出的改革建议，还是对管理者提出的改革建议，个体成员均持质疑的态度，不愿意改变现状。第二种类型是批判。这类话语有着变革的倾向，显现出了个体成员对现状的不满。通过对这类话语进行分析，可以感受到个体成员对变革的强烈需求，以及他们努力找到症结所在的尝试。第三种类型是解读。这类话语重在对变革的方案进行解读和分析，分析新的可能性和潜在的发展空间，为变革做出铺垫。第四种类型是展望。这类话语主要是提出面向未来的变革方案，包括一些具体的设想、意见、模型等。第五种类型是做出决定。这类话语表明个体成员已经做出了开展行动的决定，表现为一些具体的承诺、做出的判断、展现出来的意志等。第六种类型是采取行动。这类话语主要围绕行动开展的具体情况、进度、效果、改进方案等主体展开。

表 4.2 活动主体转化的六类表达方式①

表达类型	判断标准	例子
抵制	抵制变革，排斥新的建议或提案。与管理者、合作者或干预者针锋相对	我们必须这么做吗？
批判	批判当前的活动或组织。有变革倾向，尝试找到当前的问题所在	太困难了。很少有人了解改革方案
解读	解读新的可能性或潜在空间。认同过去的积极体验或良好实践	我们人手很多，这会大大加快工作进度
展望	展望新的活动模式或模型。提出面向未来的意见或拿出新的工作方案	我们应该把我们的工作看成一个整体，明确我们要在一起做些什么
做出决定	下定决心采取新的具体行动以促进活动的改变。做出行动承诺，明确具体的时间和地点	我们要把标准做成模型，这样到一月底的时候就准备好了
采取行动	采取实质性的行动	昨天我和对方公司的经理谈了三个小时，我们确定了备选的方案。下周三我们还会再见面

在话语分析的基础上，可以根据个体成员所处的状态推动其发展转

---

① 表格来源：Haapasaari A, Engeström Y, Kerosuo H. The Emergence of Learners' Transformative Agency in a Change Laboratory Intervention [J]. Journal of Education and Work, 2016, 29（2）: 232-262.

化。当个体成员处于抵制和批判阶段时，要引导与推动他们向解读和展望阶段转化；当个体成员处于解读和展望阶段时，要引导与推动他们向做出决定和采取行动阶段转化。

值得注意的是，在学习共同体中，要重点关注那些处于弱势地位的群体，分析那些相对来说话语表达较少的成员。话语分析的风险在于有可能忽视那些边缘化的弱势群体。一些成员倾向于保持缄默状态，但同样属于学习共同体的一部分，应当让他们也能够拥有一定的话语权。对于那些贫困的、边缘化的、缄默的群体，"显然，要让他们成为平等的对话者。为此，研究者需要通过多种方式倾听并适度放大他们的声音"。①

在汉语学习中，来自不同文化背景的学生在表达的积极性上存在较大差异，他们的表达方式也有所不同。如果仅仅分析那些表达出来的话语，就可能会误判学习共同体的发展状态。王添淼研究发现，由于汉语学习者来自不同的文化背景，他们在课堂中表达的积极性存在显著差异。如果不能够意识到这种差异并予以合理解决，将会产生"意义拒斥"的现象。学生会以积极或消极的方式抵制课堂教学。其结果将会是某些学生占据大量的课堂时间来展现自己，而更多的学生则以沉默的方式来应对。后者表面上在认真听讲，其实根本没有听进去。②

三、利用社会交往吸纳外部成员

学习共同体的发展要求吸纳外部成员以拓展学习共同体。拓展性学习的过程是一个在不同的维度和方向探索与进步的过程。这就要求学习共同体打破封闭的状态，在社会交往中吸纳外部成员，不断推进发展。恩格斯托姆提出，学习共同体内部的各个成员不仅要共同作用于客体，而且要通过跨越边界建立起联系。"我们要意识到，跨越活动系统的边界和鸿沟是这类活动主体的一个基本特征，也许用'主体间性'这个词概括更合适。

---

① Engeström Y. Putting Vygotsky to Work：The Change Laboratory as an Application of Double Stimulation ［M］// Daniels H，Cole M，Wertsch J V. The Cambridge Companion to Vygotsky. New York：Cambridge University Press，2007：382.

② 王添淼. 跨文化交往中的意义拒斥：国际汉语教师课堂评价语探析 ［J］. 国际汉语教育，2013（2）：116-121，181.

我们可以试着把这类主体描述为'共同作用于客体；跨越边界进行联系和互换。'"①

对于学习共同体而言，吸纳外部成员并不意味着外部成员要进入课堂之中，与其他成员共同学习汉语。吸纳外部成员更多地表现为外部成员成为学习活动的参与者和贡献者，为学习共同体提供信息、提供视角，推动学习共同体在关注焦点、发展方向、身份认同等方面实现转化。

首先，利用社会交往吸纳外部成员的过程是一个获取信息的过程。通过与外部成员的交往，学习共同体的成员可以从外部世界获取大量知识和信息，实现学习共同体知识的增长。语言是一种社会性的存在。布伦特·戴维斯（Brent Davis）指出，语言可以被看作一种社会群体知识的动态仓库，它具有非常广泛的社会意义。"语言不止是词汇系统，它更是关系网络。这种网络横跨时空，是变化的源泉，也是可能性的海洋。语言具有进化的特点，它通过人们在与世界进行磨合时所进行的连续互动来不断调整和重组自身。"② 可以认为，语言所代表的是几千年来人类累积形成的庞大的社会认知系统，社会性是其根本属性之一。

譬如，在汉语中，"烟花爆竹"一词所包含的不仅仅是英文中"fireworks"的含义，它同时蕴含着中国人对幸福生活的祈盼和喜悦之情。对于"烟花爆竹"一词，只有经过与中国人的沟通交往才能真正理解其含义。一些留学生刚到中国时，发现中国人非常喜欢燃放烟花爆竹。在他们自己的国家，节日庆典上也会燃放烟花。但中国的烟花爆竹实在是太多了。起初，他们会感到有些奇怪。随着与中国朋友的交往，他们才会逐渐明白烟花爆竹对于中国人的特殊意义。当他们与中国朋友一起度过一次春节时，他们才能够逐渐将烟花爆竹与节日的喜庆气氛、中国人的思乡之情、中国人对家庭团圆的期待联系在一起，进而拓展至"春运""年货""家族""祖籍"等一系列相关词汇，真正理解汉语词汇的意蕴。

当前，外国学生在中国的社会交往呈现出了一些典型特点，直接影响

---

① Engeström Y. From Teams to Knots: Activity-Theoretical Studies of Collaboration and Learning at Work [M]. New York: Cambridge University Press, 2008: 225.

② [美] Davis B, 等. 心智交汇：复杂时代的教学变革 [M]. 2版. 毛齐明, 译. 上海：华东师范大学出版社, 2011: 135.

着他们对外界信息的获取。大多数来华留学生希望与中国学生进行互动以提升汉语水平。很多来华留学生在谈到学习汉语的经验和心得体会时，都强调应当加强与中国同学或当地人的交流沟通，从而更好地学习汉语，了解中国文化。但研究发现，来华留学生与中国人的交往相对有限。梁茂春和陈文曾对广东、广西地区 15 所院校东南亚来华留学生的社会交往进行了调查。结果发现，受访的 1189 名东南亚来华留学生在华期间交往最多的是自己本国的学生，其次是来自东南亚其他国家的留学生和其他境外留学生，最后才是中国人。① 孙杰和田丹婷对俄罗斯留学生的调查也得出了相似的结论。通过对黑龙江大学 133 名俄罗斯留学生的调查发现，主动与校园中的中国大学生交流的俄罗斯留学生的占比仅为 24.8%，高达四分之一的俄罗斯留学生认为自己没有中国朋友。②

此外，来华留学生的社会交往还呈现出了分化的特点。来自英语国家的留学生在交往过程中处于较为有利的地位，而来自非英语国家的留学生则处于相对弱势的地位。在解决生活和学习上的困难方面，来华留学生倾向于与本国学生进行互动，交流范围相对局限。③ 究其原因，既有语言和文化上的障碍，也有生活习惯、宗教信仰的因素。很多留学生更加倾向于和与自己有着相同或相近文化背景的同学建立起交往的小圈子。在他们看来，远离亲人，来到异国他乡，和与自己处境相同的人交往更容易产生共鸣感。但是，与中国人社会交往的局限性会制约他们汉语能力的发展。有必要在制度设计上拓展外国学生的社会交往空间，让他们在社会交往和互动中获取更多的信息。

其次，利用社会交往吸纳外部成员的过程是学习共同体成员身份重构的过程。随着外部成员的加入，个体成员必须重构自己在学习共同体中的身份。对个体而言，重构身份是一个重要的角色转变过程，它意味着个体要重新调整自己的多重成员资格。通常，这需要耗费大量的时间和精力。

---

① 梁茂春，陈文. 东南亚来华留学生的社会交往状况分析：基于 15 所院校的问卷数据与访谈资料 [J]. 世界民族，2016（2）：84-92.

② 孙杰，田丹婷. 黑龙江省俄罗斯留学生社会适应现状调查及应对策略研究 [J]. 汉字文化，2018（22）：113-114.

③ 赵彬，朱志勇. 来华留学生的自我呈现：途径与机制 [J]. 比较教育研究，2019（8）：99-106.

"在整个生命历程中，我们通过行动和互动可以找到促使我们不同类型的成员资格共存的方法，无论这个调和过程是导向成功解决，抑或是一场持续不断的斗争。"① 个体成员重构身份的最终结果，是学习共同体获得了更大的探索空间和成员间相互协作的机会。

第二语言教学本身就蕴含着促进学习者反思和形成身份认同的价值。随着外部成员的加入，个体成员需要在交流的过程中不断反思自己的身份定位。库玛（B. Kumaravadivelu）指出，在文化全球化的背景下，人们处于全球化的离心力和向心力的撕扯之中。传统社会中稳固的社会状态被打破，人们在多种生活方式的选择面前无所适从，个体在建构自我身份认同上遇到了巨大的困难。为了缓解这种困难，语言教学要勇于承担责任，增强学生对文化全球化的认识。因为，"在文化全球化的今天，只有建立在对全球文化认知的坚实基础上才能建造和再造个人身份的大厦"。②

通过吸纳外部成员，汉语学习共同体的结构将实现重组，其成员相互间的关系将得到新的调整。正如佐藤学（Manabu Sato）所言，学习是一种社会性的实践，学习的过程就是同他人进行沟通对话的过程。"教育内容的知识其本身是社会建构的，学习的活动逃避不了来自看不见的他人的种种视线。"③ 在这种意义上，学习共同体是一个协商、学习、沟通和形成身份的平台。通过与新成员的联系和交流，外国学生将会从不同的视角审视自己在共同体中的角色身份，重新认识自身的主体性，并建构自我身份的认同。

在言语交际中，参与者之间的互动情况影响着交际的实现。研究表明，交际者之间的关系、交际者的讲话特点、交际者所处的位置、交际者的交流能力等因素会促进或阻碍交际的成功。④ 如果交际者有较强的合作

---

① ［美］埃蒂纳·温格. 实践共同体：学习、意义和身份［M］. 李茂荣，欧阳忠明，任鑫，等译. 南昌：江西人民出版社，2018：152.

② ［美］B. 库玛. 文化全球化与语言教育［M］. 邵滨，译. 北京：北京语言大学出版社，2017：34.

③ ［日］佐藤学. 学习的快乐：走向对话［M］. 钟启泉，译. 北京：教育科学出版社，2004：39.

④ 欧洲理事会文化合作教育委员会. 欧洲语言共同参考框架：学习、教学、评估［M］. 刘骏，傅荣，等译. 北京：外语教学与研究出版社，2008：156.

精神，他们会给予其他成员更多的话语权，有时甚至愿意讲得慢一点、做出详细的解释，或重复表述以帮助其他成员理解。如果交际者的语速、口音、清晰度、连贯性相对标准或规范，将有助于其他成员获得丰富的语言信息。此外，不同的交际者对交流主体的熟悉程度、对社会交流规则的掌握程度均存在差异。简言之，随着新成员的加入，学习共同体将拥有更多的机会来理解交际具体情境，并选择更为适合的语言表达来完成言语交际。

最后，利用社会交往吸纳外部成员的过程将推动活动客体的转变。随着新成员的加入和新信息的流入，学习共同体将会对活动客体形成新的认识。一名留学生表示，自己对中国文化的很多理解是从同学那里获得的。他介绍了自己一个留学生朋友的经验。这位留学生朋友受邀到中国朋友家做客。过程中相谈甚欢，一切进展都十分顺利。唯独到了告辞的时候，跨文化交际中的理解偏差发生了。这位留学生看到时钟已经指向晚上 8 点，便向主人表示，时间不早了，自己该离开了。但主人却表示惋惜地说："还很早嘛，你回去一个人在宿舍也没什么事儿做，倒不如再多坐一会儿，刚好准备切水果吃。"听到主人表示挽留，这位留学生只好又坐了下来。他们一边吃水果，一边继续聊天。眼看着钟表已经指向了晚上 9:30，该留学生再次表示时候不早了，该离开了。这时主人又发话了："时间还很早，我们准备吃点儿夜宵，你也和我们一起吧，吃完了再走也不迟。"在主人的盛情挽留之下，该留学生只好又留了下来。眼看时间已经到了晚上 11 点钟，该留学生第三次站起身告辞，主人仍旧大声地说："还早嘛，怎么说走就要走了呢！"通过从这位到中国朋友家做客的留学生那里所获取的信息，其他留学生认识到了中国人对于"挽留"作为一种礼貌的看法。即便到了宴请或交往活动应该结束的时候，主办者仍然要表现出挽留的态度以表示热情。但事实上，他们只是为了表现出热情的态度，并非一定想让客人留下。

第五章　汉语学习活动的中介工具设计

中介工具是活动系统中主体与客体的联结物。在学习活动中，教学设计者会给学习者安排特定的问题情境或任务，让学习者构建共同体，并作用于特定的客体。但在现实中，学习者所要完成的任务或者作用的客体却不仅仅是教学设计者所提供的。学习者会对任务进行解读和重构，但这种解读和重构通常不完全符合教学设计者的预期。在更多的情况下，学习者根本不知道如何完成学习任务，也不会对客体进行改造。对此，教学设计者不应放任不管，而是应当提供特定的中介工具供学习者使用，帮助他们解释和重构任务，使之真正成为学生的学习对象。在汉语学习中，如何向学习者提供中介工具也是教学设计的一项重要任务。

第一节　汉语学习活动中介工具的设计理念

在中介工具的设计理念上，第三代活动理论继承了以维果茨基为代表的第一代活动理论的思想，将"双重刺激法"（Double Stimulation）的学习机制作为理论基础，把第一刺激发展为活动客体，把第二刺激发展为中介工具，要求遵照第二刺激的设计理念来提供中介工具。此外，第三代活动理论还提出了"形成性干预"（Formative Intervention）的中介工具使用原则。具体到汉语学习中，中介工具的设计理念要求将关注点从中介语转向中介工具，拓宽汉语学习中介工具的来源，强化学习者对中介工具的加工和改进。

一、“双重刺激法”的学习机制

维果茨基在论述高级心理机能的形成的过程中，提出了“双重刺激法”的学习机制。双重刺激法包括两种刺激。第一刺激指的是直接提供给活动主体、需要活动主体完成的任务要求。这项任务不在儿童的能力范围之内，是仅凭儿童已有的技能和经验无法完成的。第二刺激也被称为中性刺激，指的是没有直接提供给活动主体，但有意安排在活动情境之中，可以由活动主体自行找寻和发现的物品。第二刺激不是一种成品，无法供活动主体直接使用，而是需要活动主体有意识地去利用和开发。这些中性物品被整合后，可以转化为可供使用的工具，帮助儿童完成任务。

在维果茨基的实验中，作为实验对象的孩子需要完成特定的任务。实验人员会问他们一些问题，如：“你上学了吗?”“你喜欢玩儿吗?”“你到农村去过吗?”孩子们在回答时要遵守特定的规则。他们不能直接回答问题，而是要用一定的颜色来代表不同的答案。而且，他们不能重复用同一种颜色回答，也不能说出某种被禁止的颜色。这些任务是第一刺激。通常，学龄前儿童很难完成这项任务。即便对于八九岁的孩子而言，完成任务也存在一定的难度。为了帮助孩子们完成任务，实验人员为他们提供了一些彩色卡片，作为孩子回答问题的辅助手段，这就是第二刺激。“提供给孩子的有两组刺激源：一组是实验者的问题，另一组是彩色卡片。借助于第二组的刺激源，可以将心理活动转向另一组刺激源，这些刺激源有助于把注意力集中到正确答案上。”① 最终，借助于第二刺激，儿童完成任务的成功率大大提高了。

第三代活动理论吸纳了“双重刺激法”的理念，并加以具体阐述，使其成为“拓展性学习”理论的重要内容。在拓展性学习中，学习者所要完成的任务或者需要解决的问题情境是第一刺激，也是学习活动系统中的客体；而学习者所能开发和利用的材料是第二刺激，也是学习活动系统中的中介工具。当学习者为了完成既定的任务或解决问题而开始使用中介工具

---

① ［苏］列·谢·维果茨基. 高级心理机能的社会起源理论［M］. 龚浩然，王永，黄秀兰，译. 合肥：安徽教育出版社，2016：249.

时，就意味着他开始尝试将自己的内部心理机能与外部世界相联系。使用中介工具的能力代表着学习者高级心理机能发展的水平。

第二刺激的选择和使用是拓展性学习理论的重要内容。恩格斯托姆指出，在拓展性学习的设计、实施和分析过程中，第二刺激是一个重要概念。恩格斯托姆例举了学校考试中的作弊行为。在学校考试中，考试的题目是学生需要完成的任务，是第一刺激。为了通过考试，个别学生会对学习资料进行整理和加工，做成小抄，使其成为自己作弊的工具。这些学习资料就是第二刺激。这些用于作弊的小抄是学生自行开发的外在辅助性工具。小抄很小，一般不能涵盖太多的信息。于是，学生需要对学习资料进行精心加工，使其变得简便、易于携带。最好的情况是，在考试期间，只要看上一眼便能获取大量概要性的信息，激发自己的记忆储备。从这种意义上说，小抄的制作水平反映了个体的加工水平。借助于小抄，"学生的主体性得以在考试中建构和彰显出来，并超越了考试规定和允许的限度。这就是双重刺激的全部内容。在抄袭的行为中，学生进行了双重刺激的实验"。①

恩格斯托姆归纳出了有效的第二刺激的四个主要特点，使之成为中介工具的设计理念。一是第二刺激要由活动主体主动建构形成。外在的干预者可以参与第二刺激的设计和安排，但活动主体的作用要得到充分尊重和体现。在利用和开发的过程中，活动主体将会赋予第二刺激具体的意义，使其推动活动系统实现转化。通过选择和使用第二刺激，活动主体对自己的行为拥有了控制权，可以有意识地改变外部的环境。"在双重刺激法的推动下形成新的方案、概念、技能，这绝不仅仅是认知层面的学习成就。这一过程更重要的成就在于主体性的形成和解放。它促使个体和共同体实现了拓展，将认知领域与文化学习内容联系了起来。"② 简言之，"双重刺激法"进一步确立了学习者的主体地位。虽然第一刺激是教师所布置的任

---

① Engeström Y. Putting Vygotsky to Work: The Change Laboratory as an Application of Double Stimulation [M] // Daniels H, Cole M, Wertsch J V. The Cambridge Companion to Vygotsky. New York: Cambridge University Press, 2007: 368.

② Engeström Y. Putting Vygotsky to Work: The Change Laboratory as an Application of Double Stimulation [M] // Daniels H, Cole M, Wertsch J V. The Cambridge Companion to Vygotsky. New York: Cambridge University Press, 2007: 374.

务，但如何完成这项任务则主要取决于学习者。学习者可以对第二刺激进行分类、加工、整合，使其转化为自己的工具。在使用工具的过程中，学习者的主体性得到了彰显。

二是从性质上看，第二刺激应该兼具模糊性和文化适切性。为了发挥学习者的主体性，第二刺激应该是模糊的。这种模糊性给学习者留下了较大的可供开发和利用的空间，学习者可以根据实际情况逐步赋予其特定的意义。通常，刚开始，第二刺激只是一个基本的框架，然后由活动主体对其进行加工、改造，使其逐渐变得清晰和具有可操作性。相较于维果茨基将第二刺激比喻为"中性刺激"的表述，恩格斯托姆更倾向于将其称为"模糊刺激"（Ambiguous Stimulus）。① 这是因为，随着活动主体对第二刺激的选择和使用，它必然会被赋予特定的意义，而无法保持绝对中立。而且，"模糊"一词更能够体现出第二刺激不够明确且需要被赋予意义的特点。

三是第二刺激应该有相对稳定的形态，便于引导活动的发展方向。虽然第二刺激需体现出开放性和可变性，但同时也要发挥出定向的功能。第二刺激并不是随意的，而是精心设计出来的。借助于第二刺激的选择和安排，教师引导着活动系统的发展方向。

四是第二刺激要能够用于应对第一刺激所引发的矛盾。事实上，第二刺激的有效性就表现为在使用过程中所发挥的作用。此外，恩格斯托姆还指出，第一刺激与第二刺激在互动过程中所引发的新概念也是一个值得注意的现象，因为这种新概念事先往往是不清楚的。②

在对外汉语教学中，教师给学生布置的任务是第一刺激。譬如，教师可以要求学生用汉语写一张求租房子的广告，要求他们明确列出对房子的具体要求，包括家具、家电、房子的地理位置等。在布置这项任务时，教师要根据学生的汉语水平设定难易程度，通常是超越学生个体已有汉语水平、学生无法独立完成的。此时，为了帮助学生完成任务，教师需要安排

---

① Engeström Y. Studies in Expansive Learning：Learning What is Not Yet There ［M］. New York：Cambridge University Press，2016：235.

② Engeström Y. Studies in Expansive Learning：Learning What is Not Yet There ［M］. New York：Cambridge University Press，2016：240.

第二刺激为其提供帮助，使之成为学生可以利用的中介工具。在此情境中，教师可以提供的第二刺激包括图片、文字、背景信息等。

这些第二刺激的价值在于帮助学生明晰问题，使他们能够摆脱困境。教师可以提供关于求租者的信息，让学生分析如何根据求租者的需求来写广告。比如，设定求租者是需要独自抚养孩子的单亲妈妈，或是年轻时尚的"00 后"大学生，或是年过七旬的退休老人，等等。因为，不同类型的群体可能会有不同的租房需求。教师也可以提供关于广告格式和规范的信息，让学生了解广告的写作规范与方法，熟悉有关求租广告的语言表达形式。通过对第二刺激的开发和利用，学生将会不断明确自己所要应对的问题情境，分析可能的解决路径，最终表现为作用于客体的行动。

在设计中介工具的过程中，教师需要遵循第二刺激的理念。首先，第二刺激要由学习者不断建构和深化。为了用汉语写成求租广告，学习者需要思考和厘清在广告上呈现的内容。教师可以提供求租者的背景信息、广告的基本规范等内容作为第二刺激，供学生自己分析和加工，但最终要由学生来完成任务。其次，第二刺激应该兼具模糊性和文化适切性。教师可以提供一些指导性的信息，但教师不能直接告诉学生在广告上要写的具体内容。最后，教师所提供的第二刺激发挥着定向的功能，起着引导活动发展方向的作用。通过分别提供不同类型的第二刺激，学生能够逐步解决问题。例如，教师可以先提供求租者的信息，让学生分析求租者的需求；然后提供广告的语言规范，让学生选择合适的语言内容；接下来提供广告的格式规范，让学生对文字的呈现方式进行加工。此外，第二刺激的选择要始终关注第一刺激所引发的矛盾情形，如学生在面对"用汉语写一张求租房子的广告"这一任务时的反应、困惑之处等。

二、"形成性干预"的使用原则

在中介工具的使用上，活动理论主张采取"形成性干预"的原则。恩格斯托姆强调，在不断发展变化的环境中，人类的学习越来越具有复杂性和不确定性。在很多情况下，人们事先并不清楚究竟应该学习什么。因而，过去由教师主导的"线性干预"（Linear Intervention）模式显得越来越不适用。学习理论所面对的巨大挑战迫使人们探索一种更加关注复杂性和不确定性的干预理念与措施，并赋予学习者更大的自主权。"这就要求采取一种形成性干预的措施，它要建立在对活动系统历史分析的基础之上。对活动系统中矛盾的记录和分析要成为干预工作的一部分。"① 在这种意义上，形成性干预与简单直接的线性干预形成了明显的区别。

在目标的设定上，形成性干预要求根据实际情况设计干预目标，并根据学习的进程适当调整。在线性干预中，目标通常是由干预者事先设定的，干预行动的成败标准在于其是否完成了预期的目标。但在形成性干预中，目标必须根据实际情况进行设定和调整。恩格斯托姆通过对社会学领域的干预与教育领域中的干预进行对比发现，社会学领域中很少存在线性干预的模式。他分析指出，这种现象的出现源于教育领域通常会建立一个封闭的系统，竭力阻止任何外在因素的介入和影响。而社会学领域则对外在因素持一种较为开放的态度，没有建立类似的"防火墙"。主体性、权力、动机、斗争等因素均得到了相当程度的认可，被视为值得重视的因素，在干预方法论中占据重要地位。②

形成性干预对干预目标不确定性的认识源于其对干预过程中遇到的困难的理解。通常，线性干预不愿正视干预过程中遇到的问题，并将其归因于设计瑕疵。为了解决问题，线性干预要求消除所有的不确定性，从而建立一个标准化的稳定的干预模式，以便能够应用于各类问题情境。形成性干预则对问题持更加开放的态度，随时准备根据遇到的问题做出调整。在承认问题特殊性的基础上，形成性干预致力于提出适合的解决方案，要求根据问题情境的不同提出不同的解决方案。

在干预的策略上，形成性干预采用的是"双重刺激法"。活动理论强调，干预过程中所遇到的是具有主体性和能动性的人，他们有自己的想法和价值观，从而带来了较强的不确定性。我们不能将其假设为没有任何感情的机器，期望他们遵循简单的"刺激—反应"原理。人的主体性必须成

---

① Engeström Y. Studies in Expansive Learning：Learning What is Not Yet There［M］. New York：Cambridge University Press，2016：223.

② Engeström Y. The Future of Activity Theory：A Rough Draft［M］// Sannino A，Daniels H，Gutiérrez K D. Learning and Expanding with Activity Theory. New York：Cambridge University Press，2009：319.

为形成性干预需要考虑的中心问题。形成性干预所采取的"双重刺激法"旨在调动和激发参与者的主体性，引导他们主动采取措施以改变外部环境。

在教学设计中，学习任务或问题情境通常由教学设计者设计。但是，这些任务只有为学习者解读和重构之后才能够成为客体。当学习者对任务进行解读和重构时，他们经常会遇到困难和障碍，从而导致方向偏离。为了引导和帮助学习者更好地解决问题，教学设计者需要采用"双重刺激法"。具体而言，就是在设计学习任务或问题情境时，除设置常规性的任务作为第一刺激之外，教学设计者还应当安排第二刺激以应对学习者的主体性及其带来的不确定性因素。

在干预的结果上，形成性干预将促进新的概念的形成。这些概念可以用于其他情境中作为问题解决的框架或改进方案。但在线性干预中，干预的结果是完成一个标准化的解决方案或者实现预期的结果，而且这些解决方案或预期的结果要能够直接应用于其他的情境。

从教师的角色上看，形成性干预要求教师将工作的重心放在激发和维持拓展性学习的转化上，教师并不具有对干预的垄断权。学习的方向和内容最终要由学习者选择，同时外部的各类因素都可能会对学习活动产生影响。但在线性干预中，教师必须努力控制各种可能的变量，以确保学习符合预期的方向。

三、从中介语向中介工具的转化

在第二语言教学中，中介语假说是用于解释和分析第二语言习得过程的一个重要理论。根据这一理论，第二语言的学习者在语言学习的过程中要经历由母语向目的语的发展过程。学习者的语言要不断地向目的语的方向发展，不断地与目的语的特征接近；而中介语就是介于学习者母语和目的语之间的语言系统。"中介语假说以普遍语法理论和先天论的母语习得理论为基础，它不但把第二语言的获得看做是一个逐渐积累、逐步完善的连续的过程，而且看做是学习者不断通过假设—验证主动发现规律、调整修订所获得的规律，对原有的知识结构进行重组并逐渐创建目的语系统的过程。"①

汉语学习者中介语的发展状况不仅反映了学习者的汉语能力发展现状，而且能够显示出学习者汉语学习的发展阶段和过程。在对外汉语教学中，学习者已经在母语习得的过程中掌握了一定的发音能力和读写能力，建立了母语的字音、字义、字形的相对稳定的联结。因此，在学习汉字时，他们需要重新建立起汉语的字音、字义和字形的联结。在建立联结的过程中，他们不可避免地会受到自己母语心理表征的影响。譬如，在学习汉字"好"的时候，英语国家的学习者就会将其与"good"一词联系起来，辅助进行理解。

汉语教学一度将中介语作为教学改革的突破点，通过较大规模语料库的建设为语言教学和测试提供参考。② 事实上，学习者所形成的中介语既有符合目的语的正确的部分，也有不符合目的语的错误的部分。汉语中的许多词汇，往往无法与学习者母语中的某个词完全对应。当学习者借助于母语来理解汉语时，也可能会出现错误。譬如，当学习词汇"优异"时，英语国家的学习者可能还会将其与"good"一词联系起来。但在使用这一词汇时，就可能会出错。有些学习者会说出"你的身体很优异"之类的表述。因而，探讨如何有效利用中介语是第二语言习得研究的一项重要内容。

但根据活动理论的观点，在汉语学习中，利用中介语仅仅是使用中介工具的一种方式，是学习者借助于母语这一工具来辅助其学习目的语的做法。在活动系统中，学习活动的主体要借助于各类中介工具的使用对客体进行改造，推动活动系统不断地发展和转化。中介工具思想极大地丰富了中介工具的来源和使用方式，使我们从学习主体、学习客体、分工、规则等活动系统的角度来分析和考虑问题。在活动理论看来，我们应当超越中介语的范畴，从中介工具的角度来促进汉语作为第二语言的学习。

首先，中介工具的来源应当多样化，而不仅仅是借助于母语这一工

---

①　刘珣. 对外汉语教育学引论［M］. 北京：北京语言大学出版社，2000：170.
②　肖奚强. 汉语中介语研究论略［J］. 语言文字应用，2011（2）：109-115.

具。在中介语假设中，我们所借助的工具仅仅是母语一种。但在活动系统中，中介工具的来源非常多元，文本、经验、模型、图表等许多内容都可以作为工具供学习者利用。活动理论强调，"中介工具贫乏"是学习活动中常见的一类问题。① 在缺乏中介工具的情况下，学习者仅凭自身已有的能力很难摆脱困境。在汉语学习的过程中，学习者在母语中掌握的词汇、语法规则、表达习惯等固然可以作为一种中介工具，而且很有可能是最为常见的一种中介工具；但如果不能让学习者有效地利用其他类型的中介工具，学习者难免会面临"中介工具贫乏"的问题，导致母语中的思维定式和表达习惯制约汉语的学习。

例如，在识读汉字时，图像可以成为一种中介工具。文字是反映语言的一种视觉形式。借助于图像的呈现，文字突破了声音的时空限制，实现了思维的传递和表达。申小龙分析指出，相较于拼音文字，汉字所具有的图像性的特点更便于信息的传递和接收。"图像性越强的文字，突破时空局限的功能就越大，它与思维的联系也就越紧密。现代心理学的实验已证明，认读拼音文字要通过语音的分析才能了解意义，认读方块汉字却可以直接从图像获取意义，而较少牵动语音的纽带。"②

其次，中介工具要在使用过程中不断地开发和优化。在中介语假设中，作为中介工具的母语是一种既定的存在，我们很难改变。教学的作用在于促进正面迁移的产生，限制负面迁移的效果，帮助学习者梳理清楚两种不同的语言系统之间错综复杂的关系。但在活动理论看来，中介工具不是一个定型的物品，而是一个要由学习者不断建构和改造的物品。"在指向共同构造的拓展性学习中，至关重要的一点，是让使用者持续性地构造工具并对特定的技术进行重构。也许某种技术会以相对固定的形态呈现出来，但我们要采用其他的新技术对其加以改造，使它根植于活动系统的发展脉络之中。"③ 而且，中介工具的开发和利用体现着学习主体能力的增

---

① Engeström Y. Learning by Expanding: An Activity-Theoretical Approach to Developmental Research [M]. New York: Cambridge University Press, 2015: 81.

② 申小龙. 论汉字的文化定义 [J]. 汉字文化, 2006 (6): 19-25.

③ Engeström Y. Enriching the Theory of Expansive Learning: Lessons From Journeys Toward Coconfiguration [J]. Mind, Culture, and Activity, 2007, 14 (1-2): 23-39.

强。在开发和改进中介工具的过程中，学习者的能力也会不断增强。

从这种意义上看，学习者可以对自己的母语进行加工和改造，使其变得更加符合学习者的需要。既然中介工具要由学习者主动建构，他们便要有意识地分析和利用自己的母语辅助汉语学习；既然使用中介工具时不能直接采用定型的物品，他们就要尝试对自己的母语进行加工以符合汉语学习的需要。换言之，在汉语学习的过程中，对母语进行加工和利用的主体是学习者自身而非教师；加工的指向是为学习者解决问题情境服务，而非促进正迁移或负迁移现象的出现。

最后，中介工具的性质和意义只有放到活动系统中才能被认识。中介语更多的是从学习者认知的角度来考虑的。中介语假设的关注点，在于学习者如何将母语中掌握的语言知识和规则用于目的语学习。学习者自身的认知状况是中介语假设的核心。但在活动理论看来，中介工具是活动系统中的一个环节，是活动主体在作用于活动客体时借助的工具载体。所以，只有在活动系统中，我们才能够看清楚中介工具是如何被活动主体使用的，包括使用的目的、使用的方式、使用的效果等。

活动主体对中介工具的使用不仅关系到活动主体自身，而且牵涉到客体的性质、共同体的形成、文化环境的影响等。当学习者借助于母语来学习目的语时，关系的发生并不局限于学习者、目的语和母语三者之间，而是涉及学习者所处的语言学习共同体、言语交际场景、语言文化环境等诸多要素。学习者掌握目的语的过程是一个语言学习共同体集体跨越最近发展区的过程。

总之，汉语学习应当拓宽中介语假设的范畴，从中介工具的角度来认识母语作为汉语学习工具的价值和意义。通过引入更多类型的中介工具，汉语学习者将拥有更大的开发和利用中介工具的空间。通过将中介语转化为中介工具，汉语学习的思路和方式将发生根本性的转变。

第二节　汉语学习活动中介工具的主要来源

活动理论主张尽可能地拓宽中介工具的来源，使学习活动的主体拥有更多的中介工具以增强其能力。在汉语学习中，中介工具的来源有很多。其中最为主要的来源包括承载汉语知识的语言文本、源于言语交际的个体经验和历史演进中的各类模型等。

一、承载汉语知识的语言文本

在活动理论看来，学校教育的一个最大的问题，在于中介工具的贫乏。在学校教育中，活动的主体是学生，活动的客体是文本。让学生掌握文本上的内容被认为是学校教育的主要任务。恩格斯托姆批评指出，从活动性质上看，学校教育将文本作为活动客体的做法，不符合活动的要求。从某种意义上说，将文本作为活动客体的做法甚至不能被看作活动。这是因为，活动系统中的客体就是主体参与活动的动机。无法与动机实现密切整合的客体不具备作为活动客体的条件，也无法保证活动的可持续性和发展性。事实上，文本既可以作为学习活动的客体，也可以作为学习活动的工具；但在学校中，文本仅扮演了客体的角色，而没有成为一种工具。而且，学校教育中关注的文本主要是教材文本，而忽略了其他类型的语言文本。由此导致文本成为一个封闭的客体，与外部世界相隔离。工具贫乏成为学校学习活动中存在的典型问题。①

通过将学习活动与生产活动、科学研究活动进行对比，恩格斯托姆进一步指出，将文本作为活动客体的做法具有极大的危害性。学习活动的特殊性在于它要生产的是其他各种类型活动的主体，而且学校所采取的是一种普及性的、大规模生产的方式。对于学习者而言，文本的使用价值更为重要。只有当学生充分意识到了文本对于他们未来社会生活的意义时，他

---

① Engeström Y. Learning by Expanding: An Activity-Theoretical Approach to Developmental Research [M]. New York: Cambridge University Press, 2015: 81.

们才会真正有动力去学习。未来，他们在其他类型活动中的主体性才能够充分彰显。但在学校教育中，文本在学校中扮演着客体的角色，它往往会沦为一个固定的、终极性的目标，最终导致学习走进了死胡同。可以认为，学校里的学习具有相当大的狭隘性，学习活动不能被简化为学校里的学习。①

在汉语学习活动中，应当使各类承载汉语知识的语言文本转化为中介工具，更多地发挥其帮助学习者改造客体的作用。根据文本的来源，文本可以分为三类，分别是教材文本、社会生活文本和网络文本。

教材文本主要是指根据对外汉语的教学大纲或课程标准编写，供对外汉语教学使用的教学用书。教材文本是课堂教学中最为常见、使用频率最高的文本。具体形式包括对外汉语的教科书、教辅工具书、汉语词典、汉语字典，以及各类汉语教学大纲等。教材文本是教材编写者以教学大纲或课程标准为参考依据，对语言素材进行严格筛选，并且按照语言点由易到难的等级顺序进行编排而形成的，具有较强的权威性。借助于教材文本，学习者能够获得相对准确的信息。譬如，当学习者需要用汉语讨论天气时，他们可以借助于教材文本获得有关天气的概念、天气的语言形式、中国天气的特点、与地理相关的天气特点、与天气相关的中国人的生活习惯等信息。此外，教材文本中的一些对话、短文、生词表、注释等也可以发挥类似的作用。

社会生活文本是指从真实的社会语境中选择并提炼出的语言文本，如商场或超市的促销广告、公共场所的指示牌、饭店的菜单、报刊上的时事报道等。社会生活文本发挥着重要的桥梁作用，它将学生的汉语学习活动与真实的目的语环境连接在一起，发挥着衔接作用。相较于教材文本的权威性及对语言知识系统性的强调，社会生活文本能够较好地体现出语言的真实性。当学习者需要用汉语讨论天气时，他们可以利用社会生活中有关天气的语言文本作为中介工具，如报纸上出现的天气预报、校园内电子屏幕上显示的天气预报、报刊上的新闻报道等。

---

① Engeström Y. Learning by Expanding：An Activity-Theoretical Approach to Developmental Research ［M］. New York：Cambridge University Press，2015：82.

网络文本主要是指从互联网平台收集并选择可用于对外汉语教学的语言文本，如汉语语料库、汉语教学多媒体课件、汉语学习网站、汉语影视或视频资料等。如今，互联网提供了有关汉语学习的大量文本资料，类型日益丰富。从最初仅提供拼音、汉字书写、词语、句子等基础性的信息，到综合性地呈现图片、动画、视频、游戏等内容；从描述事物情况和变化过程的动态语言，到根据学习者的个性化需求提供交互性的资源，网络文本的丰富度不断提升。① 当学习者需要用汉语讨论天气时，他们可以借助于网络文本获得动态的关于天气的语言表达方式，实现更好的表达和交流。

二、源于言语交际的个体经验

在中介工具的来源上，活动理论非常看重活动主体的经验，主张让经验成为活动主体有意识地利用的中介工具。第三代活动理论对"经验"的论述吸纳了约翰·杜威（John Dewey）、维果茨基、列昂捷夫等人的观点，重点借鉴了俄国学者费奥多尔·瓦西柳克（Fyodor Vasilyuk）的思想，并进行了改进以符合活动理论的思想体系。

在活动理论看来，经验是活动主体在参与活动、对活动客体进行建构的过程中获得的情感体验。当活动主体对活动客体进行建构时，活动主体要赋予活动客体具体的意义，使之成为真正的客体。在此过程中，经验发挥着重要作用。"经验在促进个体形成意识和参与活动上发挥着影响。个人意义是动机和经验共同作用的产物，它存在于活动系统和个体行为的方方面面。"②

对于活动系统而言，经验发挥着联系当下和未来的作用。活动理论提出，为了解决预先设计与生活实践之间存在割裂现象的问题，有必要借助于"经验"在两者之间搭建一座桥梁，让参与者在预设中感知未来的情况。"借助于经验，参与者被置于一个想象的、模拟的和真实的情境之中。

---

① 徐娟. 从计算机辅助汉语学习到智慧汉语国际教育 [J]. 国际汉语教学研究, 2019（4）: 77-83.

② Sannino A. Experiencing Conversations: Bridging the Gap between Discourse and Activity [J]. Journal for the Theory of Social Behaviour, 2008, 38（3）: 267-291.

个体要根据预测的或设计的活动系统的未来模型开展行动，作用于客体，并与其他人和物产生关系。"① 在这方面，活动理论借鉴了杜威对"经验"的有关论述。杜威认为，经验包含主动和被动两个方面。在主动的方面，经验是一种尝试；在被动的方面，经验是对结果的承受。"从经验中学习"就是在人们的行动与所承受的后果之间建立起联结。利用经验，可以将过去所发生的事情与可能发生但尚未发生的事情联系起来。"一个最明智的人所能做的一切，就是更广泛地、更细致地观察正在发生的事情，然后从已经被注意到的东西中更谨慎地选择那些因素，这些因素恰恰指向将来要发生的事情。"②

经验能够为活动主体的行动提供参考方案。经验本身就是在解决问题的过程中获得的，它可以用于反思当下的状态，帮助形成可能的行动方案。安娜丽莎·圣尼诺提出，经验是一个解决问题和化解冲突的过程。"经验指的是个体在他人的帮助下努力克服危急情况的过程。这一过程有着明确的目标，那就是化解个体生活中的重要冲突。"③

在汉语学习活动中，经验也应当成为中介工具的重要来源。首先，要利用学习者在母语中获得的语言形式和结构方面的经验。在语言概念的形成和演化过程中，第二语言与母语之间存在着相互促进的关系。人们在学习第二语言时，必然会利用他们在母语发展的过程中所掌握的概念和语义；他们在习得第二语言的概念之后，也会反向丰富他们对母语概念的认知。维果茨基在分析儿童的学习活动时指出，外语学习能够使儿童的言语思维从具体的语言形式和现象的束缚中解放出来。"掌握了外语能使儿童在对母语的语言形式的理解、语言现象的概括方面上升到更高的水平，在更自觉和自如地把词语用做思维和表达概念的工具方面达到更高的水平。

---

① Engeström Y. Studies in Expansive Learning：Learning What is Not Yet There ［M］. New York：Cambridge University Press，2016：100.

② ［美］约翰·杜威. 民主主义与教育 ［M］. 王承绪，译. 北京：人民教育出版社，2001：160.

③ Sannino A. Experiencing Conversations：Bridging the Gap between Discourse and Activity ［J］. Journal for the Theory of Social Behaviour，2008，38（3）：267-291.

可以说，掌握外语同样也能提高儿童的母语水平……"①

在学习汉语时，外国学生已经掌握了母语，他们获得大量有关词汇、句式、发音等语言形式和结构方面的经验，这些经验可以成为他们学习汉语的中介工具。在学习第二语言或者外语时，学习者并不会放弃他的母语，而是会在母语的基础上尝试建立起一种新的语言系统。新的语言系统的建立可以也应当借助于他在母语中掌握的能力，包括语言能力和文化交际能力。"学习者不是在获得两种迥异的行为和交际方式，而是成了语言的多面手，同时具备了跨文化性。学习者具有的每一种语言文化能力通过学习另一种语言而得以改变，这些语言文化能力可增进学习者的跨文化意识，增强他的交际能力和技能，还将使学习者的个性更加丰富多样，并提高学习其他外语和接受新文化的能力。"②

比如，在学习汉语"连动句"的语法结构时，母语为英语的学生可以借助英语中有关"连动句"的语言结构作为中介工具。"连动句"是指谓语由两个或两个以上的动词或动词短语构成，共用一个主语的句子。具体的结构形式为"主语+来/去+地方+动词（短语）"。其中"来/去"是第一动作，而紧随其后的"动词（短语）"则为第二动作，表示"来/去某个地方"的目的。以"我来北京学习汉语"一句为例。其中"我"是主语，"来"是第一动作，"北京"是地方。紧随其后的动词短语"学习汉语"是目的。在英语的语言系统中，存在和汉语"连动句"相同的语言结构，即第一动词"come/go"连接"地点"，第二动词表明"come/go to somewhere"的目的。"I go to Beijing to learn Chinese."的语言结构与汉语的表达基本一致。这样，借助于母语的语言结构，学生可以比较容易地理解汉语"连动句"的语法结构。

其次，要利用学生提取语境信息的经验。在言语交际时，语境是特定的语言环境，它制约着语言信息的传递。学习者利用语境信息的能力和经验对交际活动的开展发挥着重要作用。爱德华·霍尔将语境分为两类，分

---

① ［苏］维果茨基. 维果茨基教育论著选［M］. 余震球，译. 北京：人民教育出版社，2005：200.

② 欧洲理事会文化合作教育委员会. 欧洲语言共同参考框架：学习、教学、评估［M］. 刘骏，傅荣，等译. 北京：外语教学与研究出版社，2008：46.

别是高语境（high context）和低语境（low context）。在高语境的环境中，交际各方对交际内容和背景信息有较好的掌握，信息传递非常高效。交际各方只需要传达较少的讯息便能够达到沟通的效果。反之，在低语境的环境中，交际各方对交际内容和背景信息的掌握较少，交际各方在传递时必须将大量背景信息包含在内。"任何交流都表现为高语境、低语境或中语境（middle context）。高语境互动的特色是，预制程序的信息贮存在接受者身上和背景之中；此时传达的讯息（message）中只包含着极少的信息（information）。低语境互动则与之相反：大多数的信息必须包含在传达的讯息之中，以弥补语境（内在语境和外在语境）中缺失的信息。"①

如果能够将提取语境信息的经验转化为中介工具，外国学生就能够更好地理解问题情境，进而采取有针对性的应对措施。研究表明，高水平的汉语学习者能够更好地利用语境获得信息。在选择礼貌性请求话语时，低水平的汉语学习者所遵循的是基本的礼貌原则，"越间接，越礼貌"是他们选择话语的主要依据。而高水平的汉语学习者会根据请求事件的难易程度、交际双方的亲疏关系、身份距离等因素选择不同类型的礼貌性请求话语。②

在学习和使用量词"把"时，外国学生经常会犯错。例如，汉语中的规范表达应该是"一把剪刀""一把伞""一把钥匙"，但外国学生经常会说成"一个剪刀""一条伞""一个钥匙"。其实，这种量词在汉语中的使用方式源于中国人观察世界和认知世界的方式，是人们形象化思维方式的体现。为了帮助外国学生理解这种表达方式，就要调动他们的经验，促使他们在这类表达的句内语境中提取信息。在日常生活中，学生们都有的经验是剪刀、伞、钥匙等工具要用手握住来使用。当外国学生有意识地开始利用这些经验时，他们便能够理解"把"这个量词代表着"用手握住才能使用""有用手握住的部位"，进而学会通过组合搭配来使用它。

最后，要利用外国学生在中国进行社会交往所获得的经验。在中国的

---

① ［美］爱德华·霍尔. 超越文化［M］. 何道宽，译. 北京：北京大学出版社，2010：90.
② 周凌. 语境知识对非母语汉语学习者礼貌性请求话语选择的影响：实验语用学研究［J］. 外语与外语教学，2019（6）：29-38.

语言环境中，外国学生会在社会交往中接触到大量的汉语，这些社会交往经验都可以成为他们学习汉语的中介工具。譬如，在汉语学习的初级阶段，学生需要学会"如何恰当地称呼陌生人"。根据教材文本提供的信息，学生通常会使用"先生"一词来指称男性，使用"小姐"一词来指称年轻女性。但学生在生活中会接触到这两个概念的多种用法，而这些用法是教材文本所没有提供的。在人们相互介绍时，有人会说"这是我的先生，他在某某单位工作……"。此时，"先生"一词用来指称"丈夫"。在一些场合，女性也被称为先生，如"冰心先生""杨绛先生"等。此时，"先生"一词用于表达对知识分子或老师的敬意，并没有性别区分。如果学生在生活中称呼年轻女性为"小姐"，可能会感受到对方的排斥感，因为在社会上"小姐"一词已经被污名化。这些源于社会交往的经验均可以成为汉语学习中介工具的来源，拓展学习者对汉语的理解。

在中国人的言语交际中，谦让是一种美德。当留学生在中国的社会交往中获得这一经验之后，便可以将其转化为中介工具。譬如，有一名外国留学生看到自己的中国老师正在搬着一个大纸箱往教学楼走去。外国留学生表示要来帮助中国老师搬这个大纸箱。尽管纸箱很重，搬起来确实有些吃力，但中国老师出于谦让原则，推辞说不必麻烦，自己可以应付得来。这名留学生信以为真，于是转身离开了。后来，当他与中国朋友聊起这件事情的时候，他才了解到中国老师是出于谦让原则才表示不需要帮助的。经过这个社会交往过程，留学生所获得的经验是，中国人在面对他人主动提出的帮助时，即便自己确实需要帮助且愿意接受帮助，也会以委婉的方式先表示拒绝，以免给他人造成困扰和麻烦。今后，这一经验可以转化为学习者的中介工具以帮助学习者更好地与他人交往。

值得注意的是，活动理论是从中介工具的角度认识经验的，而语言学研究则更多地将经验视为一种能力。作为一种能力的经验需要不断地积累和发展，经验本身就是语言能力的体现。学习的过程就是经验不断丰富的过程。当经验被转化为中介工具之后，经验成为一种可供利用的东西，其使用价值得到了充分体现。经验的类型、使用的目的、使用的方式都成了研究的对象，学习者可以通过多种方式开发和利用经验。而且，学习者不仅可以利用自己的经验，也可以利用他人的经验。学习的过程就是学习者利用经验去认识和改造客体的过程。

三、历史演进中的各类模型

为了把握和分析学习活动的客体，学习者需要借助于模型的帮助。"模型是学习活动最基本的工具。借助于模型的帮助，主体可以明确它与客体之间的关系，并使之具体化。"① 在历史发展的过程中，出现过许多可用于分析和解决问题的模型。

恩格斯托姆指出，为了促进拓展性学习，我们可以利用的模型有五种（表5.1），它们分别出现于不同的历史发展阶段。

表 5.1　历史上的五种模型②

模型的类型	因果关系的理念	具体的例子
本能的范例	魔幻的、泛灵论的	—
命名和分类	先验论的	《七兄弟》（芬兰小说）
程序化	线性的、程序性的	《哈克贝利·费恩历险记》
系统化	可追溯的	化学元素周期表？ 《曼哈顿计划》
基质	历史性的、形成性的	核聚变？

第一种模型是本能的范例模型。这种模型是最基础的模型，它会从一种普遍性的事物或现象中选取一个范例作为其代表，从而更好地理解和认识事物。例如，萝卜、黄瓜、白菜可以作为蔬菜的范例，香蕉、苹果、桃子可以作为水果的范例，桌子、椅子、柜子可以作为家具的范例。

第二种模型是命名和分类模型。这种模型旨在对杂乱无章的事物给出定义、划分类型，从而形成一种相对稳定的秩序。它主要回答了事物"是什么"的问题。通过对某个概念所反映的对象的本质属性进行描述，可以清楚地说明和解释概念。例如，"桌子"一词的定义是上有平面、下有支柱的器物，其平面用于放东西或供做事情使用，一般用为家具。通过划分

---

① Engeström Y. Learning by Expanding：An Activity-Theoretical Approach to Developmental Research［M］. New York：Cambridge University Press，2015：99.

② 表格来源：Engeström Y. Learning by Expanding：An Activity-Theoretical Approach to Developmental Research［M］. New York：Cambridge University Press，2015：232.

事物的类型，每个事物的地位也随之被确定下来，于是便形成了一个特定的等级结构。例如，根据功能的差异，桌子可以分为办公桌、餐桌、课桌、电脑桌、麻将桌等；根据形状的差异，桌子可以分为长方形桌子、正方形桌子、圆形桌子、扇形桌子等。命名和分类的模型盛行于农业社会，代表着相对固化的社会秩序。

第三种模型是程序化模型。这种模型借助于运算法则或推理规则形成了一套操作程序。它主要回答了事物"如何做"的问题。程序化模型体现了人类对理性的追求，反映了高效和实用的原则，是近代以来自然科学发展的结果。这种模型盛行于机器大生产阶段，在设计和生产机器时具有相当强的适用性。不过，程序化模型存在的问题是无法应对预料之外的新情况，而且在解决复杂问题方面效力有限。

第四种模型是系统化模型。这种模型在程序化模型的基础上重点解决了整体系统与具体要素之间的关系问题，对系统运行中可能存在的不确定性问题给予了关注。系统化模型回答了"为什么"的问题，能够对复杂系统的现实状态和演变历程进行诊断与分析。在教学设计中，系统化的设计理念要求协调处理好教学活动中各个要素之间的关系。"教学设计者相信，比起用不够缜密的方法来规划教学，系统设计过程的运用可以使教学更有效、更高效、更具相关性。系统方法意味着对系统构成要素间的相互作用进行分析，要求所有设计、开发、实施以及评价活动之间的协调一致。"①

第五种模型是基质模型。这种模型以活动理论所倡导的"三角模型"为代表，表示这是最为基本的活动单位。基质模型对活动系统的内在矛盾及其根源进行了分析，可用于追溯开放系统的发展演变历程。它明确了活动系统中主体、客体、中介工具的基本结构，引入了规则、分工和共同体的概念，清晰地呈现出了系统中的结构关系。此外，活动系统模型还引入了活动系统网络的概念，从关系层面分析了活动系统相互间的联系。借助于活动系统的模型，学习者可以更好地认识到学习活动中的矛盾所在，并在解决矛盾的过程中推动学习活动的转化和发展。

---

① Gustafson K L, Branch R M. 什么是教学设计？［M］//［美］R. A. 瑞泽，［美］J. V. 邓普西. 教学设计和技术的趋势与问题. 王为杰，等译. 上海：华东师范大学出版社，2008：15.

第三节 汉语学习活动中介工具的使用方式

在活动系统中，中介工具的作用在于帮助活动主体认识和把握客体，使活动主体能够更好地作用于客体。中介工具的使用能力和水平能够反映出人类心智的发展水平。借助于中介工具的使用，人类活动的性质将会发生变化，人类的心智也将随之得到发展。在文化—历史活动理论的指导下，许多研究尝试系统性地应用中介工具，以促进拓展性学习的形成。具体包括"法国活动门诊"（French Clinic of Activity）、"社会设计实验"（Social Design Experiment）、"变革实验室"（Change Laboratory）等。① 这些尝试从不同角度分析了中介工具的使用方式。

在汉语学习活动中，中介工具应当重点在认识、分析和解决语言问题上发挥作用。具体而言，应当用"镜像材料"认识语言问题，用多维模型分析语言问题，用系列工具解决语言问题。

一、用"镜像材料"认识语言问题

"镜像材料"（Mirror Material）是恩格斯托姆等学者在芬兰开展"变革实验室"的研究时提出的概念，指的是用于帮助活动主体认识活动客体的文本、视频、统计数据等材料。② "镜像材料"是多种材料的综合体。这些材料提供了大量有关现实情况的资料，像一面镜子一样为活动主体提供反馈信息，帮助活动主体明确当前所面临的问题情境究竟如何。在功能上，"镜像材料"发挥着帮助活动主体认识活动客体的作用。为了促进活动的形成，活动主体首先要意识到活动客体的存在并做出具体描述。作为外在干预者的教师可以布置具体的任务或安排特定的问题情境，但这些任务或

① Sannino A, Engeström Y. Cultural-historical Activity Theory: Founding Insights and New Challenges [J]. Cultural-Historical Psychology, 2018, 14 (3): 43-56.

② Engeström Y. Putting Vygotsky to Work: The Change Laboratory as an Application of Double Stimulation [M] // Daniels H, Cole M, Wertsch J V. The Cambridge Companion to Vygotsky. New York: Cambridge University Press, 2007: 371-372.

问题情境未必会转化为客体。只有当学习者意识到任务或问题情境的存在，并致力于解决问题时，客体才有可能形成。换言之，客体是相对于主体的客体，而不是相对于外在干预者的客体。"镜像材料"所发挥的作用，便在于帮助活动主体认识活动客体。

在顺序安排上，"镜像材料"通常是最早使用的一类中介工具。活动主体在开展行动之前，首先要明确自己的作用对象是什么。譬如，在汉语教学时，教师给外国学生布置的任务是"用汉语完成一次求职面试"。对于学生而言，为了明确自己的工作对象，学生需要借助于一系列"镜像材料"作为中介工具。学生本国较为通用且常见的简历模板可以作为"镜像材料"出现。学生可以通过查看本国的简历文本或求职图片进一步明确自己的任务。中国人常用的简历模板也可以成为"镜像材料"。学生可以通过讨论和分析中国人常用的简历格式、图片样式、语言风格来明确自己的问题情境。事实上，不同于西方国家对保护个人隐私的强调，汉语求职简历中通常会包含大量的个人信息，如年龄、身高、体重、民族、婚姻状况等。个人照片也是其中的一项标准配置。

在中国面试求职的相关视频也可以成为一类"镜像材料"。在求职时提交一份出色的个人简历仅仅是成功的第一步，求职者还需要通过面试时的优异表现来获得面试官的肯定。汉语学习者通过观看视频，能够充分认识到完成该求职任务所需要具备的各种能力。相较于母语为汉语的求职者，汉语学习者面临更多的困难与挑战。他们不仅要掌握表达求职意愿的各种语言形式，还要熟悉并遵循与面试官等人交流互动时的社交规则。因此，面试求职的相关视频资料，有利于学生深入了解中国职场的真实情况，从而帮助他们将教师布置的任务转化为自己的活动客体。

在使用"镜像材料"时，要注意把握其真实性。"镜像材料"要尽可能真实、客观地反映事实。当我们为外国学生提供简历、视频等资料时，要尽可能接近真实的面试情景。只有接近真实的面试材料，外国学生才能够了解如何在中国参加求职面试，包括简历的模板格式、行文的用语规范，以及在目的语文化中的隐性交往规则等。许多重要的跨文化信息都可以通过个人简历、面试视频等中介工具提供给学生。学生可以有效地观察到并了解在汉语这一目的语环境中，如何制作符合汉语规范的个人简历，如何有效地准备面试，如何在面试交谈中遵守交际规则，等等。

在使用"镜像材料"时，要注意其来源的多样性。如果仅使用某一类材料，或者仅源于某一个渠道的材料，可能就无法充分地客观反映事实。多样化的镜像材料可以帮助学生充分认识并理解该任务，从而形成活动客体。除文本、视频等材料以外，学生的反馈信息也可以成为"镜像材料"的来源。活动理论通过"医生问诊""客户调查"等生动的事例反复强调，反馈信息是必不可少的中介工具，它可以帮助主体了解自身的处境及所遭遇到的困境。在该案例中，学生用汉语写的自我介绍、求职意愿、求职要求等，都是十分重要的反馈信息。教师应当将这些反馈信息再次提供给学生，大家一起来重新审视这些材料，发现其中的优点，找出其中的错误。这样能够帮助学生更好地认识客体。

在使用"镜像材料"时，要重点关注历史的维度。每一个问题情境均应出现在特定的时空环境之中，并在历史发展的过程中形成。"镜像材料"不仅要反映问题情境当下的状况，而且要呈现出其过去、现在和未来。

二、用多维模型分析语言问题

模型是活动理论用于分析活动系统的工具。通过引入模型，活动理论建构起了用于描述现象、发现问题、预测方向的框架。恩格斯托姆对常用的中介工具进行了整理，根据功能将其划分到不同的层次，形成了一个金字塔式的多维模型图（图5.1）。这个模型图分为六个层次，分别回答了六个不同的问题。从自下而上的顺序来看，第一层回答的是"是什么?"的问题。常用工具包括图片、范例、认知工具、申请表、清单等。第二层回答的是"谁? 什么时候? 做什么事情?"的问题，包含的信息主要是人物、时间、地点，常用工具有故事、叙述等。第三层回答的是"在哪里?"的问题，包含的信息主要是事件发生的情境，常用工具有地图、分类图、目录、资源库等。第四层回答的是"怎么样? 以何种顺序?"的问题，常用工具有时间轴、平面图、演示法、脚本、直观推断法等。第五层回答的是"为什么?"的问题，常用工具是系统化模型。第六层回答的是"去往哪里?"的问题，常用工具有基质模型、愿景图等。

图 5.1　中介工具的多维模型图①

在层次结构上，层次越低，适用的问题就越具体；层次越高，适用的问题就越宽泛。较低层次的中介工具总是与具体的问题情境有着较为密切的联系；反之，较高层次的中介工具则有助于拓宽活动主体的视野，帮助其辨识发展方向。在最低的层次上，我们只能用萝卜、黄瓜、白菜等作为蔬菜的范例来帮助学习者认识蔬菜。而在最高的层次上，则可以使用活动系统的模型来分析活动系统的内在矛盾及其演化的过程和方向。

汉语学习者可以利用活动理论提出的多维模型来分析语言问题。通过在不同层次提出问题，学习者可以不断加深对活动客体的认识和理解。例如，教师给学生设置的问题情境是"用汉语写一份请假条"。为了更好地认识这一问题情境，外国学生可以借助于多维模型来分析。采用多维模型中第一层的问题，学生可以重点分析"请假条是什么？"。他们可以借助于请假条的范例、图片、表格等来获取信息。采用多维模型中第二层的问题，学生可以重点分析"请假条中要提到哪些人、哪些时间、哪些事情？"。他们可以用叙述的方式来描述这些信息。采用多维模型中第三层的

---

① 图片来源：Engeström Y. Enriching the Theory of Expansive Learning: Lessons From Journeys Toward Coconfiguration [J]. Mind, Culture, and Activity, 2007, 14 (1-2): 23-39.

问题，学生可以重点分析"用汉语写一份请假条"这件事情所发生的特定情境，以及其中涉及的人物关系。采用多维模型中第四层的问题，学生可以重点分析在写请假条的时候应采用何种顺序，包括各类信息的整理、统合等。采用多维模型中第五层的问题，学生可以从整体的层面分析请假条的模块结构，以及请假条与其他事件之间的联系。采用第六层的问题，学生可以展望和设想请假条在使用过程中的情况，包括可能发挥的效果、可能遇到的问题等。

三、用系列工具解决语言问题

随着社会的发展，人们需要解决的问题越来越复杂，难度不断增加。为了解决这些问题，对中介工具的选择和使用也要不断进行优化。在汉语学习中，人们面临的语言情境越来越多样，这就对他们的汉语能力提出了更大的挑战。从宏大背景的角度来看，世界各国居民生活在同一个地球上，人类存在共同利益，这构成了相互交往的基础。今天，人口流动已经达到了历史最高水平。随着经济的发展，国家与国家之间、地区与地区之间的联系和交往日益密切，相互间的依赖性不断增强，人际交往的频繁程度达到了前所未有的高度。对于汉语学习者而言，他们需要用汉语应对个人生活领域、公共生活领域、职场领域、教育领域等各类不同场域的语言需求，并灵活地进行转换。这就对中介工具的使用提出了更高的要求。

首先，要选择和使用系列工具，而不仅仅是单个的工具。面对复杂问题，只有将多种工具组合起来并同时加以利用才能够有效地解决问题。恩格斯托姆将多种工具的组合称为"工具系列"（Tool Constellation）或"工具包"（Instrumentalities）。"为了分析这些数据，研究者必须采用一种新的工具观：活动主体不能只采用某一种工具、手段或语言，而是要分析一整套相互关联的工具。"① 工具系列的出现能够为活动主体提供多种可能的工具组合，增加了他们的选项，使其能够采取多种方式作用于客体。

在分析和解决语言问题时，工具组合也有助于提升学习者的能力，拓

①　Engeström Y. Putting Vygotsky to Work：The Change Laboratory as an Application of Double Stimulation［M］∥ Daniels H，Cole M，Wertsch J V. The Cambridge Companion to Vygotsky. New York：Cambridge University Press，2007：380.

宽他们的视野。譬如，面对"用汉语介绍自己的家乡"这个问题情境，学习者通常想到的，大多是带领朋友欣赏家乡美景、品尝家乡美食等。这些信息更多地源于经验层面，是学生社会阅历的反映。为了帮助学生更好地解决"用汉语介绍自己的家乡"这一问题，同时在问题解决的过程中实现能力的发展，可以向学生提供多种工具的组合。例如，教师可以提供一份"旅行日程安排表"作为参考，附上"旅行注意事项""友情提醒"等信息。同时，教师可以提供"导游解说词"的短视频，让学生从中获取语言信息。这些中介工具的组合，能够推动汉语学习者从多个不同的角度来解读活动客体，从而实现问题的解决。

其次，要有意识地将活动的结果转化为中介工具。随着一个活动的完成，活动主体会通过改造活动客体获得相应的结果，表现为特定产品的形成、活动主体认识的改进或能力的增强。这种活动结果可以转化为新的活动系统的中介工具。在设计学习活动时，教师可以有意识地将第一个活动中形成的产品、获得的知识或能力安排到第二个活动之中，使之成为第二个活动的中介工具或客体。例如，教师可以将"用汉语介绍自己的家乡"设计为第一个活动，将"为家乡撰写一段广告词"设计为第二个活动。这样，完成第一个活动之后，学生已经掌握了关于家乡的大量信息，并能够通过口语表达的形式来介绍自己的家乡。他们在第一个活动中所形成的结果可以转化为第二个活动的中介工具，用于广告词的撰写。

最后，要对中介工具不断进行改进和优化，以适应形势的发展。恩格斯托姆指出："鉴于程序具有相当程度的复杂性，有必要持续不断地改进工具；一方面要修补旧工具；另一方面要制造新工具。"① 事实上，工具的选择和使用是一个层层推进的过程，其中包括修补旧工具、开发新工具、工具的整合、使用程序的优化等。例如，在对外汉语教学中，在帮助外国学生理解中国人的家庭状况时，过去可以将"三口之家"的形象作为中介工具。因为，在独生子女政策的影响下，"三口之家"曾经是中国家庭的

① Engeström Y. Putting Vygotsky to Work：The Change Laboratory as an Application of Double Stimulation ［M］// Daniels H，Cole M，Wertsch J V. The Cambridge Companion to Vygotsky. New York：Cambridge University Press，2007：380.

典型代表。但在今天，随着计划生育政策的调整，以及社会的发展，中国的家庭状况变得日益多元化。"四口之家""丁克家庭""不婚族"所占的比例不断上升，"三口之家"的代表性受到了削弱。此时，就需要教师对中介工具进行修补，以符合社会的实际情况。

第六章　汉语学习活动的推进过程

通过将活动系统视为教学设计的基本单位，对外汉语教学得以重新塑造。对外汉语的教学设计工作实现了从设定教学目标到建构学习客体、从个体语言学习到共同体语言学习、从采取教学措施到提供中介工具的转变。与此同时，学习活动的范式发生了根本性的变化，汉语学习者的主体性得以充分彰显。

不过，教学设计不应就此止步，而是要进一步关注汉语学习活动的推进过程。这是因为，学习活动是一个循环发展的过程。教学设计者不仅要将活动系统作为基本的分析单位，还要从活动系统发展的角度促进其实现动态演化；不仅要正视活动系统内外存在的不同层级的矛盾，还要利用这些矛盾关系推动汉语学习活动的转化；不仅要关注活动系统内部各要素相互间的关系，还要考察借由客体和结果相联系而形成的活动系统网络。

第一节　汉语学习活动的循环机制

拓展性学习将学习理解为一个活动主体借助于中介工具作用于活动客体的过程。在对活动客体进行改造的过程中，活动主体会不断形成新的认识和理解，能力也随之增强。当活动客体所代表的问题情境被化解之后，学习活动便完成了，开始转化为一个新的活动。通过参与和完成一个个学习活动，学习者的能力得到了发展。

与此同时，学习活动的外在表现，是学习者的具体行动。通过对一个个具体行动的分析，我们可以更好地了解学习活动的状况。为了便于理解拓展性学习的外显行动，活动理论提出了拓展性学习的循环模型。相较而言，作为教学设计基本单位的活动系统模型重在描述学习活动的构成要素，拓展性学习的循环模型重在描述学习活动的发展演化过程。在理论体系上，两个模型构成了相互支撑、相互补充的结构。前者以三角结构的形状呈现，帮助我们把握学习活动各要素之间的关系；后者以流程图的形状呈现，帮助我们认识学习活动从以质疑为起点到概念形成和以固化为终点的发展历程。

一、拓展性学习的外显行动

在活动理论的理论体系中，行动与活动间存在复杂的关系。一方面，在活动系统中，活动是最基本的分析单位。恩格斯托姆强调，活动分析应当从最小、最原始的单位开始，因为任何一种复杂活动的背后，都是一个个基本的单位。在活动理论中，最小、最原始的单位就是一个个具体的活动。① 列昂捷夫按照层次结构将活动分为三类，分别是活动、行动和操作。其中，活动以客体为导向，它与人的动机密切相关，只有与特定动机相结合的行动才属于活动系统。客体导向的活动就是个体和共同体在目标与动机的驱动下采取干预措施的过程，该过程可能会创造或获得新的产品，或是推动活动发展的文化工具。行动以目标为导向，它是为了实现特定的目的而呈现出来的具体的行为单位。操作以条件为导向，是自动化了的行动。

另一方面，行动是活动的外在表现。透过一个个具体的行动，我们可以看到活动并对其进行分析。当活动主体借助于中介工具对客体进行加工和改造时，其外在显现出来的就是具体的行动。这种行动有时表现为对现状的质疑，有时表现为对问题的分析；有时表现为对模型的建构，有时表现为对模型的分析和应用；有时表现为对方案的实施，有时表现为对行为的反思。

---

① Engeström Y. Learning by Expanding：An Activity-Theoretical Approach to Developmental Research［M］. New York：Cambridge University Press，2015：32–33.

　　为了推进学习活动的发展，我们需要通过对外显行动的分析了解学习活动系统的发展状态，进而有针对性地引导和干预。不过，分析和把握外显行动并不是一件容易的事情。行动具有一定的独立性。同一个行动，可能属于不同的活动系统。同一个行动，可能有着不同的目的指向。"活动与动作都是真正的现实，而且彼此之间并不等同。同样的动作可以实现不同的活动，可以从一个活动转入另一个活动，因此动作就显示出自己的相对独立性。"① 由于学习者可能同时参与多个活动系统，因此，判断行动所从属的活动系统就成了一个问题。

　　而且，在很多情形中，行动并没有明显地表现出来。这就需要非常细致和深入的分析。今天，学习者相互间的合作关系日益复杂，个体的行动可能受制于多重因素的影响。个体学习者会选择性地表现出一些行动，同时淡化或隐匿一些行动。"在此情况下，为了分析和把握学习行动，要对学习者的谈话进行分析，包括他们谈话时表现出来的手势、体态、眼神等。此外，还可以使用一些材料，如代表性的文本、图表等。"②

　　与此同时，有必要对学习行动和非学习行动进行区分。在学习活动中，有相当比例的行动虽然同样属于活动系统，但不能算作学习行动。例如，有些行动是学习者根据已有的知识和能力做出来的，本质上是一种重复性的工作。这些行动属于活动系统的一部分，是活动主体为了作用于活动客体而采取的行动，具有一定的必要性。但它们对于学习者的发展没有促进作用，因而只能归为非学习行动。

二、拓展性学习的理想循环

　　为了更好地认识作为活动系统外在表现的行动，活动理论构建了拓展性学习的理想循环。具体来说，就是拓展性学习活动表现为一系列具体的学习行动，这些学习行动按照特定的顺序分阶段显现出来。随着一个个行动的出现，新知识和新实践将不断产生，最终实现创新。"宏大层面的拓

---

① ［苏］阿·尼·列昂捷夫. 活动 意识 个性［M］. 李沂，等译. 上海：上海译文出版社，1980：70.

② Engeström Y, Rantavouri J, Kerosuo H. Expansive Learning in a Library: Actions, Cycles and Deviations from Instructional Intentions［J］. Vocations and Learning, 2013, 6（1）：81-106.

展性学习循环由小范围的拓展性学习行动构成。在条件许可的情况下，这些小范围的行动会形成拓展性的循环。此类小范围的行动会在个别情况下单独出现，这就要求我们对其进行分析并以此为依据来调整设计。"①

　　拓展性学习的理想循环分为七个阶段，分别是质疑、分析、建构模型、检验新模型、实施新模型、反思与评价和稳固新的实践形式（图6.1）。

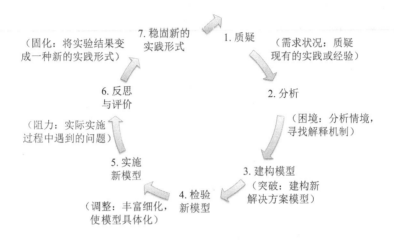

图6.1　拓展性学习的理想循环图②

　　第一个阶段是质疑阶段。在这个阶段，活动系统中的矛盾会引发活动主体对现有实践状况的质疑，从而构成了学习的起点。活动理论将发展视为对旧观念的扬弃。恩格斯托姆指出，发展不仅是一种掌握新能力的积极过程，同时也是一个伴随着打破旧观念的扬弃过程。发展伴随着破坏和痛苦，对此我们必须有清醒的认识。"发展理论所面临的挑战是将发展过程中所出现的消极的、破坏性的和充满争议的因素考虑在内，而不是从一开始就刻意将它们压缩到安全的框架之内。"③

　　① Nummijoki J, Engeström Y, Sannino A. Defensive and Expansive Cycles of Learning: A Study of Home Care Encounters [J]. Journal of the Learning Sciences, 2018, 27 (2): 224-264.
　　② 图片来源: Engeström Y. Studies in Expansive Learning: Learning What is Not Yet There [M]. New York: Cambridge University Press, 2016: 110.
　　③ Engeström Y. Development as Breaking Away and Opening Up: A Challenge to Vygotsky and Piaget [J]. Swiss Journal of Psychology, 1996, 55 (2/3): 126-132.

第二个阶段是分析阶段。为了找到问题产生的原因或解释其产生的根源，活动主体要对问题的存在状况及其产生的原因进行分析，形成对矛盾的合理解释。常用的分析方法有两种。一种是"历史起源分析法"，主要通过追溯历史起源和发展演化过程对问题做出解释。另一种是"现实经验分析法"，主要通过勾勒和描述系统的内部关系对问题做出解释。

第三个阶段是建构模型阶段。在这个阶段，活动主体在对问题进行分析的基础上，形成一个解决问题的方案，并以模型的形式呈现出来，从而便于理解和分析。

第四个阶段是检验新模型阶段。活动主体对建构的模型进行检验，明确其运行动力、潜能和局限性。

第五个阶段是实施新模型阶段。通过将模型应用于实践，进一步丰富其内涵。

第六个阶段是反思与评价阶段。活动主体根据模型在实施过程中遇到的问题进行分析和反思，进而修正和完善模型。

第七个阶段是稳固新的实践形式阶段。活动主体在反思之后将模型实施的实践活动进行固化，形成一套特定的实践模式。固化的前提是新建构的模型被证明能够有效地解决问题，但随着环境的发展或新的活动要素的介入，新的模型会变得不再具有适用性。新的矛盾的出现促使活动系统重新进入质疑阶段，开启新一轮的循环。

从拓展性学习循环的动力来看，拓展性学习的出现源于外界环境的变化。这种变化导致活动系统内部出现新的矛盾，进而对活动主体产生刺激，引发新的需求。接下来，活动主体为了满足自身的需求，开始作用于客体。具体表现就是对现状的质疑和分析、尝试建构新模型以解决问题等。当主体的需要得到满足之后，特定的实践模型便开始固化，成为常规性的惯例，直到外界环境出现新的变化并引发矛盾。①

三、汉语学习活动的循环过程

拓展性学习的循环过程是一个理想模型。理想模型意味着它所遵循的

---

① 吴刚，洪建中，李茂荣. 拓展性学习中的概念形成：基于"文化—历史"活动理论的视角 [J]. 现代远程教育研究，2014（5）：34-45.

是完整性和系统性的逻辑。它按照行动出现的顺序划分出了不同的阶段。但是在现实中，并非每一个行动都要出现，并非每一个行动都要严格地按照顺序依次出现。"拓展性学习循环对行动阶段的划分并不是一个万能公式。事实上，我们很有可能无法找到某个具体的共同体学习过程清晰地遵循这一模型。"①

具体而言，首先，循环的起点是不确定的。从理论上看，"质疑"应该是拓展性学习的第一步，是最初表现出来的行动。但事实上，拓展性学习可以从任何一个学习阶段进入，进而开始启动学习过程。学习循坏可以从建构模型开始，通过新的模型的引入推动学习过程的发展；也可以从对模型的检验开始，通过调整和优化模型促进学习的发展。学习循环可以从对困境的分析开始，通过找到一种新的解释机制推动学习过程的发展；也可以从反思与评价开始，通过分析如何将学习结果转化为实践形式促进学习的发展。

其次，并非循环的每一个阶段都会出现。理想循环中所列的七个阶段是一个相对完整的过程。但在现实中，有些阶段可能会被跳过或隐去。在不同的场域中，这七个阶段出现的频次也存在差异。

最后，拓展性学习循环的动力在于学习活动中存在的矛盾。学习活动系统的内部和外部，存在不同层次和维度的矛盾。这种矛盾关系表现为问题、冲突、干扰因素等现象。分析并利用这些矛盾关系以推动拓展性学习活动的发展是教学设计的重要任务。

汉语学习活动是一种语言学习活动，是学习者在解决跨文化交际问题的过程中实现汉语知识和能力发展的过程。汉语学习活动的外显行动主要表现为对语言问题的解决。根据拓展性学习所划分的七个阶段，汉语学习活动分别表现为质疑、分析、建模、检验、实施、反思、固化等七类行动。这七类行动主要是围绕文化交际情境中的问题而产生的。

在参与对外汉语课堂活动的过程中，外国学生的质疑通常会伴随着教师所布置的任务或设计的问题情境而产生。当这些任务或问题情境与外国

---

① Engeström Y, Sannino A. Studies of Expansive Learning: Foundations, Findings and Future Challenges [J]. Educational Research Review, 2010, 5 (1): 1-24.

学生已有的知识、经验、文化背景有着或多或少的联系时，他们便开始关注这些任务或问题情境，尝试将其转化为活动客体。但是，外国学生仅凭自身已有的知识和能力无法解决问题，于是便产生了矛盾，引发他们质疑。此时，对于问题的性质、定位、难度等方面的认识成了拓展性学习的起点。接下来，外国学生会借助于工具对客体进行分析、解读，努力构建起问题解决的方案或模型，进而探索形成有效的路径并实现固化。直到环境发生新的变化，从而开启下一轮的拓展性学习。

例如，在面对"用汉语讲述中国人的生活习惯"这一问题情境时，外国学生先是会根据自己的认知和经验来认识问题，使之成为活动的客体。为了把握中国人生活习惯的特点，他们需要收集中国人生活习惯的相关信息，梳理中国人生活习惯的具体表现，提炼出中国人生活习惯的共同特点，最后使用汉语知识和技能进行表达。在此过程中，质疑往往会成为学习活动的起点。当他们开始提出"为什么中国人喜欢喝热水？""为什么中国人喜欢打伞？""为什么中国人喜欢午休？"等与中国人的生活习惯相关的问题时，学习活动就开始了。

为了解决这些问题，他们要借助于各类中介工具来进行分析。有的学生会借助于网络，用网络资源查找答案。有的学生会借助于周边的中国朋友、同事或教师，获得第一手的资料。有的学生会使用问卷调查的方式，从统计数据中得出结论。在此过程中，他们逐步建构起自己的认知观念。这就是建模的过程。此后，他们会在生活交往中对这种认知观念进行检验，看其是否与事实相符。比如，当中国朋友说自己身体有点不舒服的时候，他们会试着采用"多喝点儿水""好好休息休息"之类的表述。这就是检验和实施的过程。随后，他们会根据中国朋友的反应分析自己采用特定语言表述的效果如何，进行反思。最后，当他们获取到积极的反馈之后，这种对中国人生活习惯的认知便会固定下来，内化为他们的观念和行为，从而实现固化。这种固化现象会延续下去，直到出现新的问题情境，从而引发新一轮的学习。

第二节　以矛盾关系推动汉语学习活动的转化

　　活动系统的发展和转化源于活动系统内外的矛盾。无论是活动系统内部，还是活动系统之间，均存在矛盾关系。活动系统在矛盾的推动下不断调整发展方向，从一个活动系统转化为另一个活动系统。为了促进拓展性学习的发生，要重新审视矛盾关系，将矛盾视为学习的动力而非障碍。在此基础上，根据对矛盾关系层级的分析，明确矛盾的性质和来源，进而利用矛盾推动学习活动的转化。

一、认识矛盾：从学习障碍到学习动力

　　在活动系统中，经常会出现导致活动偏离预定轨道的干扰因素，迫使活动系统做出调整。这些干扰因素背后的原因就是活动系统中的内在冲突和矛盾。在教学活动中，也经常会出现偏离教学预设的情况。教学设计者精心设计了教学活动期望达成的目标、教学活动展开的顺序和过程，以及学生各方面能力变化的具体体现。"就像建筑设计师在知晓需要和目的之后能设计出建造大楼的蓝图一样，教学设计者也根据学习要求而建构出教学计划来。"[①] 但不幸的是，教学实践总会与最初的设计不完全一致。于是，如何认识和应对这种偏离现象是教学设计必须应对的问题。

　　通过将学习放到活动的框架之中，活动理论对不符合教学预设的现象做出了合理的解释。活动理论使我们通过对活动系统内部及活动系统之间关系的分析揭示出了其中的矛盾根源。"活动系统分析能够让我们看清楚行动者背后潜在的矛盾，正是这些矛盾导致了失败或者促成了创新。"[②] 根

---

　　① ［美］R. M. 加涅，等．教学设计原理：第五版修订本［M］．王小明，庞维国，陈保华，等译．上海：华东师范大学出版社，2018：26.

　　② Engeström Y. Activity Theory and Individual and Social Transformation ［M］// Engeström Y，Miettinen R，Punamäki R. Perspectives on Activity Theory. New York：Cambridge University Press，1999：33.

据活动理论的观点，矛盾是一种常态现象，存在于各个活动系统之中。矛盾所反映的是活动系统固有的一种关系，这是一种活动系统内部和活动系统之间历史性累积的结构性紧张关系。

在活动理论看来，矛盾是一个哲学概念。虽然矛盾经常会以问题、冲突、困境、干扰因素等形式出现，但它不同于一般意义上的问题或冲突，两者分属于不同的层次。问题、冲突、困境、干扰因素等概念是从行动的层次上分析的，它们通常是一种短期现象；矛盾则是从活动系统的层次上分析的，它是一种长期存在的现象。问题或冲突通常指的是危害或妨碍组织系统正常运行的障碍，需要采取措施加以解决。解决问题或化解冲突的理念主要是基于功能主义的考虑，即为了维护组织的正常运行和秩序而采取干预措施。但矛盾是无法完全消除的，它始终存在于活动系统之中，有时仅仅是表现形式不同而已。

在汉语学习活动中，同样存在许多矛盾。譬如，汉语中口语学习与书面语学习的关系问题。许多汉语学习者口语能力很强，但书面语表达的能力却较弱。有些汉语学习者书面语表达的能力很强，但口语能力却很弱。这就构成了一对矛盾。吕必松指出，对外汉语教学要重点关注口语和书面语的差别。对于将汉语作为母语的人来说，口语和书面语之间的差别会在语言表达时自觉不自觉地感受到。通常，受教育程度较高的人会在口语表达时带有更多的书面语色彩。但对于将汉语作为外语的学习者而言，汉语的口语和书面语之间的差异非常明显。一些口语表达能力很强、阅读也没有问题的外国人，却经常会出现写出来的文章不符合规范的情况。①

活动理论不仅主张要正视矛盾的存在，还主张将矛盾视为系统变革的动力。在这种意义上，活动系统的发展是一个由矛盾驱动的过程。学习活动之所以能够不断拓展和转化，其根源便在于学习活动存在内在矛盾。例如，由于不同的学习者对客体有着不同的认识，这种认识上的差异便构成了一种矛盾。在这种矛盾的推动下，学习共同体不断调整和改进对客体的认识，最终促进了学习活动的发展。如果能够在教学设计中关注到这种矛

① 吕必松.我对汉语特点的几点初步认识［J］.海外华文教育，2001（1）：2-7.

盾，它就能够转化为学习的动力；反之，如果不能够正视这种矛盾，漠视或者尝试消除它，结果将适得其反。事实上，矛盾是无法消除的，尝试消除矛盾的努力最终只会引发更大的危机。

面对矛盾，教学设计者所应做的，不是简单地回避或放弃原有的设计，而是深入分析矛盾产生的根源，不断优化和改进教学设计。"文化历史活动理论要求研究者不要仅仅因为矛盾就放弃计划或者寻求简单的答案，而应当后退一步，把活动系统当作一个整体来考察，不仅要从设计的角度考虑客体，还要从客体被不同的主体群体所经历的角度去考虑。"① 既然矛盾的产生是系统内相关要素不协调所导致的，那么分析矛盾产生的根源并加以积极回应便成了教学设计者合理的选择。在这方面，文化活动理论提供了一个揭示和分析矛盾产生根源的结构框架。有时，矛盾形成于活动系统内部，源于活动系统各要素的特性和对问题的认识差异。有时，矛盾受到了外来因素的影响。由于活动系统具有开放性的特点，因此，当外在的因素进入活动系统时，矛盾和冲突便会出现。这种外在的因素可以是新的主体、新的客体或新的工具。

从活动系统的角度对矛盾进行分析能够促使设计者关注问题的根源所在，进而有针对性地进行引导。活动理论强调，矛盾是历史形成的一种现象，它是一种系统的存在。我们无法直接看到矛盾，但可以通过其外在表现形式辨识矛盾，并通过语言或行动对其进行描述和分析。② 无论是改变既有的活动系统，还是生产和建构新的活动系统，都要以矛盾分析为基础。如果能够根据客观事实对矛盾进行把握，并从历史发展的脉络这一角度对矛盾的形成过程进行分析，教学设计者就可以清楚地看到学习活动的发展机遇，从而推动学习活动的发展。

二、分析矛盾：汉语学习活动系统中的关系层级

在分析矛盾时，需要从活动系统的层面来进行，将活动系统视为一

---

① De Vane B, Squire K D. 学习技术中的活动理论 [M] // [美] 戴维·H. 乔纳森，[美] 苏珊·M. 兰德. 学习环境的理论基础. 上海：华东师范大学出版社，2015：272.

② Engeström Y, Sannino A. Discursive Manifestations of Contradictions in Organizational Change Efforts [J]. Journal of Organizational Change Management, 2011, 24 (3): 368-387.

个整体来看待。根据活动的概念界定，活动具有系统性，它既不同于有着具体目标的行动，也不同于自动化了的操作，而是活动主体为了满足其需要而借助于中介工具对客体进行改造的行为。其中，牵涉到分工、规则、共同体等多个要素。只有超越行动和操作的层次，从活动系统的层次来分析矛盾，才能够把握矛盾的实质，使矛盾成为分析的对象。"目标导向的行动及自动化了的操作相对来说都是独立的分析单位，但同时又具有从属性。只有将它们放到整个活动系统的背景之中，它们才能真正被理解。"①

根据形成矛盾的主体的差异，恩格斯托姆将人类活动中的矛盾分为四个层次（表6.1）。其中，一级矛盾是活动系统各构成要素自身的内在矛盾。在活动系统中，主体、客体、中介工具、规则、共同体和分工等六个要素自身的内在冲突构成了一级矛盾。譬如，活动主体内部的各个成员可能会对客体有不同的认识，这种活动主体认识上的差异便会构成一级矛盾。

表 6.1　活动系统中的矛盾层次②

矛盾的层次	矛盾的主体	矛盾的来源
一级矛盾	活动系统各构成要素自身的内在矛盾	价值观和价值系统的差异
二级矛盾	活动系统各构成要素相互间的矛盾	新的活动要素的出现
三级矛盾	活动系统的客体面临的外在矛盾	外部新客体的出现
四级矛盾	活动系统相互间的矛盾	邻近的活动系统发生变化

一级矛盾的来源主要是价值观和价值系统的差异。根据卡尔·马克思的观点，在资本主义社会，商品同时具有使用价值和交换价值双重属性。其中，使用价值是商品的有用性，交换价值是一种使用价值与另一种使用价值相交换的量的比例关系。两者之间构成了一种基本的矛盾关系。活动理论指出，使用价值与交换价值之间的基本矛盾存在于各类活动系统之

① Engeström Y. Activity Theory as a Framework for Analyzing and Redesigning Work [J]. Ergonomics, 2000, 43 (7): 960-974.

② 本表是根据相关论述整理形成的。文献来源：Engeström Y. Learning by Expanding: An Activity-Theoretical Approach to Developmental Research [M]. New York: Cambridge University Press, 2015: 70-71.

中，是一种典型的一级矛盾。恩格斯托姆曾举例指出，活动客体保证了行动的一致性和连续性，但由于其内部存在冲突，活动客体不能够保持稳定，因此，会导致活动系统处于不稳定的状况。①

　　在汉语学习活动中，语言是学习的对象，也是活动系统中潜在的客体。但是，语言本身包含多重价值和含义。这种价值和含义的多重性便构成了作为学习活动客体的汉语的内在矛盾。譬如，塞缪尔·早川（Samuel Hayakawa）和艾伦·早川（Alan Hayakawa）指出，语言文字包含两类含义：一类是说明性含义，用于传达客观的信息；　类是情感性含义，用于在听众心中唤起特定的感情气氛。对于学习者而言，不仅要掌握语言文字的说明性含义，还要掌握其情感性含义，这样才能准确地理解和使用语言。相对而言，说明性含义能够在课堂上通过知识学习而获得，但情感性含义需要经过大量的社会实践才能获得。"我们要想增进自身理解语言和运用语言的能力，就不能专靠加强我们对语言的说明性含义的认识，而是还得依靠社会经验，在不同的情形里与不同的人打交道和阅读文学作品等方法，使自己对语言的情感性成分能有更加深切的了解。"② 在这种情况下，有的学习者会关注语言的说明性含义，有的学习者会关注语言的情感性含义，这便构成了一对矛盾。这种矛盾是汉语作为学习客体本身的内在矛盾，因而属于一级矛盾的范畴。

　　汉字本身的多重职用问题也属于一级矛盾的范畴。李运富和何余华指出，对外汉字教学的真正难点，既不在于汉字的笔画多、字数多，也不在于汉字的字形结构复杂，而在于汉字职用的不确定性，即汉字单位与汉语单位存在着多重对应关系。"对外汉字教学的真正难点还在于汉字的职用，因为汉字的职用很不确定，单字与语言单位没有固定对应关系，一字多用、多字同用成为汉语用字的普遍现象，这是汉字的最大特点。"③ 这种矛盾源于汉字本身的特点，属于客体自身的内在矛盾，应当被划归一级

---

　　① Engeström Y. Activity Theory as a Framework for Analyzing and Redesigning Work［J］. Ergonomics，2000，43（7）：960-974.

　　② ［美］塞缪尔·早川，［美］艾伦·早川. 语言学的邀请［M］. 柳之元，译. 北京：北京大学出版社，2015：101.

　　③ 李运富，何余华. 简论跨文化汉字研究［J］. 北京师范大学学报（社会科学版），2018（1）：60-68.

矛盾。

二级矛盾是活动系统各构成要素相互间的矛盾。主体、客体、中介工具、规则、共同体和分工等六个要素相互间的冲突形成了二级矛盾。从活动主体的角度来看，活动主体与活动客体、中介工具、规则、共同体之间的关系分别构成了二级矛盾，共有四对二级矛盾关系。从活动客体的角度来看，活动客体与活动主体、中介工具、共同体和分工之间的关系分别构成了二级矛盾，共有四对矛盾关系。从共同体的角度来看，共同体与活动主体、活动客体、中介工具、规则和分工均分别构成了二级矛盾，共有五对矛盾关系。从中介工具的角度来看，中介工具与活动主体、活动客体和共同体分别构成了二级矛盾，共有三对矛盾关系。从规则的角度来看，规则与活动主体和共同体分别构成了二级矛盾，共有两对矛盾关系。从分工的角度来看，分工与共同体和活动客体分别构成了二级矛盾，共有两对矛盾关系。总之，活动系统中的二级矛盾共有九类，分别存在于两种活动要素之间。

二级矛盾的来源主要是新的活动要素的出现。随着主体、中介工具、规则、共同体和分工等五个要素有相应的新要素出现，二级矛盾便会产生。其中，最值得关注的是新的中介工具的出现。活动理论非常看重中介工具的价值。中介工具是联结活动主体与活动客体的中介物品。一旦发现或制造出新的中介工具，活动主体的能力将大大增强，随之带动规则、分工和共同体的变化，从而更好地改造活动客体。例如，在刚开始学习汉语时，学习者利用的中介工具主要是自己在母语中获得的经验。当某一天学习者发现汉语字典也可以成为汉语学习的工具时，学习者与中介工具之间的二级矛盾便出现了。活动系统中学习者与中介工具之间的关系发生了改变，学习者与作为中介工具的母语经验和学习者与作为中介工具的汉语字典之间构成了矛盾。

值得注意的是，鉴于客体对于活动系统存在的重要价值，新的客体的出现被视为三级矛盾而非二级矛盾。因为，一旦客体发生变化，整个活动系统的性质也将随之改变。而其他要素的改变则不具有如此大的影响力。

三级矛盾是同一活动系统中客体面临的外在矛盾。这种矛盾主要源于外部新客体的出现。当一种文化层次更高、更具有吸引力的客体出现时，活动系统中原有的客体便面临危机，由此引发矛盾。例如，在对外汉语教学中，汉字是一项重要的学习内容。但是，汉字作为学习客体的地位却面临着危机。汉字教学究竟应该在汉语教学中占据何种地位，应该在何时开始、以何种方式实施是备受争议的问题。这是因为，在汉语作为母语的教学中，"先语后文"已经成为一种常规性的做法，即学生先学习拼音，在掌握了一定量的口语词汇之后再开始汉字学习。

但这种常规做法应用于对外汉语教学时却遇到了极大的障碍，汉语学习者耗费了大量时间和精力在汉字学习上，结果收效甚微，导致汉字教学始终处于滞后的地位。事实上，在汉语作为母语的教学中，母语学习者在日常生活中已经掌握了相当多的汉语知识和技能，并具备良好的字形感知条件，而这种优势是将汉语作为第二语言的学习者所不具备的。[①] 于是，当外在更具有吸引力的客体出现时，汉字的客体地位便会面临危机。学习者可能会转而关注口语、听力等其他潜在的客体。这属于三级矛盾的范畴。

四级矛盾是活动系统相互间的矛盾。为了更好地分析活动系统相互间的矛盾，恩格斯托姆提出了"邻近活动"（Neighbor Activities）的概念，喻指与中心活动密切相关的其他活动。"邻近活动"可以根据其与中心活动发生联系的对象的差异，划分为四类（图6.2）。第一类是与中心活动的客体或结果发生联系的活动，可以被称为"客体生产活动"。第二类是与中心活动的工具发生联系的活动，可以被称为"工具生产活动"。第三类是与中心活动的主体发生联系的活动，可以被称为"主体生产活动"。第四类是与中心活动的管理和规则发生联系的活动，可以被称为"规则生产活动"。

---

① 万业馨. 略论汉字教学的总体设计［J］. 语言教学与研究，2009（5）：59-65.

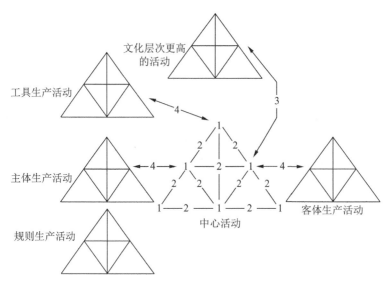

图 6.2　四级矛盾在活动系统中的位置[①]

三、利用矛盾：推动汉语学习活动的转化

　　矛盾是活动系统的内在动力。教学设计应当充分利用矛盾，推动活动系统的转化与发展。恩格斯托姆指出，矛盾是事物变化和发展的根源，这一点带来的最为关键的启示就是，我们所采取的干预措施要对活动系统中的矛盾做出积极的回应，要充分利用这些矛盾所蕴藏的变革的能量。"只有正确地处理矛盾，它才能够成为拓展性学习的真正驱动力。矛盾要用于识别新出现的客体，并将其转化为动机。用客体满足需要是一项非常特别的行动。"[②] 当外部的新元素出现时，活动主体会感受到结构性的紧张关系。如果活动主体能够在外界因素的影响下对现存的状态进行质疑，进而清晰地描述和确定新的客体，那么学习活动便实现了转化，从而出现新的活动系统。

　　在这里，对矛盾进行分析和利用的主体应该是作为活动主体的汉语学习者而非作为教学设计者的对外汉语教师。活动理论始终强调，学习活动

---

　　① 图片来源：Engeström Y. Learning by Expanding：An Activity-Theoretical Approach to Developmental Research ［M］. New York：Cambridge University Press，2015：71.

　　② Engeström Y. Studies in Expansive Learning：Learning What is Not Yet There ［M］. New York：Cambridge University Press，2016：47.

是由学习者完成的；在学习的过程中，学习者的主体性要得以充分彰显。"只有当行动者有能力识别和分析他们活动系统中的次要矛盾时，他们才可能会集中精力完成最重要的任务，通过拓展客体或重构活动系统来化解矛盾。否则，他们就会成为变革的牺牲品，将变革视为自己无能为力的自然灾害。"① 在此过程中，对外汉语教师并非无所作为。只不过，他们的责任不是直接采取教学措施进行干预，而是提供中介工具以引导活动的发展。

利用矛盾来推动学习活动的转化，通常可以分为四个步骤。第一步是找出问题。活动系统中的矛盾并不是直接显现出来的，而是表现为冲突、困扰或偏差等具体的问题。"它们出现在实践者的日常工作中，表现为困扰、断裂和不起眼的创新。这里的挑战在于，如何使这些困扰和创新让实践者和研究者看到，变得能够进行分析。"② 为了更好地把握矛盾，首先要将冲突、困扰、偏差等具体的问题梳理出来。这些具体问题往往会以碎片化的方式表现出来，但为了认识其背后的矛盾根源，需要对它们进行梳理，找到其内在的联系。

例如，关于如何使用汉语中的方位词进行表达，一些汉语学习者经常会出错。将这些错误和偏差梳理出来就是找出问题的过程。在现代汉语中，方位词用来表示空间和方位。方位词尽管数量有限，但发挥着重要的作用。朱德熙将方位词分为单纯方位词和合成方位词两类。③ 单音节的方位词有"上""下""前""后""左""右""东""西""南""北""里""内""外"等；单纯方位词加上"边（儿）""面（儿）""头（儿）"等后缀构成合成方位词。在表达空间关系时，要将方位词与介词搭配起来使用。根据汉语对空间的认知表达习惯，需要先指明参照物，然后说明所指的事物是在该参照物的具体哪个位置，是上面还是下面，是左边还是右边等。例如，我们可以说"墙上挂着一张中国地图"。但是，有些韩国学生会经常错误地采用"墙挂着一张地图""桌子放着一本汉语书"

---

① Engeström Y. Expansive Visibilization of Work：An Activity-Theoretical Perspective ［J］. Computer Supported Cooperative Work，1999，8（1）：63-93.

② Engeström Y. Expansive Visibilization of Work：An Activity-Theoretical Perspective ［J］. Computer Supported Cooperative Work，1999，8（1）：63-93.

③ 朱德熙. 语法讲义 ［M］. 北京：商务印书馆，1982：43.

之类的表达。把这些错误和问题梳理出来就是第一步"找出问题"。

第二步是分析矛盾。当活动系统中的具体问题被梳理出来之后，我们可以借助于活动系统的模型对矛盾进行分析。这里主要的方法是从矛盾的四个层次进行分类，探究矛盾的性质，即矛盾究竟属于活动系统各个要素自身的矛盾，还是活动系统各个要素相互间的矛盾；究竟是活动客体面临的外在矛盾，还是活动系统相互间存在的矛盾。当明确了矛盾的性质之后，矛盾的产生根源也就明确了。

关于使用汉语中的方位词进行表达，我们可以对韩国学生经常出现的问题进行分析。从性质上看，这一矛盾属于作为活动主体的汉语学习者与中介工具之间的矛盾。分析发现，这些韩国学生在解决问题的过程中，使用了自己的母语中的经验作为中介工具。在韩语中，方位词的表达是不需要在名词后面再加上方位词的，而是只需要说明参照物即可。但在汉语中，名词后面要加上方位词才能够说得通。正如李退所言，"一个民族语言的方位表达是该语言使用者对事物所处的空间相对位置的把握与表述的体现，具有各自鲜明的特点"。[①]"墙挂着一张地图""桌子放着一本汉语书"等偏误的出现是由于韩国学生使用了错误的中介工具。这属于二级矛盾的范畴。

第三步是设计和实施新的行动。设计新的行动的目的在于找到解决矛盾的路径，使活动系统摆脱当前所处的危机状态。对于韩国学生在使用汉语中的方位词方面遇到的问题，可以通过提供新的中介工具、引导他们对旧的中介工具进行加工等方式加以改进。例如，可以给他们提供汉语表达与韩语表达的对比图，让他们在对比中形成正确的认知。

第四步是根据反馈调整行动。随着行动的实施，会产生具体的实践效果。其中，有些效果是积极的，有助于解决矛盾；有些效果是消极的，会产生负面的影响，甚至加剧矛盾。此时，要根据行动的效果，对行动的方案和计划进行调整。其中，评判行动效果的依据是活动系统的整体性变化，即根据活动系统的结构框架来分析活动系统的运行情况和效果。对于韩国学生在使用汉语中的方位词方面遇到的问题，根据所提供的新的中介

---

① 李退. 空间认知与汉语方位词习得 [J]. 语言与翻译，2012（1）：60-64.

工具产生的效果，以及韩国学生使用新的中介工具过程中遇到的问题，可以进一步加以改进。

第三节　以活动网络促进语言能力的融合

活动系统的联系不仅发生在活动系统内部的各个要素之间，而且发生在活动系统与活动系统之间。"拓展性学习理论既包括上下拓展，也包括内外拓展。通过向上和向外拓展，它分析了发生在相互联系的活动系统之间的学习。这些活动系统通过部分共享的客体建立联系，而它们各自的客体相互间并不一致。通过向下和向内拓展，它分析了主体性、经验、个人意义、情感、具体化、身份和道德承诺等问题。"① 这种活动系统与活动系统之间的联系以"共享客体"为纽带，形成了一个个活动网络。随着汉语学习活动系统逐渐形成网络联结，汉语学习者将会更加全面地认识自己所面对的语言问题，进而更好地解决语言问题，同时实现语言能力的综合化发展。

一、从个体间到系统间的"共享客体"

为了促进学习共同体的形成，个体成员需要通过信息交流和协商寻找"共享客体"，与其他成员共同认识、分析和作用于共同的客体。当个体成员相互间形成"共享客体"并开始共同解决问题时，活动系统便形成了。但是，活动理论对活动的分析并没有停留在单个活动系统的层面，而是关注到了活动系统网络的层面。"随着活动系统相互间的联系越来越密切、相互依赖性越来越强，最近许多有关拓展性学习的研究将两个以上拥有共享客体的活动系统视为分析单位。这类相互联系的活动系统会使客户与生产者建立一种新的合作关系、网络联系或某种其他合作模式。"②

---

① Engeström Y. Studies in Expansive Learning: Learning What is Not Yet There [M]. New York: Cambridge University Press, 2016: 77.

② Engeström Y, Sannino A. Studies of Expansive Learning: Foundations, Findings and Future Challenges [J]. Educational Research Review, 2010, 5 (1): 1-24.

客体是区分活动系统的标识，也是活动系统相互联系的纽带。当不同的活动系统找到其客体的共通之处时，两者之间的联系便有可能建立起来了。关于活动系统间的"共享客体"，贾安娜·努米约基（Jaana Nummijoki）和恩格斯托姆曾以家政服务人员与老年顾客之间的关系为例进行了分析。对于家政服务人员而言，他们需要完成的任务是到老年人家中完成一系列家政服务工作。其中，有些工作是常规性的，有些工作是新布置的或有挑战性的。对于家政服务人员而言，当他们面对具有挑战性的工作时，他们需要与其他人形成学习共同体，借助于中介工具完成任务，摆脱问题情境。这就形成了一个活动系统。对于老年人而言，他们通常失去了活动能力，而且无法照顾自己，他们的客体是在家中实现有意义和有尊严的生活。显然，家政服务人员和老年人有着各自的活动系统，需要实现不同的学习。"家政服务的顾客与家政服务人员有着各自特定的背景、能力和利益诉求。所以，我们很难保证他们的学习过程会自动汇集到一起，或是能够和谐地实现。"①

在此情况下，推动两个活动系统之间建立联系的关键在于找到某些"共享客体"。这种"共享客体"既是家政服务人员作用的对象，同时也是老年顾客需要面对的问题的一部分。贾安娜·努米约基和恩格斯托姆采用的方案是让家政服务人员与老年顾客签订"移动协议"（Mobility Agreement），在家政服务中安排一项帮助老年人站立和挪动的工作。通过指导或者帮助老年人站立、平衡、坐下，提升老年人的肌肉力量、平衡能力等身体机能。这样，两个活动系统之间便通过这项协议建立起了联系。这些工作既属于家政工作人员需要完成的任务，同时也符合顾客的利益需求。

二、从单项语言能力到综合语言能力

汉语学习者所要掌握的汉语能力是综合语言能力，而非单项语言能力。汉语听力很强的学习者需要借助于口语才能成功地实现交流；汉语语言技能很强的学习者需要借助于文化能力才能成功地实现交际。这就对汉

---

① Nummijoki J, Engeström Y, Sannino A. Defensive and Expansive Cycles of Learning: A Study of Home Care Encounters [J]. Journal of the Learning Sciences, 2018, 27（2）: 224-264.

语学习者参与的学习活动提出了系统性联系的要求。汉语学习者所要参与的学习活动,不仅是某一类的学习活动,还要包括多种类型的学习活动。应通过活动系统之间的网络联系,最终建立起学习者的知识体系和能力结构。

《欧洲语言共同参考框架:学习、教学、评估》将语言交际能力划分为三大类别,分别是语言能力、社会语言能力和语用能力。其中,语言能力分为词汇能力、语法能力、语义能力、语音能力、拼写能力、正音能力等六项子能力。社会语言能力分为五项子能力,分别是表明社会关系的标识性词语、礼仪规则、大众智语、语体差异和方言与口音。语用能力包括话语能力和功能能力两项子能力。而且,《欧洲语言共同参考框架:学习、教学、评估》还提出,语言交际能力要建立在综合能力的基础之上,并将综合能力分为知识、能力与技能、精神境界、学习能力等四个方面。具体而言,知识包括一般知识、社会文化知识和跨文化意识。能力与技能包括应用能力和技能、跨文化的能力与技能。精神境界包括态度、动机、价值观、信仰等。学习能力包括语言和交际意识、语音认知和能力、学习能力、发现能力等。①

孔子学院总部/国家汉办编写的《国际汉语教学通用课程大纲》指出,汉语教学的任务是促进学习者语言综合运用能力的发展。"国际汉语教学课程的总目标是,使学习者在学习汉语语言知识与技能的同时,进一步强化学习目的,培养自主学习与合作学习的能力,形成有效的学习策略,最终具备语言综合运用能力。"② 语言综合运用能力主要包括四个方面的内容,分别是语言技能、语言知识、策略和文化能力。其中,语言技能可以分为听、说、读、写等能力。语言知识主要包括语音、字词、语法、功能、话语、语篇等知识。策略主要包括情感策略、学习策略、交际策略、资源策略、跨学科策略等策略。文化能力主要包括文化知识、文化理解、跨文化能力、国际视野等能力。

---

① 欧洲理事会文化合作教育委员会. 欧洲语言共同参考框架:学习、教学、评估 [M]. 刘骏,傅荣,等译. 北京:外语教学与研究出版社,2008:97.
② 孔子学院总部/国家汉办. 国际汉语教学通用课程大纲 [M]. 北京:北京语言大学出版社,2014:iv.

为了实现综合语言能力的发展，汉语学习者不仅要参与不同类型的学习活动，而且要使这些不同类型的学习活动相互间建立起联系。事实上，活动系统是一个开放性的系统。为了满足活动主体的需求，它要不断地进行转化，与其他的活动系统发生关系。在此过程中，活动的主体、客体、中介工具等都将发生相应的变化。

三、汉语学习活动网络的设计

汉语学习活动网络的设计，应当重点关注三类活动系统之间的联系。第一类是汉语学习系统相互之间的联系。在汉语学习中，不同的学习活动有着各自的客体，需要解决不同的问题类型，但这些问题情境之间可能存在共通之处。如果能够找到其间的结合点，汉语活动系统相互间便可以建立起联系。在对外汉语教学中，当涉及具体的专业领域、特定范围和固定场合时，可以分为多种不同的汉语学习类型。这就是所谓的专门用途汉语。[①] 在教育系统中，专门用途汉语可以根据学科领域进行划分，如理科专业汉语、工科专业汉语、医学专业汉语、人文类专业汉语、社科类专业汉语等。在社会生活中，专门用途汉语可以根据业务范围进行划分，如商贸汉语、旅游汉语、酒店汉语、外交汉语、航空汉语、军事汉语等。这些专门用途汉语的学习内容各有侧重，但都属于汉语学习的范畴，相互间可以建立起特定的联系。

第二类是汉语学习系统与其他学习系统之间的联系。对外汉语的学习系统不同于其他类型的学习系统，这是由其学习内容决定的。"教学总是伴随着特定内容的，没有内容的教学是不存在的。"[②] 学习内容的差异决定了汉语学习系统有其特定的知识发现方式、思维方式和问题解决方式。与此同时，汉语学习系统与其他学习系统之间可以建立起联系。这种联系一方面表现为语言学习相互间的联系，另一方面表现为专业学习与语言学习之间的联系。

一方面，语言知识相互间总是存在特定的关联，促进学生建立起这种

① 李泉. 论专门用途汉语教学 [J]. 语言文字应用，2011（3）：110-117.
② 郭华. "教与学永远统一"再认识：教学认识论的视角 [J]. 四川师范大学学报（社会科学版），2017，44（1）：75-83.

知识间的联系有助于他们更好地掌握知识。另一方面，许多汉语学习者同时在学习专业知识和语言知识。他们在学习专业知识的过程中，经常要用到一些汉语的概念、句式和结构。此时，可以尝试在专业知识的学习活动系统与汉语学习活动系统之间建立起联系，形成学习活动网络。在汉语学习活动系统中，汉语是作为客体出现的，它是学习的对象；但在专业知识的学习活动中，汉语是作为中介工具出现的，它是学习者用于交流和沟通的中介工具。针对这种现象，传统的教学设计尝试以折中的方式加以调和，主张在课堂教学中同时关注汉语的双重属性，努力实现交际工具属性和教学对象属性。而根据学习活动网络的理念，则可以尝试将不同的学习活动网络联系起来。

第三类是汉语学习系统与社会生活系统之间的联系。为了成功地实现跨文化交际，汉语学习者不仅要掌握汉语的相关知识和能力，还需要调动相应的综合性知识和能力。例如，学习者需要用到有关自然环境的知识和经验，以及社会生活的知识和经验。他们需要了解目的语社群和学习者的社群在习俗、价值观与信仰等方面的差异，调动自己在日常生活中掌握的才干和能力等。汉语学习者的来源较为多元，这也有利于他们在汉语学习系统与社会生活系统之间建立起联系。除接受正规学校教育的学生之外，还有大量在华工作的企业员工、家属、文化爱好者等。这些学习者有着各自的社会生活关系和活动网络，在不同的行业和领域解决相应的问题。在他们各自的工作和生活领域，均有可能与汉语学习系统建立联系。

结　语

　　基于活动理论的对外汉语教学设计为对外汉语课堂活动的组织提供了崭新的视角，使我们能够更为有效地组织课堂活动，并重新认识教学实践偏离教学预设的问题。基于活动理论的对外汉语教学设计的核心是将教学设计转化为汉语学习活动设计，让汉语学习者借助于中介工具对客体进行加工和改造，在活动中实现更为有效的学习。"活动"的引入使汉语学习者能够在解决语言问题的过程中发展语言能力，在言语交际的过程中发展跨文化交际能力。随着活动的转化和拓展，汉语学习者将不断深化自己对汉语的认识和理解。

　　在活动客体的设计上，基于活动理论的对外汉语教学设计致力于实现对任务型教学法的超越。任务型教学法是通过设计具体的、可操作的交际任务，让学生在完成交际任务的过程中发展语言能力。活动客体虽然同样以交际任务、问题情境等方式出现，但这些都只是"潜在的客体"。只有当学习者主动去认识、理解和建构这些交际任务与问题情境时，它们才有可能转化为真正的客体。而且，在设计活动客体时，教师要留出较大的空间供学习者进行探索和建构，避免将交际任务布置得过于具体和细致。在这种意义上，教师所设计的活动客体应当具有模糊性，由作为活动主体的学习者推动，逐步实现从模糊向具体的转化。随着学习者对客体不断形成新的认识和理解，学习活动就发生了。

　　在活动主体的设计上，基于活动理论的对外汉语教学设计致力于实现对"实践共同体"理论范式的超越。将语言学习的分析单位从个体转向共同体，这已然是一个巨大的进步。它促使我们将语言学习的焦点转向学习者相互间的互动关系，强调社会文化环境对语言学习的影响。不过，活动理论并没有就此止步，而是将批判的眼光投向了当前学界最具影响力的共同体学习理论，致力于超越"实践共同体"的组织模式。根据莱夫和温格的解释，学习发生在社会实践过程之中，学习者在组织中从边缘到中心的地位转变过程就是学习的外在表现。而在活动系统中，学习者之间是菌根式的联系，不存在明确的中心。学习者就像蚂蚁或者蜜蜂一样，各自在找寻食物；一旦有成员发现了食物，就会吸引其他成员共同分享。通过协调、交流、分享，共同体最终实现了学习。

在中介工具的设计上，基于活动理论的对外汉语教学设计致力于实现对"中介语"理论的超越。在第二语言学习中，中介语是介于学习者母语和目的语之间的语言系统。对于学习者而言，第二语言能力的发展过程就是中介语系统逐渐向目的语系统靠近的过程。语言学习领域一直在研究这种语言系统的形成和发展，以便促进目的语的学习。而中介工具的引入则实现了对中介语的解构。根据活动理论的视角，中介语学习理论只是将母语作为学习的一种中介工具；对于教学设计者而言，需要提供更多类型的中介工具的原材料，供学习者选择、开发和利用。中介工具的价值，在于供学习者使用以解决问题或改造客体。拓展中介工具的来源、优化中介工具的组合、改进中介工具的使用方式是一个不断探索的过程。

从活动系统的整体架构上看，拓展性学习的外在表现是一系列具体的行动。从顺序上看，这些行动构成了一个循环，即拓展性学习的理想循环。教学设计要根据这个循环过程推动拓展性学习的发展。学习活动发展的动力是活动系统内外的矛盾关系。为了促进拓展性学习的发生，要将这些矛盾关系转化为学习的动力。此外，活动系统相互间可以建立起联系。在促进活动系统网络形成的过程中，学习者的语言能力也将实现融合。

展望未来，基于活动理论的对外汉语教学设计重点要在三个方面不断深化和拓展。一是进一步关注和把握对外汉语教学多元化的特性。对外汉语领域的学生、教师和教学环境均具有多元化的特点。而且，这种特点始终处于变化之中。语言预科班、汉语速成班、商务汉语班、旅游汉语班等组织形式竞相发展，零起点汉语、生存汉语、高级翻译汉语等教育层次此消彼长，亚洲、欧洲、非洲、美洲、大洋洲等各个地区的生源结构动态发展。基于活动理论的对外汉语教学设计对于此类特点给予了极大的关注。未来，有必要进一步探索如何在操作层面更好地体现这种多元化特性，使教学设计能够更好地符合对外汉语教学具体类型的特性。

教学实践的具体情境为教学设计提供了施展的空间，实践中的操作也将为教学设计理论的发展提供反哺。譬如，当来自非洲和美洲的学生混合编为一个 15 人左右的班级，要在两周的时间内学习生存汉语以便为一段中国旅程做准备时，应当设计何种类型的学习活动？这种具体到操作层面的教学设计需要在实践中不断完善。罗伯特·加涅在评价自己所倡导的教学系统设计模型时强调，教学设计的模型并没有绝对的正确或错误之分，判断教学设计的标准必须根据具体的任务和情境来确定。"教学系统设计模型体现了以系统方式进行教学设计的观念。在该观念的任何理论或抽象意义上讲，不存在一个最佳的、正确的或错误的模型。当所创造的模型在具体情境中具有可操作性并且有效时，教学系统设计过程可以任何方式表征。"① 对于活动理论指导下的对外汉语教学设计而言，也应当在实践中建立具有操作性的体系，并根据实践状况持续性地进行发展。

二是根据活动理论的发展不断优化和改进。基于活动理论的对外汉语教学设计必须保持对活动理论的关注，从活动理论的发展中获得发展的动力。文化—历史活动理论是一个处于发展过程中的理论。该理论的许多内容，仍有待进一步探讨和完善。从维果茨基对内部活动和外部活动关系的论述，到列昂捷夫对活动共同结构的分析，再到恩格斯托姆对活动系统各要素及活动系统间联结的阐述，活动理论形成了历史发展的脉络。直到今天，活动理论仍然处于不断完善之中。恩格斯托姆曾中肯地指出，活动理论中的许多概念和理论框架，包括失控的客体、编织工作中合作关系的建构等都处于未完成的状态，需要更多的讨论和探索。已有的理论开辟出了一片新的领域，值得我们在未来深入探讨。②

随着活动理论对客体、主体、中介工具、规则、共同体、分工等形成

---

① ［美］R. M. 加涅，等. 教学设计原理：第五版修订本 ［M］. 王小明，庞维国，陈保华，等译. 上海：华东师范大学出版社，2018：41.

② Engeström Y. From Teams to Knots：Activity-Theoretical Studies of Collaboration and Learning at Work ［M］. New York：Cambridge University Press，2008：233.

越来越多的新的认识，对外汉语教学设计需要从中吸纳有价值的元素，并做出必要的更新和调整。同时，对外汉语教学设计领域的实践也将推动活动理论的发展，为活动理论的发展做出贡献。

三是密切关注当前信息技术的发展变革及其给对外汉语教学带来的影响。信息技术的发展正在推动对外汉语教学发生深刻的变革。今天，借助于技术手段，学习者可以更为便捷地用汉语进行交流，以新的方式实现对汉语的表达和练习。许多汉语学习软件可以帮助学习者更好地认识汉字的形义、辨识汉字的结构、推测可能的语境，并提供适时的反馈。[①] 而活动理论在很长的一段时期内对信息技术的影响并没有给予充分的关注。乔治·鲁克里姆（Georg Rückriem）批评指出，第三代活动理论的研究者们仍然将中介工具的方法论建立在维果茨基和列昂捷夫的理论基础上，没有能够根据社会的转型和变革对活动理论做出调整。"活动理论不能停留在封闭的思维空间中，只是'透过窗户'观望外面正在发生的社会转型。活动理论应当甩掉过去的限制，在文化历史中不断超越并实现重构。"[②]

可以预见，利用网络来学习汉语将成为一种普遍现象。随着技术的进步，线上线下混合式的汉语学习将逐渐成为汉语学习的主流形态。在此背景下，中介工具的丰富度将得到极大提升。如何更好地拓展技术支持下的汉语学习中介工具，并将技术性的中介工具与传统的汉语学习中介工具进行有效整合，将是一个值得开发的领域。更为重要的是，在技术的影响下，整个活动系统的结构和形态是否会发生改变，以及会发生怎样的改变，则具有革命性的价值。也许，第四代、第五代的活动理论将致力于解决这方面的问题。基于活动理论的对外汉语教学设计有必要对此做出积极的回应，更为有力地促进对外汉语教学的发展。

---

① 李欣. 远程教育技术在对外汉语教学中的应用研究［J］. 中国电化教育，2016（3）：92-98.

② Rückriem G. Digital Technology and Mediation：A Challenge to Activity Theory［M］∥ Sannino A，Daniels H，Gutiérrez K D. Learning and Expanding with Activity Theory. New York：Cambridge University Press，2009：111.

参考文献

一、中文文献

（一）中文译著

［1］［苏］阿·尼·列昂捷夫．活动 意识 个性［M］．李沂，等译．上海：上海译文出版社，1980.

［2］［美］爱德华·霍尔．超越文化［M］．何道宽，译．北京：北京大学出版社，2010.

［3］［美］爱德华·萨丕尔．语言论［M］．陆卓元，译．北京：商务印书馆，1985.

［4］［美］埃蒂纳·温格．实践共同体：学习、意义和身份［M］．李茂荣，欧阳忠明，任鑫，等译．南昌：江西人民出版社，2018.

［5］［美］安德森，等．学习、教学和评估的分类学：布卢姆教育目标分类学修订版［M］．皮连生，主译．上海：华东师范大学出版社，2008.

［6］［美］B. 库玛．文化全球化与语言教育［M］．邵滨，译．北京：北京语言大学出版社，2017.

［7］［法］白乐桑．跨文化汉语教育学［M］．北京：中国大百科全书出版社，2018.

［8］北京师联教育科学研究所．发展思想与教育论著选读［M］．北京：中国环境科学出版社，2005.

［9］［美］彼得·伯格，［美］托马斯·卢克曼．现实的社会建构［M］．汪涌，译．北京：北京大学出版社，2009．

［10］［法］布鲁诺·德拉·基耶萨，［美］杰西卡·斯科特，［美］克里斯蒂娜·辛顿．全球化世界中的语言：为促进更好的文化理解而学习［M］．陈家刚，许玲，安琪，等译．上海：华东师范大学出版社，2017．

［11］［美］Davis B，等．心智交汇：复杂时代的教学变革［M］．2版．毛齐明，译．上海：华东师范大学出版社，2011．

［12］［美］戴维·乔纳森，［美］乔伊·摩尔，［美］罗斯·马尔拉，等．学会用技术解决问题：一个建构主义者的视角［M］．2版．任友群，李妍，施彬飞，译．北京：教育科学出版社，2007．

［13］［美］戴维·H.乔纳森，［美］苏珊·M.兰德．学习环境的理论基础［M］．2版．徐世猛，李洁，周小勇，译．上海：华东师范大学出版社，2015．

［14］［瑞典］高本汉．汉语的本质和历史［M］．聂鸿飞，译．北京：商务印书馆，2010．

［15］［美］格兰特·威金斯，［美］杰伊·麦克泰格．追求理解的教学设计［M］．2版．闫寒冰，宋雪莲，赖平，译．上海：华东师范大学出版社，2017．

［16］［法］海然热．反对单一语言：语言和文化多样性［M］．陈杰，译．北京：商务印书馆，2015．

［17］［英］韩礼德．作为社会符号的语言：语言与意义的社会诠释［M］．苗兴伟，等译．北京：北京大学出版社，2015．

［18］［美］J.莱夫，［美］E.温格．情景学习：合法的边缘性参与［M］．王文静，译．上海：华东师范大学出版社，2004．

［19］［丹］克努兹·伊列雷斯．我们如何学习：全视角学习理论［M］．孙玫璐，译．北京：教育科学出版社，2014．

［20］［美］拉尔夫·泰勒．课程与教学的基本原理［M］．罗康，张阅，译．北京：中国轻工业出版社，2014．

［21］［美］Lantolf J P，［美］Thorne S L.社会文化理论与二语发展的起源［M］．上海：上海外语教育出版社，2013．

［22］联合国教科文组织．反思教育：向"全球共同利益"的理念转变？［M］．联合国教科文组织总部中文科，译．北京：教育科学出版社，2017.

［23］［苏］列·谢·维果茨基．高级心理机能的社会起源理论［M］．龚浩然，王永，黄秀兰，译．合肥：安徽教育出版社，2016.

［24］［美］Rémi A. van Compernolle．社会文化理论与二语教学语用学［M］．北京：外语教学与研究出版社，2018.

［25］［澳］罗伯特·迪克森．语言兴衰论［M］．朱晓农，严至诚，焦磊，等译．北京：北京大学出版社，2010.

［26］［英］迈克尔·拜拉姆．跨文化交际与国际汉语教学［M］．和静，赵媛，译．北京：外语教学与研究出版社，2017.

［27］［美］R. A. 瑞泽，［美］J. V. 邓普西．教学设计和技术的趋势与问题［M］．王为杰，等译．上海：华东师范大学出版社，2008.

［28］［美］R. M. 加涅，［美］W. W. 韦杰，［美］J. M. 凯勒，等．教学设计原理：第五版修订本［M］．王小明，庞维国，陈保华，等译．上海：华东师范大学出版社，2018.

［29］［美］莎伦·K. 德克特，［美］卡罗琳·H. 维克斯．社会语言学导论：社会与身份［M］．何丽，宿宇瑾，译．北京：中国书籍出版社，2015.

［30］［美］塞缪尔·早川，［美］艾伦·早川．语言学的邀请［M］．柳之元，译．北京：北京大学出版社，2015.

［31］欧洲理事会文化合作教育委员会．欧洲语言共同参考框架：学习、教学、评估［M］．刘骏，傅荣，等译．北京：外语教学与研究出版社，2008.

［32］［苏］维果茨基．维果茨基教育论著选［M］．余震球，译．北京：人民教育出版社，2005.

［33］［德］威廉·冯·洪堡特．论人类语言结构的差异及其对人类精神发展的影响［M］．姚小平，译．北京：商务印书馆，1999.

［34］［美］伊斯雷尔·谢弗勒．人类的潜能：一项教育哲学的研究［M］．石中英，涂元玲，译．上海：华东师范大学出版社，2006.

［35］［美］约翰·杜威．民主主义与教育［M］．王承绪，译．北京：人民教育出版社，2001．

［36］［英］约翰·甘柏兹．会话策略［M］．徐大明，高海洋，译．北京：社会科学文献出版社，2001．

［37］［美］珍妮·奥克斯，［美］马丁·利普顿．教学与社会变革［M］．2版．程亮，丰继平，等译．上海：华东师范大学出版社，2008．

［38］［日］佐藤学．学习的快乐：走向对话［M］．钟启泉，译．北京．教育科学出版社，2004．

（二）中文著作（除译著外）、期刊及其他

［1］［美］Lantolf J，秦丽莉．社会文化理论：哲学根源、学科属性、研究范式与方法［J］．外语与外语教学，2018（1）：1-18，146．

［2］［法］白乐桑．法国汉语教学的现状、教学标准、学科建设［J］．孔子学院，2013（3）：44-49．

［3］［法］白乐桑．汉语，是外国人永远学不完的语言［N］．中国艺术报，2017-02-08（6）．

［4］毕继万．第二语言教学的主要任务是培养学生的跨文化交际能力［J］．中国外语，2005（1）：66-70．

［5］毕继万．跨文化交际研究与第二语言教学［J］．语言教学与研究，1998（1）：10-24．

［6］毕继万．跨文化交际与第二语言教学［M］．北京：北京语言大学出版社，2009．

［7］曹东云，杨南昌．活动理论视域下远程学习目标结构之建构［J］．现代远程教育研究，2013（2）：25-30．

［8］曹洪豫．汉语高级口语教材的话题选择和互动交际：基于北大版《高级汉语口语》（上）三版历时变化的考察［J］．国际汉语学报，2018，9（2）：233-245．

［9］陈佑清．在与活动的关联中理解素养问题：一种把握学生素养问题的方法论［J］．教育研究，2019，40（6）：60-69．

［10］丛立新，马飞龙．第三条道路：课程改革与教学实践的理论化

[J]. 课程·教材·教法，2014（6）：97-103.

[11] 崔希亮. 对外汉语教学与汉语国际教育的发展与展望 [J]. 语言文字应用，2010（2）：2-11.

[12] 崔永华. 汉语教学的教学类型 [J]. 语言文字应用，1998（2）：49-55.

[13] 崔永华. 从母语儿童识字看对外汉字教学 [J]. 语言教学与研究，2008（2）：17-23.

[14] 崔永华. 后方法时代的汉语教学理论建设 [J]. 国际汉语教学研究，2016（2）：4-7.

[15] 崔允漷. 课程实施的新取向：基于课程标准的教学 [J]. 教育研究，2009（1）：74-79，110.

[16] 丁安琪. 来华留学生汉语学习动机类型分析 [J]. 海外华文教育，2016（3）：359-372.

[17] 郭华. "教与学永远统一" 再认识：教学认识论的视角 [J]. 四川师范大学学报（社会科学版），2017，44（1）：75-83.

[18] 国家语言文字工作委员会. 中国语言文字事业发展报告（2018）[M]. 北京：商务印书馆，2018.

[19] 何克抗，王冰洁. 显著提升对外汉语教学质量的途径与方法探索：关于对外汉语教学的深层理论思考 [J]. 电化教育研究，2013（2）：83-92.

[20] 胡范铸，刘毓民，胡玉华. 汉语国际教育的根本目标与核心理念：基于 "情感地缘政治" 和 "国际理解教育" 的重新分析 [J]. 华东师范大学学报（哲学社会科学版），2014（2）：145-150，156.

[21] 胡明扬. 对外汉语教学中的文化因素 [J]. 语言教学与研究，1993（4）：103-108.

[22] 江新，房艳霞. 语境和构词法线索对外国学生汉语词义猜测的作用 [J]. 心理学报，2012（1）：76-86.

[23] 江新，李嫿聪. 不同语言水平和母语背景的汉语二语者语块使用研究 [J]. 解放军外国语学院学报，2017（6）：36-44，158.

[24] 孔子学院总部/国家汉办. 国际汉语教学通用课程大纲 [M]. 北

京：北京语言大学出版社，2014.

［25］李金云，李胜利. 从文化的视角教学汉字［J］. 语文建设，2013（12）：7-9.

［26］李开盛，戴长征. 孔子学院在美国的舆论环境评估［J］. 世界经济与政治，2011（7）：76-93，157-158.

［27］李莉. 基于"5C"标准的对外汉语初级综合课教学活动设计［J］. 电化教育研究，2013（3）：86-90.

［28］李泉. 对外汉语教学学科建设四十年 成就与趋势，问题与顶层设计［J］. 国际汉语教育（中英文），2018，3（4）：3-17.

［29］李泉. 论专门用途汉语教学［J］. 语言文字应用，2011（3）：110-117.

［30］李泉，柳茜. 留学生第二课堂：地方普通话和当地方言学习——基于常态汉语环境的对外汉语教学总体设计［J］. 语言教学与研究，2017（3）：40-50.

［31］李遐. 空间认知与汉语方位词习得［J］. 语言与翻译，2012（1）：60-64.

［32］李欣. 远程教育技术在对外汉语教学中的应用研究［J］. 中国电化教育，2016（3）：92-98.

［33］李运富. 汉字的特点与对外汉字教学［J］. 世界汉语教学，2014（3）：356-367.

［34］李运富. 汉字教学的理与法［J］. 语文建设，2013（34）：4-7.

［35］李运富. 汉字学新论［M］. 北京：北京师范大学出版社，2012.

［36］李运富. 历史悠久，内涵丰富：中国汉字魅力无限［J］. 孔学堂，2017（4）：64-68.

［37］李运富. 语文的核心是"言语作品"［J］. 语文学习，2014（5）：13-15.

［38］李运富，何余华. 简论跨文化汉字研究［J］. 北京师范大学学报（社会科学版），2018（1）：60-68.

［39］梁茂春，陈文. 东南亚来华留学生的社会交往状况分析：基于15所院校的问卷数据与访谈资料［J］. 世界民族，2016（2）：84-92.

［40］梁漱溟．中国文化要义［M］．上海：上海人民出版社，2005.

［41］刘清堂，叶阳梅，朱珂．活动理论视角下 MOOC 学习活动设计研究［J］．远程教育杂志，2014（4）：99-105.

［42］刘晓海，徐娟．建构主义在对外汉语高级阶段教学设计中的体现［J］．云南师范大学学报（对外汉语教学与研究版），2004（2）：37-41.

［43］刘珣．对外汉语教育学引论［M］．北京：北京语言大学出版社，2000.

［44］刘珣．"结构—功能—文化相结合"的汉语教学理念再思考［J］．国际汉语教学研究，2014（2）：19-27.

［45］柳叶青．活动理论视角下教材评价标准构建研究［D］．上海：华东师范大学，2017.

［46］陆俭明，马真．汉语教师应有的素质与基本功［M］．北京：外语教学与研究出版社，2016.

［47］卢强．课程学习活动设计重审：活动理论视域［J］．电化教育研究，2012（7）：95-101.

［48］罗厚辉．从活动理论看领导风格对教师课程领导发展的影响［J］．全球教育展望，2009，38（11）：44-49.

［49］吕必松．汉语教学中技能训练的系统性问题［J］．语言文字应用，1997（3）：43-48.

［50］吕必松．我对汉语特点的几点初步认识［J］．海外华文教育，2001（1）：2-7.

［51］吕巾娇，刘美凤，史力范．活动理论的发展脉络与应用探析［J］．现代教育技术，2007（1）：8-14.

［52］毛齐明．教师有效学习的机制研究：基于"社会文化—活动"理论的视角［D］．上海：华东师范大学，2010.

［53］彭志平．"言内语境"在汉语课堂教学中的设置与利用［J］．世界汉语教学，2012（1）：133-140.

［54］亓文香．语块理论在对外汉语教学中的应用［J］．语言教学与研究，2008（4）：54-61.

［55］秦丽莉．二语习得社会文化理论概述［M］．北京：北京大学出版社，2017．

［56］申小龙．汉语语法基本单位的文化特征［J］．杭州师范大学学报（社会科学版），2010（6）：97-102，107．

［57］申小龙．论汉字的文化定义［J］．汉字文化，2006（6）：19-25．

［58］申小龙．中国语言文化研究的汉字转向［J］．北方论丛，2013（6）：68-73．

［59］申小龙．中文理解的功能主义：洪堡特汉语思想的现代启示［J］．复旦学报（社会科学版），2015（4）：31-40．

［60］世界汉语教学学会，国家汉办．第十届国际汉语教学研讨会论文选［C］．沈阳：北方联合出版传媒（集团）股份有限公司、万卷出版公司，2012．

［61］施正宇．从汉字教学看对外汉语教学中的本位问题［J］．民族教育研究，2010（6）：104-110．

［62］苏培成．现代汉字学纲要［M］．北京：商务印书馆，2014．

［63］孙德金．教育学视野下的对外汉语教学语法［M］//北京语言大学对外汉语研究中心．汉语应用语言学研究：第5辑．北京：商务印书馆，2016．

［64］孙海民，刘鹏飞．以活动理论审视学习活动［J］．中国电化教育，2015（8）：29-35．

［65］孙杰，田丹婷．黑龙江省俄罗斯留学生社会适应现状调查及应对策略研究［J］．汉字文化，2018（22）：113-114．

［66］唐智芳．文化视域下的对外汉语教学研究［D］．长沙：湖南师范大学，2012．

［67］万业馨．略论汉字教学的总体设计［J］．语言教学与研究，2009（5）：59-65．

［68］万业馨．论对外汉语教学中的知识传授与能力培养［J］．世界汉语教学，2009（3）：414-422．

［69］万业馨．如何打破汉字教学的"瓶颈"：以《中国字·认知》为例谈汉字教材研究［J］．世界汉语教学，2015（1）：130-142．

［70］王静．基于"需要分析"的特殊目标汉语教学设计［J］．语言教学与研究，2005（5）：55-59.

［71］王宁．汉字构形学导论［M］．北京：商务印书馆，2015.

［72］王添淼．跨文化交往中的意义拒斥：国际汉语教师课堂评价语探析［J］．国际汉语教育，2013（2）：116-121，181.

［73］魏戈．人如何学习：解读恩格斯托姆的《拓展性学习研究》［J］．北京大学教育评论，2017（3）：169-181.

［74］魏戈．矛盾驱动的教师专业学习：基于大学与中小学合作研究的案例［J］．教育发展研究，2019（4）：24-34.

［75］魏戈．拓展性学习：探索学习科学的新维度［J］．现代教育技术，2019，29（5）：19-25.

［76］文秋芳．"产出导向法"与对外汉语教学［J］．世界汉语教学，2018（3）：387-400.

［77］温晓虹．汉语作为外语的习得研究：理论基础与课堂实践［M］．北京：北京大学出版社，2008.

［78］文旭．语言的认知基础［M］．北京：科学出版社，2014.

［79］吴刚，洪建中，李茂荣．拓展性学习中的概念形成：基于"文化—历史"活动理论的视角［J］．现代远程教育研究，2014（5）：34-45.

［80］吴刚，马颂歌．工作场所中拓展性学习的研究［M］．北京：清华大学出版社，2016.

［81］吴刚平．学习目标的多重依据及其关系［J］．全球教育展望，2013（3）：11-16.

［82］武和平，武海霞．外语教学方法与流派［M］．北京：外语教学与研究出版社，2014.

［83］吴应辉．让汉语成为一门全球性语言：全球性语言特征探讨与汉语国际传播的远景目标［J］．汉语国际传播研究，2014（2）：1-12，213.

［84］吴勇毅．对外汉语教学法［M］．北京：商务印书馆，2012.

［85］项国雄，赖晓云．活动理论及其对学习环境设计的影响［J］．电化教育研究，2005（6）：9-14.

［86］肖奚强．汉语中介语研究论略［J］．语言文字应用，2011（2）：109-115.

［87］谢幼如．教学设计原理与方法［M］．北京：高等教育出版社，2016.

［88］徐娟．从计算机辅助汉语学习到智慧汉语国际教育［J］．国际汉语教学研究，2019（4）：77-83.

［89］徐子亮．语境在汉语作为外语学习中的认知作用［J］．南京大学学报（哲学·人文科学·社会科学），2000（5）：148-153.

［90］杨开城．以学习活动为中心的教学设计理论：教学设计理论的新探索［M］．北京：电子工业出版社，2005.

［91］杨开城．以学习活动为中心的教学设计实训指南［M］．北京：电子工业出版社，2016.

［92］余千华，樊葳葳，陈琴．汉语学习者话题兴趣及其与对外汉语教材话题匹配情况调查研究［J］．语言教学与研究，2012（1）：23-29.

［93］曾文婕，柳熙．获得·参与·知识创造：论人类学习的三大隐喻［J］．教育研究，2013（7）：88-97.

［94］詹青龙．活动理论视域的移动学习活动设计［J］．电化教育研究，2010（2）：58-62.

［95］张博．提高汉语第二语言词汇教学效率的两个前提［J］．世界汉语教学，2018（2）：241-255.

［96］张世英．关于A. H. 列昂节夫活动理论的历史形成、基本思想和对它的评价［J］．心理学报，1985（1）：23-30.

［97］赵彬，朱志勇．来华留学生的自我呈现：途径与机制［J］．比较教育研究，2019（8）：99-106.

［98］赵金铭．汉语作为第二语言教学：理念与模式［J］．世界汉语教学，2008（1）：93-107，3.

［99］赵金铭．国际汉语教育中的跨文化思考［J］．语言教学与研究，2014（6）：1-10.

［100］郑太年．从活动理论看学校学习［J］．开放教育研究，2005（1）：64-68.

[101] 郑晓蕙，张诗田. 活动理论视域下课程学习活动设计与实践：以"中学生物学教学设计"课程为例 [J]. 课程·教材·教法，2016，36（4）：44-49.

[102] 中华人民共和国教育部. 高等教育学校（机构）学生数（2019）[EB/OL].（2020-06-10）[2022-02-10] http://www.moe.gov.cn/jyb_sjzl/moe_560/jytjsj_2019/qg/202006/t20200611_464788.html.

[103] 中华人民共和国教育部. 义务教育语文课程标准：2011 年版 [M]. 北京：北京师范大学出版社，2012.

[104] 钟启泉. 教学活动理论的考察 [J]. 教育研究，2005（5）：36-42，49.

[105] 周凌. 语境知识对非母语汉语学习者礼貌性请求话语选择的影响：实验语用学研究 [J]. 外语与外语教学，2019（6）：29-38.

[106] 周子房. 写作学习环境的建构：活动理论的视角 [D]. 上海：华东师范大学，2012.

[107] 朱德熙. 语法讲义 [M]. 北京：商务印书馆，1982.

[108] 朱志平. 区域化汉语国际教育中教学设计的通则 [J]. 云南师范大学学报（对外汉语教学与研究版），2011（1）：6-12.

二、英文文献

[1] Bagnara S, Smith G C. Theories and Practice of Interaction Design[M]. Boca Raton, Florida: CRC Press, 2006.

[2] Bakhurst D. Reflections on Activity Theory[J]. Educational Review, 2009, 61(2): 197-210.

[3] Beyerlein M M, Beyerlein S T, Kennedy F A. Collaborative Capital: Creating Intangible Value[M]. Oxford, UK: Elsevier, 2005.

[4] CRADLE. Activity Theory at CRADLE [EB/OL]. (2017-09-19) [2019-10-03]. https://www.helsinki.fi/en/researchgroups/center-for-research-on-activity-development-and-learning/activity-theory-at-cradle.

[5] Daniels H, Cole M, Wertsch J V. The Cambridge Companion to Vygotsky[M]. New York: Cambridge University Press, 2007.

［6］Engeström Y. Activity Theory as a Framework for Analyzing and Redesigning Work［J］.Ergonomics,2000,43(7):960-974.

［7］Engeström Y. Development as Breaking Away and Opening Up:A Challenge to Vygotsky and Piaget［J］.Swiss Journal of Psychology,1996,55(2/3):126-132.

［8］Engeström Y. Enriching the Theory of Expansive Learning:Lessons from Journeys Toward Coconfiguration［J］.Mind,Culture, and Activity,2007,14(1-2):23-39.

［9］Engeström Y. Expansive Learning at Work:Toward an Activity Theoretical Reconceptualization［J］.Journal of Education and Work,2001,14(1):133-156.

［10］Engeström Y. Expansive Visibilization of Work:An Activity-Theoretical Perspective［J］.Computer Supported Cooperative Work,1999,8(1):63-93.

［11］Engeström Y. From Teams to Knots:Activity-Theoretical Studies of Collaboration and Learning at Work [M]. New York:Cambridge University Press,2008.

［12］Engeström Y. Learning by Expanding:An Activity-Theoretical Approach to Developmental Research [M]. New York:Cambridge University Press,2015.

［13］Engeström Y. New Forms of Learning in Co-configuration Work［J］. Journal of Workplace Learning,2004,16(1/2):11-21.

［14］Engeström Y. Studies in Expansive Learning:Learning What is Not Yet There［M］.New York:Cambridge University Press,2016.

［15］Engeström Y,Kajamaa A,Lahtinen P,Sannino A. Toward a Grammar of Collaboration［J］.Mind,Culture,and Activity,2015,22(2):92-111.

［16］Engeström Y, Miettinen R, Punamäki R. Perspectives on Activity Theory［M］.New York:Cambridge University Press,1999.

［17］Engeström Y,Rantavouri J,Kerosuo H. Expansive Learning in a Library:Actions,Cycles and Deviations from Instructional Intentions［J］.Vocations and Learning,2013,6(1):81-106.

［18］Engeström Y, Sannino A. Discursive Manifestations of Contradictions in Organizational Change Efforts［J］. Journal of Organizational Change Management,2011,24(3):368-387.

［19］Engeström Y, Sannino A. Expansive Learning on the Move: Insights from Ongoing Research［J］.Journal for the Study of Education and Development, 2016,39(3):401-435.

［20］Engeström Y, Sannino A. Studies of Expansive Learning: Foundations, Findings and Future Challenges［J］.Educational Research Review,2010,5(1): 1-24.

［21］Goodnough K. Understanding Primary Teachers' Professional Learning and Practice: An Activity Theory Lens［J］.Journal of Curriculum Studies,2018, 51(3):362-383.

［22］Haapasaari A, Engeström Y, Kerosuo H. The Emergence of Learners' Transformative Agency in a Change Laboratory Intervention［J］.Journal of Education and Work,2016,29(2):232-262.

［23］Hughes J, Jewson N, Unwin L. Communities of Practice: Critical Perspectives［M］.London: Routledge,2007.

［24］Jonassen D H, Rohrer-Murphy L. Activity Theory as a Framework for Designing Constructivist Learning Environments［J］. Educational Technology Research & Development,1999,47(1):61-79.

［25］Kim T. An Activity Theory Analysis of Second Language Motivational Self-System: Two Korean Immigrants' ESL Learning［J］. The Asia-Pacific Educational Researcher,2013,22(4):459-471.

［26］Kuure L, Molin-Juustila T, Keisanen T, Riekki M, Iivari N, Kinnula M. Switching Perspectives: From a Language Teacher to a Designer of Language Learning with New Technologies［J］. Computer Assisted Language Learning, 2016,29(5):925-941.

［27］Nicolini D, Gherardi S, Yanow D. Knowing in Organizations: A Practice-Based Approach［M］.New York: Routledge,2003.

［28］Nummijoki J, Engeström Y, Sannino A. Defensive and Expansive Cycles of Learning:A Study of Home Care Encounters［J］.Journal of the Learning Sciences,2018,27(2):224-264.

［29］Nussbaumer D. An Overview of Cultural Historical Activity Theory (CHAT) Use in Classroom Research 2000 to 2009［J］. Educational Review, 2012,64(1):37-55.

［30］Sannino A. Experiencing Conversations:Bridging the Gap Between Discourse and Activity［J］.Journal for the Theory of Social Behaviour,2008,38 (3):267-291.

［31］Sannino A, Daniels H, Gutiérrez K D. Learning and Expanding with Activity Theory［M］.New York:Cambridge University Press,2009.

［32］Sannino A,Engeström Y. Cultural-historical Activity Theory:Founding Insights and New Challenges［J］.Cultural-Historical Psychology,2018,14(3): 43-56.

［33］Sannino A,Engeström Y,Lemos M. Formative Interventions for Expansive Learning and Transformative Agency［J］.Journal of the Learning Sciences, 2016,25(4):599-633.

［34］Vetoshkina L. Anchoring Craft:The Object as an Intercultural and Intertemporal Unifying Factor［J］. Helsinki Studies in Education, 2018 (37): 25-55.

［35］Virkkunen J. Dilemmas in Building Shared Transformative Agency［J］. Activités,2006,3(1):43-66.

［36］Yamagata-Lynch L C. Activity Systems Analysis Methods: Understanding Complex Learning Environments［M］.New York:Springer,2010.

［37］Yamagata-Lynch L C, Haudenschild M T. Using Activity Systems Analysis to Identify Inner Contradictions in Teacher Professional Development ［J］.Teaching and Teacher Education,2009(25):507-517.

［38］Young M. Contextualising a New Approach to Learning: Some Comments on Yrjö Engeström's Theory of Expansive Learning［J］.Journal of Education and Work,2001,14(1):157-161.

附录一：基于活动理论的 对外汉语教学设计参照表

本附录以表格（附表 1.1 至附表 1.4）的形式呈现了基于活动理论的对外汉语教学设计涉及的主要维度，这些维度需要解决的核心问题、子问题，以及相应的评判标准，供教学设计者参考和使用。

附表 1.1　汉语学习活动的客体设计

序号	维度	核心问题	子问题	评判标准
1	可持续性的客体	如何将教学目标转化为活动客体？	◇ 汉语课堂教学的目标有哪些？ ◇ 如何将教学目标转化为任务或问题情境？ ◇ 学习者的语言基础如何？ ◇ 学习者靠自身已有的知识和能力是否可以解决问题？	客体应当是学习者靠自身已有的知识和能力所无法解决的问题情境或任务，但可以在他人的协助下借助于中介工具解决或完成
		如何体现客体的模糊性？	◇ 客体的模糊程度如何？ ◇ 布置的任务或设计的问题情境是否过于具体？ ◇ 是否给学习者留出了足够的发挥空间？	客体应当具有一定程度的模糊性，从而给学习者留出发挥和拓展的空间
		如何体现客体的可转化性？	◇ 客体是否存在转化的空间？ ◇ 学习者如何才能够意识到客体的存在？ ◇ 学习者如何才能够推动客体的转变？	客体应当能够随着学习者的认识和理解的变化而不断转化
2	与外国人学习动机相结合的客体	如何认识外国人的汉语学习动机？	◇ 学习者的学习需求是什么？ ◇ 学习者的文化背景如何？ ◇ 学习者对这类活动是否感兴趣？	客体应当符合学习者的学习需求

序号	维度	核心问题	子问题	评判标准
2	与外国人学习动机相结合的客体	如何从社会生活中选择话题？	◇ 哪些话题源于教材？ ◇ 哪些话题源于社会生活？ ◇ 讨论的话题是否存在于真实的语言环境？	话题应当超越教材规定的范畴
		如何将课堂与学生的日常生活相结合？	◇ 讨论的话题是否具有开放性？ ◇ 讨论的话题是否超越了课堂的时空范畴？ ◇ 讨论的话题是否延伸到了学生的日常生活？	话题应当与学生的现实生活密切相关
3	横向拓展的客体	如何设计横向拓展的领域？	◇ 哪些学习属于纵向层面的发展？ ◇ 哪些学习属于横向层面的发展？	客体的来源应当涉及多个领域
		如何引导汉语学习活动进行横向拓展？	◇ 横向拓展表现在哪些方面？ ◇ 如何引导学习活动进行横向拓展？	客体应发挥促进学习活动横向拓展的作用
		如何设计汉语学习横向拓展的边界？	◇ 汉语学习横向拓展的边界在哪里？ ◇ 如何设计横向拓展的界限？	客体应当属于汉语学习的范畴

附表 1.2　汉语学习活动的主体设计

序号	维度	核心问题	子问题	评判标准
1	"共享客体"的建构	如何促使汉语学习者共同作用于客体？	◇ 汉语学习者对客体的认识和理解情况如何？ ◇ 汉语学习者对客体的认识有哪些共通之处？ ◇ 汉语学习者是否意识到了共同体的存在？	个体成员要作用于共同的客体
		如何利用汉语学习者相互间的差异？	◇ 汉语学习者相互间存在哪些认知差异？ ◇ 汉语学习者的文化背景对他们的认知产生了怎样的影响？ ◇ 汉语学习者的个人经验对他们的认知产生了怎样的影响？	在承认和分析学习者相互间所存在差异的基础上，使这种差异成为学习的资源

序号	维度	核心问题	子问题	评判标准
1	"共享客体"的建构	如何引导汉语学习者相互促进?	◇汉语学习者相互间如何传递信息? ◇汉语学习者是否能够相互促进?	汉语学习共同体的成员应能够相互促进
2	合作模式的形成与调整	如何引导汉语学习者参与教学设计?	◇汉语学习者是否了解汉语教学设计的目的和过程? ◇汉语学习者是否参与了活动设计?	要让学习者参与教学设计的过程
		如何引导汉语学习者构建合作关系?	◇汉语学习者相互间是何种合作模式? ◇汉语学习者的目标是否一致? ◇汉语学习者的任务是否一致?	要引导学习者根据客体的实际情况构建合作关系
		如何引导汉语学习者调整合作关系?	◇汉语学习者相互间的关系如何? ◇汉语学习者相互间的分工如何? ◇汉语学习者相互间分工的依据是什么?	要引导学习者根据客体的情况不断调整合作关系
3	汉语学习共同体的发展	如何引导汉语学习者分析和利用文化情境?	◇汉语学习者是否能够从活动系统的层面认识文化情境? ◇汉语学习者是否能够从活动系统的层面认识活动?	汉语学习者要从活动系统长远发展的角度来认识文化情境
		如何推动汉语学习共同体发展和转化?	◇汉语学习者当前处于何种合作状况? ◇汉语学习者的话语属于何种类型? ◇汉语学习者是否已经开始采取行动?	学习共同体需要不断打破既定的行动框架,在跨越边界的过程中不断发展
		如何引导汉语学习共同体吸纳外部成员?	◇汉语学习者是否能够从共同体之外获取信息? ◇汉语学习者是否意识到了自己的多重成员资格?	学习共同体要在吸纳外部成员的过程中不断发展

附表 1.3　汉语学习活动的中介工具设计

序号	维度	核心问题	子问题	评判标准
1	中介工具的来源	如何拓宽中介工具的来源？	◇ 汉语学习者可以利用的中介工具有哪些？ ◇ 汉语学习者可以使用哪些语言文本？ ◇ 中介工具是否局限于教材文本？ ◇ 是否为学习者提供了社会生活文本和网络文本？	应尽量拓宽中介工具的来源，避免局限于教材文本
		如何引导学习者利用经验？	◇ 学习者在母语学习中获得了哪些经验？ ◇ 母语学习中的哪些经验可以用于汉语学习？ ◇ 如何引导学习者发现和利用语境中的信息？ ◇ 如何调动学习者在社会交往中获得的经验？	要让经验成为活动主体有意识地利用的中介工具
		如何引导学习者利用模型？	◇ 是否为学习者提供了范例？ ◇ 是否为学习者提供了命名的模型？ ◇ 是否为学习者提供了汉语认知的程序？ ◇ 是否为学习者提供了系统性的模型？ ◇ 是否为学习者提供了活动系统的"基质"模型？	应当为学习者提供多种模型，帮助他们更好地认识客体
2	中介工具的使用方式	如何引导学习者利用"镜像材料"？	◇ 如何提供"镜像材料"以帮助汉语学习者认识语言问题？ ◇ 提供的"镜像材料"是否真实？ ◇ 提供的"镜像材料"是否多样化？	要利用"镜像材料"帮助活动主体认识活动客体
		如何提升学习者利用中介工具的能力？	◇ 如何提供多维模型以帮助汉语学习者分析语言问题？ ◇ 中介工具与客体的匹配程度如何？ ◇ 中介工具是否适用于当前的客体？	学习者要学会使用多维模型来分析语言问题

续表

序号	维度	核心问题	子问题	评判标准
2	中介工具的使用方式	如何引导学习者使用工具组合？	◇ 如何促使学习者使用多种工具的组合？ ◇ 当前的工具组合是否适用于解决面前的问题？	面对复杂问题，必须将多种工具组合起来并同时加以利用
3	中介工具的优化与改进	如何引导学习者优化和改进中介工具？	◇ 如何使中介工具更具有针对性？ ◇ 如何选择和调整中介工具？ ◇ 如何改进中介工具的使用组合？	要对中介工具不断进行改进和优化，以更好地改造客体

附表 1.4 汉语学习活动的推进过程

序号	维度	核心问题	子问题	评判标准
1	汉语学习活动的循环机制	如何了解学习活动的状态？	◇ 汉语学习者采取了哪些行动？ ◇ 这些行动是否属于活动系统？ ◇ 这些行动是否属于学习行动？ ◇ 这些行动处于学习活动的哪个阶段？	应当通过对汉语学习者行动的分析，了解学习活动的发展状态
		如何促进汉语学习活动的发展？	◇ 汉语学习者对哪些方面产生了质疑？ ◇ 汉语学习者是如何分析这些问题的？ ◇ 汉语学习者是否提出了方案？ ◇ 汉语学习者提出的方案是否适用？ ◇ 汉语学习者的行动是否实现了固化？ ◇ 当前的活动系统是否已经完成？	应当根据拓展性学习的循环机制，推动学习活动向下一个阶段发展
2	汉语学习活动的矛盾分析	如何看待汉语学习活动中的矛盾？	◇ 汉语学习活动中存在着哪些矛盾？ ◇ 这些矛盾的表现是什么？ ◇ 汉语学习者对待矛盾的态度是什么？ ◇ 教师对待矛盾的态度是什么？	矛盾是活动系统变革的动力

序号	维度	核心问题	子问题	评判标准
2	汉语学习活动的矛盾分析	如何分析汉语学习活动系统中的矛盾？	◇ 一级矛盾是什么？ ◇ 二级矛盾是什么？ ◇ 三级矛盾是什么？ ◇ 四级矛盾是什么？	应当从活动系统的层面对矛盾的层次进行分析
		如何利用汉语学习活动中的矛盾？	◇ 如何找到矛盾的根源？ ◇ 如何提供中介工具以解决矛盾？ ◇ 汉语学习者是否根据矛盾调整了行动？	教学设计应当利用矛盾，推动活动系统的转化与发展
3	汉语学习活动的网络联结	如何促进汉语学习活动系统相互间的联系？	◇ 如何区分汉语学习活动系统？ ◇ 当前的活动处于何种位置？ ◇ 如何找到汉语学习系统间的"共享客体"？	教学设计应当促进汉语学习系统相互间的联系
		如何促进汉语学习活动系统与其他学习系统之间的联系？	◇ 如何促进汉语学习系统与其他学习系统之间的联系？ ◇ 如何找到汉语学习系统与其他学习系统之间的"共享客体"？	教学设计应当促进汉语学习系统与其他学习系统之间的联系
		如何促进汉语学习活动系统与社会生活系统之间的联系？	◇ 如何促进汉语学习系统与社会生活系统之间的联系？ ◇ 如何找到汉语学习系统与社会生活系统之间的"共享客体"？	教学设计应当促进汉语学习系统与社会生活系统之间的联系

附录二：基于活动理论的
对外汉语教学设计案例

本附录呈现的是基于活动理论的对外汉语教学设计案例。案例重点呈现了基于活动理论的对外汉语教学设计的结构、特征和流程图，并做了具体的分析和解读，供教学设计者参考和使用。

（一）教学设计案例正文

教学设计的结构和特征见附表 2.1。

附表 2.1　教学设计的结构和特征

教学说明	学生：来华留学的大学生（来自不同国家的混合班，人数为 12 人）	
	教材：自编教材	
	课型：汉语综合课	
	课时：2 课时（共 90 分钟）	
	汉语水平：对应《国际汉语教学通用课程大纲》四级	
客体设计	客体名称	相对应的传统教学目标
	客体一：设计二手物品的出售广告	通过词汇和语法的学习，能够准确掌握目标生词和语法的实际意义与用法
		能够读懂二手物品的出售广告，能够模仿并撰写出一份二手物品的出售广告。每分钟能够书写 12~15 个汉字，汉字的书写正确率达到 90% 以上
		能够积极主动地与他人交流，包括教师和学习同伴
	客体二：我是推销主播	通过词语和语法的学习，能够复习并巩固目标生词和语法的实际意义与用法
		能听懂推销广告的视频，抓住视频中的主要内容和关键信息；能清楚地表达出自己推销物品的广告内容，发音准确，语速流畅，语调自然
		了解中国人的消费观念和购物习惯

客体设计	客体名称	相对应的传统教学目标
	客体三：评选最佳广告	能听懂同学们的汉语推销广告，抓住并记录广告的主要内容和关键信息
		能够根据获得的信息做出判断，并用汉语说明理由
		能够积极主动地用汉语与他人交流自己的观点
教学重点和难点	重点词语	广告、材料、价格、质量、特点、首先、其次
	重点语法	递进复句：不但……而且…… 程度补语：主语+动词+宾语+动词+得+补语

教学环节		学习活动描述
活动一：设计二手物品的出售广告	1. 创设问题情境引入主题	a. 教师向学生展示某些生活用品或图片，例如自行车、电风扇等，根据这些图片询问学生是否有这些物品； b. 结合学生当时的生活情况（有同学要回国，有同学要搬宿舍……），询问学生这些生活物品不需要了怎么办； c. 引出问题情境：要把不用的二手物品卖出去，我们需要设计一份"二手物品的出售广告"
	2. 学生合作理解问题情境	a. 学生通过抽签的形式，两两分组； b. 小组成员讨论确定要出售什么二手物品； c. 分析在"出售广告"中对该二手物品的哪些方面进行描述； d. 在讨论分析过程中发现运用汉语表达时的语言障碍
	3. 提供中介工具	a. 教师向学生展示一份"二手物品的出售广告"模板； b. 教师引导学生调动已有的汉语知识阅读该广告； c. 学生利用汉语词典、网络搜索引擎等中介工具学习广告中的相关汉语表达，包括生词和语法结构
	4. 学生合作完成任务	a. 小组成员交流合作，用汉语共同设计出一份"二手物品的出售广告"； b. 小组成员共同检查完善该广告，找出其中的汉语错误并改正
活动二：我是推销主播	1. 创设问题情境引入主题	教师给学生播放某推销广告的短视频，引入问题情境
	2. 学生合作理解问题情境	a. 小组成员讨论确定推销广告的侧重点及主要内容； b. 学生分析如何将商品广告的书面语转化为口语形式； c. 小组成员分析如何用汉语向中国人推销广告

续表

教学环节		学习活动描述
活动二：我是推销主播	3. 提供中介工具	a. 提供学生在"活动一"中已经设计出的商品广告； b. 学生查找中国常见的二手商品交易网站，查找相关的商品推销广告； c. 学生根据自己在中国的生活经验，分析中国人的消费观念和购物习惯； d. 学生利用智能手机软件规范汉语发音，包括语音、声调、语调等
	4. 学生合作完成任务	a. 小组成员分工合作，共同完成该广告的口头推销任务，向全体同学口头展示； b. 全班同学认真倾听，同时记录广告的主要内容
活动三：评选最佳广告	1. 创设问题情境引入主题	a. "活动二"结束后，教师设置"评选最佳广告"的问题情境
	2. 学生合作理解问题情境	a. 整理和分析"活动二"中各小组口头展示的推销广告的信息； b. 确定评选最佳广告的标准； c. 结合"活动二"中的广告信息，对照标准做出评价判断
	3. 提供中介工具	a. 提供学生在"活动二"中口头展示的推销广告； b. 教师提供给学生每人一份"商品信息记录卡"，包含"商品的名称""商品的用途""商品的价格"等； c. 教师提供给学生每人一份"广告评价打分表"，包含"广告的内容""广告的语言""广告的形式"等
	4. 学生合作完成任务	a. 全体同学投票评选； b. 每位同学课后邀请自己的中国朋友（5位）给自己的广告投票

（二）教学设计案例流程图

活动一至活动三的流程图见附图 2.1 至附图 2.3。

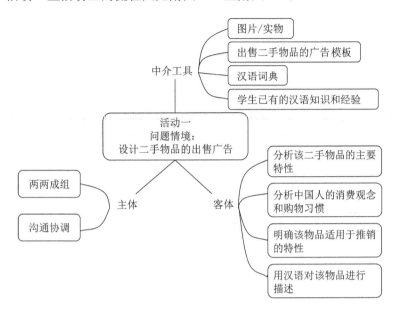

附图 2.1 活动一流程图

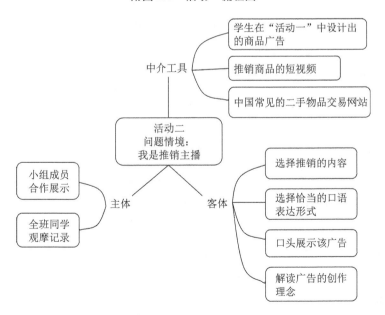

附图 2.2 活动二流程图

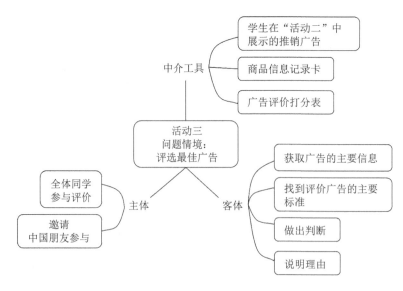

附图2.3　活动三流程图

（三）教学设计案例解析

　　作为一个基于活动理论的对外汉语教学设计的具体案例，这份教学设计主要从以下四个方面体现了活动理论的教学设计理念。

　　一是将教学活动转化为学习活动。在这份教学设计中，学习活动是整个教学的主线。在教学设计的结构上，"设计二手物品的出售广告""我是推销主播""评选最佳广告"三个学习活动构成了教学设计的主要模块。通过设计三个相互联系的学习活动，整个教学的重心由教师的"教"转到了学生的"学"上面。在参与学习活动的过程中，学习者的汉语能力实现了发展。在活动名称的标注上，本案例直接采用了问题情境的名称作为活动的名称，这一点符合活动客体作为活动系统标识的原则。当然，这并不意味着所有的活动名称都要与客体的名称相一致。

　　在每一个具体的学习活动设计中，案例始终围绕着活动系统中的核心要素展开。每一个学习活动中都包含活动客体、活动主体和中介工具这三个基本要素。而且，三个学习活动系统相互之间存在着联系。"活动一"中形成的二手物品的出售广告，在"活动二"中成了中介工具。"活动二"中学生对广告的展示，在"活动三"中成了中介工具。这种活动系统之间的联系，将有助于促进学习者语言能力的综合发展。

　　二是将教学目标转化为活动客体。在传统的对外汉语教学设计中，教学目标表现在语言技能、语言知识、学习策略、文化能力等方面。教学设计始终围绕着某项具体能力的发展而展开，例如，"能够准确掌握目标生词和语法的实际意义与用法""每分钟能够书写 12~15 个汉字""能够积极主动地与他人交流"，等等。但在本案例中，这些教学目标转化为了一些任务或问题情境，如"设计二手物品的出售广告"。教学设计的任务在于通过设计这些学习者感兴趣的"潜在的客体"，让汉语学习者参与到学习活动之中。通过不断深化对问题情境的认识和理解，学习者在解决问题的过程中实现汉语能力的发展。

　　活动客体的设计需要符合特定的原则要求。在本案例中，教师所设计的问题情境是相对模糊的，需要学生进一步分析和解读。例如，"设计二手物品的出售广告"需要具体化为若干个子问题，包括分析该二手物品的主要特性、分析中国人的消费观念和购物习惯、明确该物品用于推销的特性、用汉语对该物品进行描述等。需要注意的是，客体从模糊到具体的过程是由学习者来实现的，需要学习者一步步对其进行分析和解构。本案例中所列出来的子问题只是教师的预设，而并没有穷尽其可能性。

　　三是促进学习共同体的形成。活动理论始终强调学习共同体对于个体发展的价值，注重发挥共同体的作用。本案例采用了多种方式促进汉语学习者形成共同体，而非以个体为学习单位。在本案例中，小组合作完成任务是一种常态。小组成员相互间要沟通交流，不断深化对客体的认识和理解。在制作广告时，需要小组成员合作完成；在展示时，需要小组作为一个单位共同展示；在评比时，需要以小组为单位接受评价。在"活动二"和"活动三"中，小组成员需要与全班同学沟通和交流信息，包括观察广告、记录广告和参与评选。在课堂活动完成后，需要吸纳中国朋友作为外部成员参与投票。

　　四是由采取教学措施转变为提供中介工具。在活动开展的过程中，教师并没有直接告诉学生答案或应该如何做，而是通过提供中介工具为学生提供帮助。教师所扮演的角色主要是辅助性的，是学生而非教师解决了问题。例如，在"活动三"中，学生需要解决的问题是"评选最佳广告"。

教师不是直接告诉学生评选广告的标准，而是通过提供"商品信息记录卡""广告评价打分表"等工具让学生自己找到评价标准。这些中介工具发挥了引导学习活动发展方向的作用。在中介工具的来源上，案例并没有局限于教材文本中的信息，而是尝试拓宽中介工具的来源渠道，将图片、视频、网络资源等纳入其中，着力调动学生已有的经验来解决问题。

　　总之，作为一个基于活动理论的对外汉语教学设计案例，本案例体现了活动理论的理念和要求。本案例的价值主要在于为教学设计者提供一个可供参考和使用的样例。鉴于活动理论思想体系的系统性，单个的教学设计案例难以充分体现其各方面的原则和要求。在开展教学设计的过程中，建议参考本书"附录一"中的参照表进行对比分析。

后 记

　　对外汉语教学是中国教师面向来华留学生开展的汉语教学。学习者异质性的文化背景和多样化的语言需求决定了对外汉语教学要在语言实践中促进学生跨文化交际能力的发展。但是，由于缺乏合适的理论指导，对外汉语的教学设计未能充分尊重学习者的主体性和文化异质性，这又导致对外汉语课堂活动流于形式、教学实践偏离教学预设。活动理论重视学习者主体性的理论禀赋、对文化情境的关注及对活动系统的结构分析，非常契合对外汉语教学对象、教学内容和文化情境的特性，为重构对外汉语教学设计、提高对外汉语教学的质量与水平提供了新的方法论视角和思想资源。

　　基于活动理论的对外汉语教学设计将教学重心由"教"转变为"学"，实现了向"汉语学习活动设计"的转型。从设计理念上看，学习活动就是活动主体借助中介工具作用于活动客体的过程。学习活动的发生和发展，就是作为活动主体的学习者对作为"潜在客体"的问题情境和学习任务不断形成新的认识和理解的过程。随着活动客体的转化和改变，随着从一个学习活动进入下一个学习活动，学习者将在互动中实现拓展性学习，从而有效地促进他们知识和能力的发展。

　　在撰写本书的过程中，始终困惑我的有三个问题，尝试分析和回答这三个问题构成了思考的主线。第一个问题是对于教学设计学科特性的把握，即如何体现出对外汉语教学设计的特殊性。相较于我国语文、数学、英语等基础教育中的学科教学，对外汉语教学有其明显的特殊性。对外汉语教师的学科背景非常多元、教学经历差异明显、教学能力各有千秋。对外汉语的学生群体具有异质性的特点。他们所处的年龄段不同、工作生活经历不同、汉语学习目标不同。在师生关系层面，对外汉语教学中的教师与学生之间横亘着巨大的文化鸿沟。在学习内容上，汉语学习与其他类型的语言学习也存在着显著的差异。如何将这种特殊性提炼出来，使其转化到教学设计中，则是一个巨大的难题。

第二个问题是对于活动理论思想体系的把握，特别是如何以清晰易懂的语言实现对活动理论话语体系的表达和阐述。在历时近一个世纪的发展历程中，活动理论逐步构建起了独特的思想体系和话语体系。对于这样一个有着深厚思想基础的理论体系，我们需要一个不断理解、消化和吸收的过程。最初进入这个领域的时候，感觉就像是进入了一个迷宫。"主体""客体""矛盾""模型""中介工具"等一系列概念令人应接不暇。仅仅是为了厘清"客体"与"任务""问题"之间的区别和联系，就耗费了大量的心思与气力。而更为艰巨的任务，则是在教学设计的应用中表达这些思想。譬如，在教学设计中，活动理论不赞同设定"教学目标"，而主张将其转化为"客体"。于是，本书就要清晰地阐述教学设计中的"客体"，并且在整个论述过程中一以贯之。

第三个问题是对于教学设计实际操作的把握，即如何将活动理论的思想落实到对外汉语教学设计的操作层面。活动理论是一个非常具有先进性的理论体系。特别是到了第三代活动理论的时候，它提出了"拓展性学习"的概念，将学习活动的复杂性、情境性和发展方向的不确定性作为关注的重点，要求充分尊重学习者的主动性和实践状况。那么，如何将活动理论转化到对外汉语教学设计之中，使对外汉语教学设计兼具理论的先进性与实践的可操作性，就成了一个非常具有挑战性的难题。

关于活动理论在教学设计中的应用，虽然之前已经有了一些尝试，但始终存在一些争议。而且，如何将一个宏大的理论体系融合到相对具体的教学设计操作之中，似乎也存在较大的困难。本书在最后增补了"附录一"的教学设计参照表和"附录二"的教学设计案例，一定程度上增强了教学设计的可操作性。

在本书撰写过程中，我努力对上述问题做出回应和解答。在文字的背后，是围绕上述问题而形成的思考、困惑、痛苦、纠结和喜悦。在课程与教学的理论体系中，对外汉语教学是一个相对薄弱的领域。希望本书能够为对外汉语教学理论的发展做出些许贡献。

在本书即将出版之际，我要衷心地感谢我的博士生导师吴刚平教授。导师不断提醒我强化学科意识，将课程与教学论的研究同对外汉语教学的学科特点相结合，要得到课程与教学论的专家和对外汉语教学的专家双方的认可。导师引导我发挥教学专长，将自己在教学实践中积累的经验转化为理论话语。在吴老师看来，一名优秀的教师要能够自觉地将教学与研究相结合。这也是导师对我的期许。吴老师鼓励我追求卓越，努力超越自己。在研究过程中，每当遇到困难的时候，不时会产生懈怠心理，想着达到合格标准即可。吴老师的鼓励和支持促使我调整思路，一次又一次实现转型和蜕变。其中一些论述，在吴老师的指点下则上升到了一个新的高度。

感谢华东师范大学诸位先生的指导和提携。崔允漷老师、刘良华老师、杨向东老师、周勇老师对我的研究提出了许多建设性的指导意见，范国睿老师、王斌华老师、胡惠闵老师、柯政老师、安桂清老师、周文叶老师的课程使我受益良多。

感谢我的硕士生导师吴勇毅教授。十多年来，吴老师始终关心我的成长和发展，鼓励我在学术道路上不断进步。

感谢我的各位同门兄弟姐妹，在学校读书的美好时光值得我一生去回味。

感谢江苏大学出版社的米小鸽编辑，精心细致的审校大幅提升了书稿的品质。

感谢江苏大学文学院各位领导和老师的关心与支持。

感谢家人的默默付出。这一切是我前行的动力和永远的牵挂。

高若瑜

2022 年 12 月于古运河畔